風俗　江戸東京物語

I　風俗 江戸物語

II　風俗 明治東京物語

凡例

東京風俗十題

I

風俗江戸物語

凡例

一　本書『風俗 江戸物語』を覆刻するに当たっては、末尾の解説でも触れたように、著者岡本綺堂の養嗣子でもあり、現青蛙房社長岡本経一氏蔵、大正十一年版の原本を底本としたが、本文庫に収めるに当たっては、全十七項目のうち、一般読者を対象とした文庫として紹介するに適さない一項を除き、他の全項目を収録した。

一　現代人に読み易くするため、長過ぎる本文については適宜に改行して、小見出しをつけ、旧仮名づかいは現代仮名づかいに、また本来漢字であるべき言葉等については漢字に改めたりした。もっとも、「同心と岡っ引」中の牢内での〝おしゃべり〟等、さらに「手習師匠」の中に出てくる習字の手本、つまり往来物等については、江戸時代の原文に基き、旧仮名づかいのままとした。

一　「解説」中にも触れておいたが、大正十一年版には誤植が多く、これらについては各種辞典等も併用して訂正することとしたが、これらの訂正についてはすべて私が責任を負うものである。

一　本書には各項で当時の町名が数多く登場するが、これらについては特に「まち」と振り仮名したもの以外は、すべて「ちょう」と読む。

一　また、大正十一年という時点に於てはごく普通に使用されていたであろう言葉でも、現在では判りにくくなっている言葉も多く、さらに明らかに綺堂の思い違いと思われる個所も幾つかあるが、これらについては私の気付いた範囲で解説、「註」として巻末に付しておいた。なお、簡単な註は本文中に（　）で示し、綺堂自身による註は〔　〕で表わした。

一　なお、大正十一年版には挿絵などまったくなかったが、本書では私の所持する資料を中心として、各項目毎に扉絵として採用、当時の状況を幾分なりとも理解し易いようにした。

（校註者）

江戸の春

『東都歳事記』より「初春路上図」

御礼登城

江戸の春といっても、現今と大した相違はありません。まず主なるものを挙げますと、元日には諸大名の登城があります。元日登城は徳川一門と譜代大名だけで、卯の刻半（午前七時）登城ということになっていました。

この御礼登城(1)の時には、服装は装束をつけるのです。平常は官位など有っても無くても同じことですが、こういうように装束をつけるということになりますと、官位によって袍（束帯用の上衣）の色が違いますから、どんなに石高が多くても官位の下の者、即ち五位以下は赤トンボ（赤色の袍）(2)というような貧弱しい風をしなければならなかったのです。

それが忌さに、高家に賄賂などを使って常に官位の陞叙を怠らなかったということですが、朝廷と武家との間に立って、位官叙任の取次をするのが高家の役でありました。

二日は外様大名の御礼登城です。江戸の御用達町人(3)も同じく御礼に出ました。

三日は諸大名の嫡子と江戸町人(4)との登城で、諸大名の嫡子は熨斗目（士分以上の者が麻上下の下に着た礼服）に長袴です。

それから旗本は組々によって区別され、元日、二日、三日の三ヶ日に分かれて登城することになっていました。尤もそれは御目見得以上だけですが、どんな詰まらない旗本でも、旗本と名の付く以上、大抵は御目見得格ということになっていました。単に徳川直参といっても、御家人は御目見得以下なのです。つまり旗本は士、御家人は卒という格でありました。

また、御目見得以上の中にも、布衣(5)以上というものがあります。布衣以上の旗本になりますと、年賀登城の時にはやはり装束——即ち烏帽子、大紋を着けて行きましたが、常に烏帽子などを着たことのない上に、大勢の者が一同に辞儀をするはずみに、左右の者の大紋の袖で烏帽子を払われて、よく烏帽子を打落とされたということです。

が、立つ時に烏帽子を拾う訳にもいかないので、烏帽子なしに溜の間へ下がっていると、その烏帽子をお城坊主が拾い集めて、「烏帽子の無い方はございませぬか」といって、それぞれ訊きに来る。たとい自分の烏帽子であっても、それを只では貰えないので、必ず一分ずつ金を出すことになっていましたが、これが一つや二つではなかったのです。少なくとも二、三十、多い時には百くらいも落ちていたということで、この烏帽子代は皆お城坊主の儲けになっておりました。

で、少し馴れた者になりますと、頭を下げる折にそっと烏帽子を押さえて、大紋の袖が触れても落ちないように、予め用心をしていたということです。

六日の御年賀は僧侶・神官・山伏などですが、これは普通の僧侶や神官ではなかったのです。貫主とか管長とかいって、ある頭目の者に限られていたのです。従って江戸在住の者ばかりでなく、遠国からも出て来ました。

七日は人日（五節句の一つ。正月七日をいう）の総登城です。

町の松の内

それから松の内の有様をいいますと、普通の武士の家では玄関に机を置き、その上に硯箱と年賀帳を載せてあって、回礼の者はそれに署名することになっていましたが、現今のようにただ名刺を置いて行く者もありました。また、町家では元日は一般に店を休んで、二日から年始に廻っていました。

芝居小屋では、元日に「翁わたし」というものをやりました。これは座の役者たちが舞台に集まって、年頭の御祝儀をいうのです。そうして子供役者が三番叟を踊り、頭取が春狂言の名題役割を読み上げて、その後に屠蘇を祝うことになっていました。春芝居の開場は正月十五日からと決まっているのです。

魚河岸も元日は休みました。魚河岸の休業するのは、一年中に元日だけで、二日の朝が初売りです。

元日から来るものには、万歳・鳥追・獅子・太神楽・白酒売り・宝舟売りなどがありました。

二日は初売り、初荷がありました。書初、弾初などもやりました。書初の時には、武家の師匠、たとえば旗本の主人などが手習師匠をしている者へは、弟子の方から白扇か、もしくは半紙くらいを持って行くに止まりましたが、それを稼業にしている町の師匠には、銭を二百文くらい包んで持って行きました。師匠の方からは菓子、蜜柑などをくれました。書初は多く席書（手習師匠が弟子を集めて開いた習字の会）をしました。遊芸の弾初にもいくらか包んで持って行きました。師匠の方では蜜柑撒きということを(6)やりました。吉原の女郎の年始も二日です。多くの女郎たちが美しく着飾って引手茶屋を廻っていました。

出初も二日です。これは龍の口の火消屋敷(7)でやりました。それが済むと火消屋敷を引上げて、町内の主なるところで梯子乗、刺叉乗などをして、御祝儀を貰っていました。六日は六日年越で、この日の夕方に門松を取りました。十二月の年越と同じように厄払(8)いなど来て、なかなかの賑わいでした。

正月の名残り

七日は若菜の節句、または七日正月といって、七草粥を祝いました。七草粥は、「せり・なずな・ごぎょう・はこべら・仏の座・すずな・すずしろ」の七草を入れて、粥を煮たものですが、この粥を煮る前に七草打ということをやります。それは恵方に向かって、きれいな俎を据え、その上に七草を載せて、「庖丁・火箸・すりこぎ・杓子・金杓子・菜箸・薪」などの台所にある七つのもので、七度ずつ七草を打つのですが、実際は菜を叩くのではなくて、ほんの儀式的に「七草なずな唐土の鳥が日本の土地へ渡らぬさきに」という唄の拍子を取りながら、俎を打ち囃すのです。これは「つく（みみずく）」という悪鳥が渡って来るのを追い払うのだそうです。

十一日は武家では具足開、町家では蔵開といって、鏡餅を破りました。

十四日は十四日年越です。この日にお餅を取ることになっていました。六日年越、十四日年越というのは、六日には門松を取り、十四日にはお餅を除けるので、正月も一先ず片がついたということです。

十五日を小正月ともいいます。この日は十五日粥とて、小豆粥を祝いました。それから十五、十六の両日は例の藪入（正月と盆の十六日に奉公人が許されて一日休む日）です。

十七日は三助の貰い湯とて、今日一日の湯銭は三助の収入となるので、常不断の客は、「おひねり」(9)といって、湯銭を紙に包んで置いて来たものです。

二十日は骨正月です。それに夷講(10)をやりました。

二十五日は亀戸の鷽替ですが、これは文政三（一八二〇）年に太宰府天満宮の式を摸して起こったもので、百難ことごとく「うそ」になれかしとて、柳の木でこしらえた鷽を神前につらね、参拝者が別に購い来たものと引き換えるのです。つまり凶をかえて吉となすという意なのです。

初日の出を見るには、高輪・洲崎・品川・愛宕・湯島・九段などへ出かけました。また、恵方詣もなかなか盛んでした。

年始の服装は武士も町人も上下ですが、町人は一刀を差して、大風呂敷に包んだ箱に年玉の半紙や手拭などを入れたのを、小僧の首に掛けさせ、または革羽織を着た仕事師などを供に連れて歩いていました。

女礼者〔女の年始〕は七草過ぎから三月の雛節句まではいいことになっていましたが、大抵の女礼者は一日掛かりで、ゆるゆると話し込んだのです。

松の内は湯屋も早仕舞をしていました。

正月の子供の遊び

子供の遊びとしては、男の子は凧を揚げました。女の子は羽子、歌留多などをして遊びました。

町家で揚げる凧は凧屋で売っているのですが、武家では自分で作るのが多かったといいます。この凧を作ることが暮の一つの仕事みたいなようになっていました。旗本の隠居や悴などで、絵が上手であったり、凧を作ることが上手であったりすると、隣近所の子供たちからせがまれて、凧の絵を描いたり、凧を貼らされたりしたものだそうです。

それから凧を揚げる場所ですが、町人の子供などは、空地でも、往来でも所構わずに揚げていましたが、武家の者は必ず屋敷内で揚げていました。これは往来で町人の子供などに交って遊ぶということがいけないというばかりではありません。

もしどうかして行列の先を突っ切ったり、乗物に凧の糸を引っかけたりしては、事面倒であったからです。ところが、町人になりますと、正月だからというので大抵のことは大目に見られたのです。

正月はお城坊主の儲け月でありました。お城坊主が自分の受持っている大名のところへ年始に行きますと、大名の方では、いろいろと馳走をした上に、十両ぐらい包んでくれたそうです。

のみならず、お城坊主に褒められると、どんなものでも与えなければならなかったので、お城坊主を通す部屋には、床の置物でも、掛軸でも、決していい物は置かなかったそうですが、いくらよくない物といっても、大名の家にあるものですから、相当な物があります。それを片端（かたっぱし）から「これは結構、あれは美事」といって褒めるそうですが、お城坊主のような者にかかっては、まったく叶（かな）わなかったということです。

お城坊主の方からは、年始に春画の本を持って行くのが例になっていたそうです。

大名の方ではお城坊主を非常に優遇していました。年始の折は別として、平常の時でも国産物などを与えて、お城坊主の機嫌を取って置いたものです。でないと、どんな大名でも殿中では一人ぼっちにされてしまうので、お城坊主を頼まなければ、素湯（さゆ）一杯も飲めなかったからです。それに数寄屋坊主などになりますと、将軍の書見をするところに侍して直（じか）に将軍と口を利（き）くこともできました。従って将軍の方からも種々の事を訊き、数寄屋坊主の方からも「榊原殿は此頃よく吉原へお通いになりまする。相方は高尾だそうでございまする」というようなことを将軍の耳に入れたりするそうです。

こういうことを将軍に知られては一大事ですが、まだほかにどのようなことを告げられるか判りません。それやこれやでお城坊主の歓心を買っておく必要があったそうです。

二月の初午

二月の初午ですが、江戸時代の稲荷祭というものは非常に盛んでありました。稲荷の社は武家の屋敷内には必ず一ヶ所あり、一町内には三ヶ所から五ヶ所もあるところがありました。特種のものには三囲・真崎・烏森・日比谷・妻恋稲荷などがありましたが、これだけの稲荷がいずれも祭を執行したので、それはそれは賑やかでありました。

武家屋敷でもこの日に限り通用門を開けて、一般の参拝を許し、接待の茶、菓子などを出していましたが、ある大名の屋敷などでは、抱え力士に上下を着せて茶の給仕に出したということです。赤坂の豊川稲荷（港区元赤坂一丁目四番）も大岡越前守の屋敷内（いまの港区赤坂四丁目一番赤坂小学校）にありましたが、初午は参拝を許していました。町内の稲荷祭は地主が執行することになっていました。地主は強飯をふかして店子のところへ配り、店子の方からは供え物の菓子、酒などを持って行きました。

大きな社になりますと、稲荷祭に神輿を出すところもありましたが、囃子屋台、踊り、茶番などは町内ごとにあって、初午の騒々しさといえば、また格別でした。社のあたりには初午灯籠〔地口行灯〕を点けて、それに「亀井・片岡・伊勢・駿河」という義経の四天王を「かれい片身は二朱するか」とか、「霞の衣えもん坂」を「かすりの着物えもん竹」というような地口を書いてありました。

初午に差支えのあるときには、二の午に祭を執行しましたが、大勢の子供が連れ立って、「十二銅お上げ、お上げの下から落っこちた」などと唄いながら、そこらを勧進して歩いていました。

彼岸の供養や雛市

彼岸には彼岸の供養ととなえて、団子・萩の餅・精進すしなどをこしらえて、仏に供え、近所へも配っていました。

また大変に六阿弥陀詣[11]が流行りました。六阿弥陀とは、南足立郡本木村（北区豊島二丁目一四番）の西福寺・同郡沼田村（足立区小台大門町）の延命寺（荒川の工事で廃寺、同区江北二丁目四番恵明寺に合併）・北豊島郡西ヶ原（北区西ヶ原一丁目三四番）の無量寺・同郡田端（北区田端一丁目二五番）の与楽寺・下谷広小路（台東区池之端四丁目四八番）の常楽院・南葛飾郡亀戸（江東区亀戸四丁目四八番）の常光寺の六寺に安置するものをいうので、巡拝の道程はおよそ六里ぐらいです。

雛市は二月の二十五日から三月三日の雛節句の当日まで開くことになっていましたが、雛店は一区に一ヶ所くらいずつありました。たとえば日本橋の十軒店（いまの中央区日本橋室町三丁目三・四番あたり）、京橋の中橋（いまの中央区京橋一丁目一・一〇番あたり）、麴町の三丁目（いまの千代田区麴町二丁目一～四番）、四谷の塩町（いまの新宿区本塩町一～五・七・八番）などです。

雛祭りや汐干狩

三月三日には上巳（五節句の一つ。三月最初の巳の日をいう。後に三月三日と定まった）の登城ですが、この日は総登城でありました。

雛祭は武家、町家ともに行ないました。初雛の家へ人形を祝うことも、別に現今と変わりはありません。当日は市中の湯屋で湯に桃の葉を入れ、桃湯というものを沸かしていました。

汐干狩には芝浦、洲崎へ行きました。四日、五日が男女奉公人の出代わり[12]で、雛の別れと同時です。寺入（寺習師匠への入門）も大抵三月ということになっていました。「寺入の饅頭もらふ日永かな」という句もあります。武家の女中たちは宿下がりも三月ですが、別に日は一定していません。三月中ということになっていました。

芸人の名びろめ、書画会なども、多く三月にやっていました。すし売りの出るのも三月頃です。これはすしを箱に入れて、「すしや小鰭のすし」と美しい声で呼び歩いていましたが、このすし売りの声がいかにも春らしい気分のものでありました。

花見

三月の朔日から吉原の夜桜が始まりますが、これは三月一杯ありました。引手茶屋には花暖簾を掛け、雪洞などを照らしていました。二日は物日[13]なので、例の積み夜具などをしてありました。

花見は上野・向島・飛鳥山・御殿山と思い思いに出かけていましたが、一般的に上野が喜ばれていました。平常は無用の者を山内へ入れませんでしたが、花時に限って、朝の六つ（午前六時）から夕の七つ（午後四時）の山払いになるまで、黒門から勝手に人を入れていました。

が、東叡山寛永寺の寺内というので、ここでは一切鳴物類を許されなかったのです。また、酔って乱暴をしたり、喧嘩を始めたりすると、山内を見廻っている山同心という者が、六尺棒を突き鳴らしてそれを取り鎮めに来るので、大勢の人が出る割りに静粛でありました。ですから上野の花見は上品な人たちが多く、つまり清遊という側に属していました。

それからよく絵などに、小袖を引廻して花見の幕にしたものがありますが、あれは元禄（一六八八〜一七〇四）頃のことで、もう末期には小袖幕というものはありませんでした。すがだこ、これは上野の花時に限って売っていたものですが、大きさは掌ぐらいで、蝶蝶、福助などの形に錦絵を刷って、それに菅糸（絹糸）をつけて揚げるようにこさえた凧ですが、ちょうど紙風船のようなものでありました。これがまたとなく長閑な気分を見せていました。

上野の花見は静粛にしていなければならなかったので、常磐津とか、清元とか、踊とかの師匠たちの花見には不適当でありました。向島は場所がありません。その当時は堤の下一面に田圃でした。そこで、踊ったり唄ったりするには飛鳥山が一番ということになって、揃いの手拭に草履ばきという拵えで、てくてくと出かけていましたが、花時は得て雨が多かったものです。が、傘もささず、ずぶ濡れになって、花見衣を雨に打たすというのも、この時代の花見風俗の一つであったのです。

また各町内でも、花見の催しだけはどんなことをしても行なっていました。これが町内交際（つきあい）の主なるものの一つとなっていたので、花見の催しに加わらなかったりすると、町内の者に爪弾（つまはじ）きをされてしまったくらいです。この町内催しの花見のときには、きっと他町内の者と喧嘩をして、随分怪我人などもできましたが、みな示談にして済ましていたということです。

大角力

三月の大角力（おおずもう）、即ち春場所ですが、両国の回向院は晴天十日間うちました。夏場所は京都の四条河原、秋は大阪、冬は江戸というように、大角力は年四回に限られていましたが、江戸では春・冬の二場所ありました。

力士は大抵どこかの抱えになっていましたが、みすみす負けるということが決まっている取組みであるにも拘わらず、無理をいう大名になりますと、「どうしても明日の角力には勝たなければいけないぞ」というようなことを注文するそうです。これには力士も困ったということです。

とても勝つ見込みはありませんが、それかといって、「勝て」という言葉に反して当然負けるべきものを負けたとしても、すぐに抱えを止められてしまいます。のみならず留守居役などにまで事を及ぼしますので、当人は勿論のこと、留守居役などからも手を廻して、相手方の力士を買収していたそうです。それもこっちの要求を入れてくれる分には何事もなく穏便にすみますが、先方にも都合があって、そう無闇に妥協する訳にもいかぬ場合があります。その時には行司に頼み込んで、うまく引分けてもらうそうです。

こういう情実の下に八百長角力も随分あったということですが、抱え力士の出場するときには、その屋敷の若武士などはほとんど総出で応援見物に行っていたので、角力場の空気も非常に緊張して、一種の殺気が立っているように見えました。

その頃は角力小屋へは絶対に女を入れなかったのですが、角力小屋へ女を入れるようになったのは明治になってからです。それはかの高砂浦五郎(14)〔姫路の酒井家抱えの力士〕が、古い習慣を破って女人禁制を解き、開放主義を取って角力道の隆盛を図ったのに始まったのは、何人も御承知でしょう。

同心と岡っ引

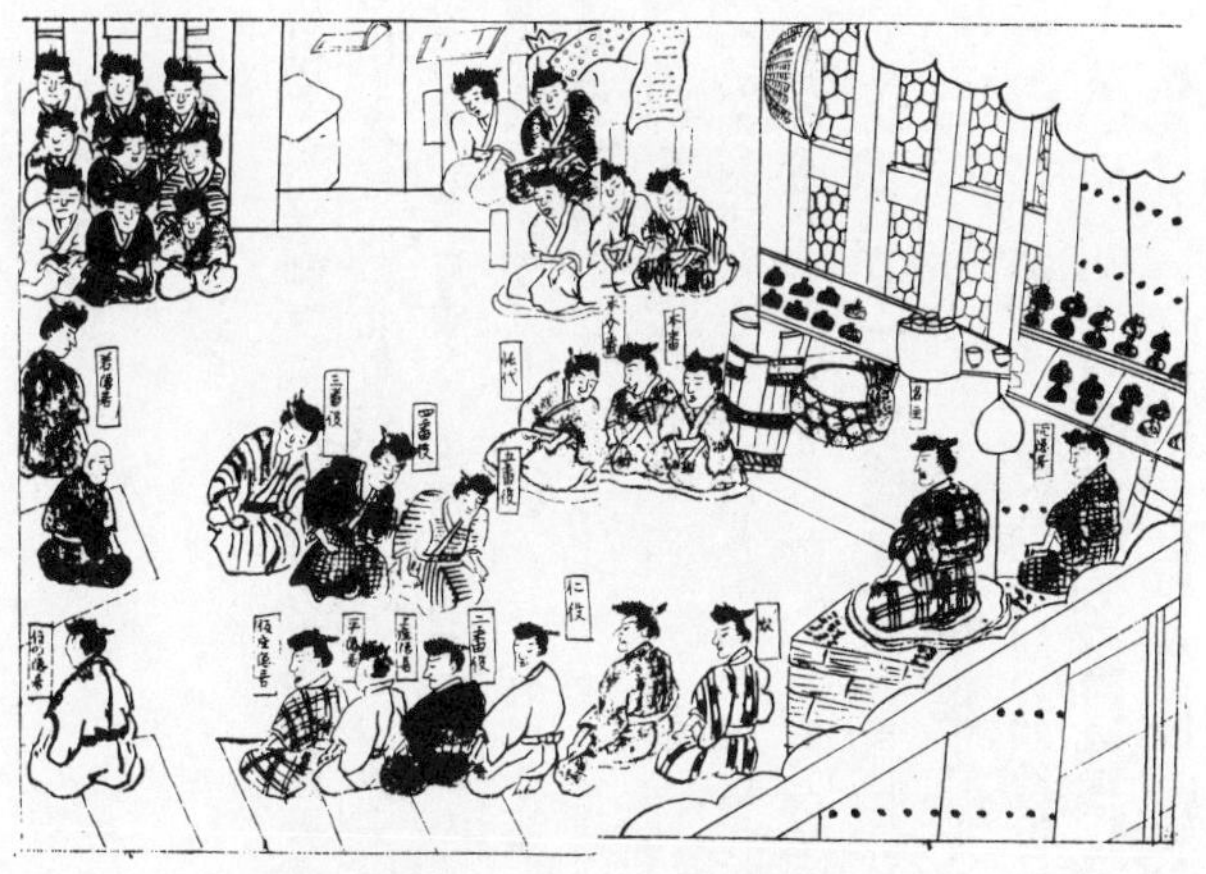

『御牢内図』より（国立国会図書館蔵）

町奉行所の下部組織

徳川幕府の司法制度には、直接の事務を取扱う役所を町奉行所、即ち南町奉行所、北町奉行所といって、数寄屋橋、呉服橋の両門内にありました。これは月番で、南北一月置きに事務を執っていたのです。町奉行所の下に八丁堀に大番屋(1)というのがありましたが、これは予審というようなもので、江戸中に一ヶ所しか無かったのです。

大番屋の下に自身番というのがありました。これは普通ただ番屋といっていましたが、各町内に一ヶ所ずつあって、現今の警察事務を司っていたのです。自身番には家主と町役人(2)とが交代って自身に詰め切っていたので、自身番といったのですが、それがいつからか代人となり、終には専属の人間が詰めていることになってしまいました。

番屋には六畳か八畳くらいの板の間がありましたが、これは夜中に捕らえた盗賊とか生酔とかを留置するような拵えになっていたのです。また、番屋の頭を俗に親方といって、その下に手下の者が二人ないし五人くらいずついました。その構造は往来へ向かって店のようになっていたのです。が、この番屋というのは、単に罪人を扱うばかりでなく、町内の寄合などの場合にも、ここを集会所にしたのです。しかし、主に警察事務を取扱っていたので、棒や刺叉などを物々しく架けてありました。なお番屋の仕事としては、火事の場合に焚出をしなければならなかったのです。

番屋のはずれには火の見梯子と、すぐ隣には番太郎というものがありました。番太郎の本職は拍子木を叩いて時刻を告げて廻ることですが、副業として荒物、駄菓子などを売っていました。それから町内の雑用とか、使い歩きとか、焚出の握り飯を笊に入れて運ぶとか、いろいろなことをして只で住んでいたのです。で、番屋に関する一切の費用は町内の負担ということになっていました。

以上は町家の番屋でありますが、屋敷町の番屋を辻番といっていました。辻番は各屋敷の諸藩の持ちで、塀の一方を切り開いて番屋を拵えてありました。この辻番では武士に蠟燭をくれるということが習慣になっていたので、武士は提灯の火が乏しくなると、すぐ辻番へ行って「御番人、蠟燭を拝借」といって蠟燭を貰っていたのです。もっとも自身番でも八丁堀同心にだけは蠟燭をくれていましたが、狡猾い武士などになると、八丁堀同心のような顔をして、自身番の蠟燭を貰っていたそうです。

この自身番へも証人、参考人というような者を呼んで、大体の取調べをしていましたが、ここで無罪になる者もあれば、有罪と認められて大番屋へ送られ、大番屋で無罪になる者もあったのです。

岡っ引について

そこで、罪人逮捕のことに当たっていた者は八丁堀同心ですが、その配下に岡っ引という者がありました。この者のことを御用聞とか、手先とかいっていましたが、御用聞というのは一種の敬語で、他から岡っ引を崇めていう時か、または岡っ引の方から他を嚇す時に用いる言葉で、表向きの呼び名は小者といっていました。が、小者では幅が利かないので、御用聞とか目明とかいうのですが、普通は岡っ引といっていました。

で、奉行の下には与力という者があり、一人の与力に同心が二人くらい付いている、一人の同心には岡っ引が二、三人ついている、その岡っ引の下にはまた四、五人の手先が付いているという順序で、岡っ引も少し好い顔になると、一人で七、八人ないし十人くらいの手先を使っていました。

町奉行所から小者、即ち岡っ引に渡してくれる給料は、一ヶ月に一分二朱というのが上の部で、悪いのになると一分くらいでした。いくら諸式の廉い時代でも、一ヶ月に一分や一分二朱ではとてもやり切れるはずはありません。おまけに五人も十人も手先を抱えているのですが、その手先の給料はどこからも一文だって出るところはありません。みな親分の岡っ引がなんとか面倒を見てやらなければならなかったのです。

つまり最初から十露盤が取れないような無理な仕組にできあがっていたので、自然そこにいろいろな弊害が起こってきて、岡っ引とか手先とかいうと、とかく世間から蝮扱いにされるようなことになってしまったのです。しかし、大抵の岡っ引は何か商売をやっていました。女房の名前で湯屋をやったり、小料理屋をやったりしていました。

そういう訳で、町奉行所から公然認められている者は、少数の小者、即ち岡っ引だけで、多数の手先は読んで字の如く、岡っ引の手先になって働くに過ぎなかったのです。

従って、岡っ引と手先とは自然親分子分の関係をなして、手先は岡っ引の台所の飯を食っていました。もちろん手先の中にもなかなか立派な男がありましたが、いい手先をもっていなければ、親分の岡っ引もいい顔にはなれなかったのです。

また手先の下に、下っ引という者がありましたが、これは間者なのです。ですから、自分では決して手を下さなかったのです。ただ聞き込んだことをそっと手先に報告するだけで、自分はどこまでも堅気(かたぎ)の桶屋なり、左官なりですましていたのです。もし犯人のあることを間者が聞き込みますと、その事を手先に密告し、手先から岡っ引へ、岡っ引から同心に報告して、同心から「御手当の事」と書いてある令状をもらって、岡っ引が召捕りに向かったのです。現行犯は別として、この令状を持たないで、誰でも勝手に縛るという訳にはいかなかったのです。

前にも言ったように、岡っ引の給料といえば一ヶ月に僅か一分くらいしかもらえなかったのですが、始終出歩いている稼業で、そのくらいのものは茶代にも足りません。それに手先へ与える小遣い、その他いろいろの費用もかかるので、どうしても別に収入の道を講じなければならなかったのです。

その手段にも種々ありましたが、大抵は「引合を抜く」ということを口実にして、町人をいじめていたのです。引合を抜くということは、窃盗などを捕らえたときに、盗んだ金の使い道を調べますが、その金を使われた家の主人、たとえば盗んだ金で下駄を買ったとか蕎麦を食ったとかいう場合に、その下駄屋なり、蕎麦屋なりが引合にされて白洲へ呼び出されるのです。

それも一人だけでは事がすみません。町役人、家主一同打揃うて行かなければならぬという始末で、なかなか大袈裟になります。のみならず、家主へは日当を払った上に、その帰りには宇治の里(3)あたりで昼飯を振舞わなければならなかったのです。

それやこれやで引合に出されると、つまらない金のかかるばかりでなく、その頃の人たちは白洲へ出るということを非常に嫌がっていたのです。そこを付け込んで、「引合を抜いてやる」ということを唯一の方法として、いくらかの金をせしめていたのです。

それも実際に引合に出されるような事があったならまだしもですが、なんの関係の無い者にまでこの手段で恐喝していたということです。それは金のありそうな店などへ行って、「いついつお前の店で、これこれの買物をした者があるが、それは不正の金である」というようなことをいうのです。が、そこの家では実際そんな記憶も無いので、それを否認しますと、すぐにくだらない窃盗などを捕らえて、それを店へ連れて来ます。そして、その者に何々を買ったということをいわせるのです。また、窃盗の方でもそういわないと、あとで酷い目に遭わされる恐れがあるのでその通りに言っていたそうです。

こうなると相手の方でも、もう抗弁する余地もないので、とうとう「内分」ということにして、幾何の金を出して内済にしてもらっていたということです。

町方同心、即ち町奉行の配下の同心を、昔は八丁堀同心といっていました。これは八丁堀の役宅に住んでいたからです。

同心について

八丁堀同心の風俗といえば、芝居などでは、普通よりも着物を裾短かに着て大小をつっ立てて、いかにも身軽な甲斐甲斐しい風をしていますが、実際は全然反対です。大抵の同心は縮緬の着物を引摺るように丈長にぞろりと着て、大小を落し差しにしていたものです。履物は雪駄、それに紺足袋の裏の白いのを履いているということが特徴なのです。

現今では一般にそうなっているので、誰も怪しむ者はありませんが、裏白の紺足袋を履いているのは八丁堀同心に限られていたのです。こういう風体をしているので、ちょっと見ると、まるで遊冶郎のようでした。

それからどういう理由なのですか、この同心というものは、同じ御家人でありながら、お抱えという名義で、ちょうど年季者のような待遇を受けていたのです。で、毎年大晦日の夜、上役の与力の宅に呼ばれて、「長年申し付くる事」ということを申し渡されていたのです。

長年申し付くるとは、引続いて勤務を許すということで、従っていつ罷めさせられても仕方がなかったのです。が、同心といえば他に対しては非常な勢力を持っていたものです。が、その実、地位は卑しかったので、町奉行所などでも白洲の砂利の上につくばっていたのです。この事で滑稽な話があります。

それは吉原の某とかいう遊女が、何かの引合に出されて白洲に呼び出されたところが、常日頃は素敵に羽振りのいい自分の馴染の同心が、砂利の上に小さくなっていたので、その後逢った時に、「お前さんは偉い人かと思ったら、砂利の上につくばっていさっしゃった」と、いうようなことをいわれて、その同心も弱ったそうですが、「いや、あれは床の上と下とを替わり番に勤めるのだ」といって誤魔化したそうです。

しかし普通の八丁堀同心は、あまり白洲へ出ることはありません。大抵は吟味与力の配下の同心が白洲に詰めていたものです。これを俗に「つくばいの同心」といいました。

八丁堀同心というものは、至って薄給でありましたが、いつも懐には十両という金を用意していなければならなかったのです。これは罪人を逮捕に向かって、もし遁走でもせられたときにはその後を追いかけて、どこまで行かねばならぬか判りません。それには十両くらいの金を持っていなければ、どうすることも能わぬというので、何時如何なる場合でも、それだけの金を懐にしていなければお役をしくじるということになるのです。

これも無理な話で、同心の一ヶ年分の給料を寄せたとて、とても十両などという金額にはなりません。その当時の十両といえばかなりの大金で、窃盗なども十両以上の金を盗んだ者は死罪に処せられていたのです。

捕物の方法

お捕物の方法も、芝居でするようにいきなり御用とか、神妙にしろ、とかいって、十手を振り上げるようなことは無かったそうです。まず盗賊などに向かっても、「おい、ちょっとそこまで来てくれ」といって、穏やかに連れて行ったそうです。それで大抵は往生してしまったのですが、中には短刀などを振り廻して抵抗する者もあったので、その者に対しては、御用とか、神妙にしろ、とかいっておどかしたそうです。

で、岡っ引、手先なども、平常は普通の人と同じように着流していたのですが、すこし手剛い者とか、大捕物とかのある場合には、襷・鉢巻・手甲・脚絆というような仕度をするので、この時には棒、刺叉などをかつぎ出しました。が、大抵は梯子伏にして召捕っていました。こういう場合を除いては、いつも手捕りにしていたそうです。

それから講談などでは、武士――大小を帯びている者――は縛ることが能わぬというようなことをよくいいますが、決してそんなことはありません。武士にだって縄をかけることは、ちっとも差支えなかったのです。

しかし、武士には頭支配というものがあって、自分の支配下の者についての処分、たとえば隠居を申し付けるなり、八丁堀同心に引渡すというようなこともできるので、当主の者が直接同心の手にかかるというようなことは滅多になかったそうです。が、もう隠居をしてしまった者とか、二男、三男とかいう者に至っては、ほとんど武士の待遇を受けないといってもいいくらいに取扱われていたので、この者等に縄を掛けようとどうしようと勝手です。ただ葵の紋服を着ている者だけには、絶対に縄を掛けることは能わなかったのです。

また、河内山の芝居などで、御家人の直次郎が襟の掛かった袢纏に三尺を締めているのを見て、おかしく思う者もありますが、その当時の隠居とか二男、三男とかのだらしのない者になると、いつも無腰のまま、ぶらぶらしていた者も沢山あるので、こういう輩を縛るということについては、別にいわくもありません。

が、僧侶とか、虚無僧とか、または神主とか、巫女とかいって、寺社奉行の管轄に属している者は、これを町方で縛る訳にはいかなかったのです。たとい、どんな理由があっても、それは町奉行の落度となり、かの仙石騒動[4]の神谷転を縛って、一月寺の貫主に抗議を申し込まれたような、とんでもない問題を起こします。

逮捕した武士の扱い

前にもいったように、武士を縛ることは差支えありませんが、町人などと同一に大牢などへ入れることはできなかったのです。

武士を監置する所を揚り座敷、または揚り屋といって、普通の座敷のようにちゃんと畳を敷いてありました。従って大牢へ入れられた者のように、浅黄の仕着せなどを着せられるようなこともなく、また奉行所へ呼び出されても、白洲の砂利の上に坐らされるようなこともなかったのです。が、浪人無宿とか、破廉恥罪を犯したものなどは、士分の扱いを受けなかったので、こういう者は別として、普通は奉行所の縁側に席を与えられたのです。

それから武士に対しては、決して拷問ということをやらなかったそうです。いや、拷問をやらないというよりも、武士たる者が拷問などにかけられるということを、非常に恥辱としていたので、どうかして白状をしない時などには、「では、拷問にかけるぞ」といわれると、大抵は恐れ入ってしまったということです。

拷問について

この拷問というのは、「吊責」にすることをいったので、これは奉行の一存ではやれなかったのです。一々老中へ伺いをたてて、その認可を経なければならなかったのですが、それには吟味与力の意見書、「これこれの罪状が明白なるにも拘わらず、どうしても白状をしない。よって已むを得ず拷問にかける」というものを添えて出さなければならなかったのです。この伺いをたてるということは、もし白状をしなかったならば、その者を責め殺しても差支えないという認可を受けるのです。ですから軽微な罪を犯している者が、いかに白状しないといっても、無闇に拷問にかけることはできません。

拷問にかける者は、白状して罪科が死罪に相当するもの、例えば関所破り・謀書謀判・人殺し・強盗・窃盗の十両以上・贋金遣い・姦通をなしたる男女というような者でなければなりません。謀書謀判などになりますと、いろいろの関係、「主従とか親等の尊卑」などで刑罰の軽重を生ずるようになりますが、これは不文律の然らしむるところで、習慣・手加減などによる相違なのです。また、窃盗なども十両以上盗んだ者は死罪に処せられましたが、九両三分一朱までは入墨、重叩（じゅうたたき）くらいの刑で許されていたのです。

これは山東京伝の逸話として、あまねく世に知られていることですが、京伝の召使っていた下僕の者が、彼の金を十両あまり盗んでどこかへ逃げたのが捕まった時に、主人の京伝も引合に出されました。下僕の盗んだ金の実際の額をいえば下僕は死罪になる訳ですが、京伝はそれをかわいそうに思って、被害の金高を九両三分といったので、その下僕は死罪を免れたということです。

これなどは僅か一分か二分の差で、死罪になるかならぬかの境目ですが、盗賊を働く者だって、いくらいくらと勘定の上、盗んで行く訳でもないのですから、盗賊の運のいいのと悪いのとでは大変なことになります。

牢内でのいたわり

そこで拷問にかけられる者が、その拷問に堪えて白状をせずに牢屋へ下げられた時には、牢中の者どもが非常にいたわって介抱をしてやったそうです。これは徳川幕府の命令でもあったのです。たとい拷問にかけられても、まだ罪状を自白しないうちは単に嫌疑者というだけで、本当の罪人かどうかということが判らないからです。のみならず、牢中にいる者たちはみな悪党ばかりなので、その罪人に同情していたせいもあったのです。

それに引替えて、もし落ちて〔白状すること〕でも下がろうものなら、もう誰一人相手にする者はなかったそうです。どうせ死罪になると決まった者を構う必要もなかったからです。

が、いよいよその者の処刑が決まって引廻しにでもなろうとする時に、着て行く着物を持っていないとか、もしくは調製えることをできぬ者とかには、牢名主とか隠居とかいう役付の者が、新しい着物をこしらえてやったということです。

牢名主とか隠居とかいっても、みな囚人仲間で、つねに社会的の勢力のあった者か、大牢に長く入っている者から勤めるので、別に手当などをくれるという訳でもないのですから、そういう金を持っているはずがないのですが、これは新入牢者から「ツル」といって幾らかずつの金を取上げていたので、役付の者になると随分贅沢をしていたということです。もし新入牢の者が「ツル」を持って行かなかった場合などには、きめ板というもので酷く打たれたものだそうです。

この「ツル」というものは、ほとんど公然の秘密になっていたので、すこしことの判った岡っ引などになると、犯人に向かって「手前ツルを持っているか」というようなことを聞いて、それを持っていない時にはどこかで都合をさせるなり、また自分でくれてやったりしたということです。それも入牢に際しては、何も彼もすっかり取上げられて、浅黄のお仕着せにされるので、その金を髷の中へ入れたり、口に含んだり、肛門の中へ入れたりしていたそうです。

察当詰と責問

是等は心証とか証拠とかによって、察当詰(5)〔認定裁判〕にされたのでで、いくら拷問にかけても、どうしても白状をしない者がありますが、す。察当詰の者はもちろん、死罪と決まった者の刑の執行については、町奉行から老中へ、老中から将軍へ上申して、その裁下を仰いでいたのですが、こういう伺いに対しては直ちに裁下を与えないで、「よく見ておく」という言葉の下に、きっと一日、二日の猶予があったそうです。これは畢竟、上の慈悲で、一日でも二日でも死刑を延ばしてやるという趣意にほかならぬのです。

それから責問というのがあります。これは一口に拷問といってしまっていたようですが、責問と拷問とは大変な相違があります。拷問は前にもいったように、老中の認可を経なければならなかったのですが、責問は奉行の一存でやれたのです。

俗に牢問といっていました。牢問には笞打・石責・海老責というようなものがありました。

笞打は、紙捻を細かく捻って、それを棒にこしらえたものでびしびし打つのです。石責は膝の上に一枚ずつ石を積み重ねます。海老責は手と足とを背後で縛り上げて、ちょうど海老のような格好にされるのですが、これで白状しない者を拷問にかけていたのです。

牢屋の構造

　牢屋は日本橋小伝馬町（いまの中央区一丁目五番の十思小学校・同公園）にありましたが、四囲には溝を構え、南に表門、北に裏門（俗に地獄門という）がありました。

　牢屋の総坪数は二千六百十八坪余（約八六四〇平方メートル）ありました。

　牢奉行は石出帯刀という者が代々世襲していました。牢奉行の下には牢同心が七十八人、下男（獄丁）が四十六人ほどいました。牢同心は不浄役人といって、ひどく嫌われていましたが、大抵は二十俵二人扶持を取っていました。その役柄には鎰役・同助・数え役（敲刑のときに数を取る役）・打役（拷問、敲などの時に打つ役です）・小頭（惣牢の番人小頭）・世話役・平番というものがありました。

　牢屋の構造は、昔は土蔵造りの三方壁、前の一方だけを格子にしてあったそうですが、天和三（一六八三）年、揚り座敷を新築したときに、四方格子に改造したということです。

　牢屋の中には、揚り座敷（二間半に三間）、揚り屋（三間四方）、大牢（五間に三間。これを百姓牢ともいっていました）、女牢（四間に三間）というものがありました。

　揚り座敷は五百石以下、御目見得以上の旗本を入れるところですが、室内には畳を敷いてありました。五百石以上の旗本は御預けになることになっていました。

　揚り屋は御目見得以下の御家人、ならびに大名・旗本の家来、僧侶などを入れるところです。

大牢には平民、女牢には女を入れるようになっていました。

入牢者のある場合には、鎰役〔牢同心〕が入牢証文と引合わして、罪人の姓名・年齢・肩書などを審問していましたが、大抵は夕刻に限られていたようです。入牢者は評定所・町奉行所・寺社奉行所・勘定奉行所・火付盗賊改役所などで罪人と決定したる者です。

牢内の役割　牢役人には、名主・添役（そえやく）・角役（すみやく）・二番役・三番役・四番役・五番役・本番役・本番役助・詰番・詰番助というものがありました。また、隅の隠居・詰（つめ）の隠居・穴の隠居・客分というようなものもありましたが、隅の隠居は以前に入牢したことのある者で、かつて名主を勤め牢内の作法を心得ている者です。詰の隠居・穴の隠居・客分などは、多く牢役人の知己の者をしていたということです。

牢名主は、多数の悪漢を感服させるに足るべき者を選んでいましたが、その他の者は名主に指名させていたということです。それは牢内取締りの一方便として、幕府の方でも黙許してあったのです。従って牢名主というものは、非常な権力を持っていました。

名主以下各役付きの者は、牢内の畳を積み上げ、その上に座を構えていましたが、それぞれ格式によって畳の数が違っていました。その他の者は、羽目（はめ）通り・向う通りと称する板の間〔畳一枚に八人詰め〕に雑居させられていました。

新入りの扱い　牢役人は新入牢者があると、その者を裸体にして、「ツル」の有無、多少を調べた上で、きめ板といって長方形の板でびしびしと撲（なぐ）っていましたが、地獄の沙汰も金次第とやらで、「ツル」の多少によって打ち方にも軽重があったということです。

それから「おしゃべり」といって、新囚の罪状を自白させていました。

「娑婆からうしゃァがった大まごつきめ、はっつけめ、そっ首を下げやァがれ。御牢内はお頭、お角役様だぞ。エ、。一番目にならびやァがった一二一六ぴん候とり、大坊主野郎め、汝がような大まごつきは、夜盗もしえェめェ、火も付け得ェめェ、割裂の松明もいけ碌々にゃァ振りえめェ。本多頭髪に銀煙管、櫛や笄、髪差しのちょっくら持ちをしゃァがったか。大勢で申すこと、まだまだそんなこっちゃァ有るめェ。または堂宮金仏本尊か、橋々の鉄物でもひっ外しゃァがって、通る古鉄買へ、真鋳の下馬に小安くもおっ払いやァがって、二文四文の読み骨牌か、薩摩芋の食い逃げか、夜鷹の揚げ逃げでもしゃァがって、両国橋をあっちへこっちへまごついて、大家の初る芋源に突出されてうしゃァがったろう。直ぐな杉の木、曲がった松の木、いやな風にも靡かんせと、お役所で申す通り、有体に申し上げろ」

と、いうような複雑な言葉です。

この「おしゃべり」がすむと、次は「詰のおしえ」といって、厠(詰)の注意を与えるのです。

「これ新入、娑婆じゃァなんという、後架というか、雪隠というか、よく聴け。娑婆じゃ後架とも雪隠ともいおうが、御牢内じゃァ名が変わり詰の神様というぞ。詰には本番、本助番とて二人役人があって、日に三度、夜に三度、塩磨きにする所だ。穴の側方探って、縦八寸に横四寸、前に打ったが金隠し、廻りに打ったが抹香縁、その抹香縁へ糞でも小便でもしかけやァがりゃァ、汝が裟婆から着てうせた一枚縕袍で拭かせにゃならねェ。それも糞でも小便でも垂れたきゃァ、権兵衛なら権兵衛、八兵衛なら八兵衛と、汝が姓名名乗って借りゃァがれ。それも二人役の受答のねえうちに、古道具屋の造酒徳利か、六尺棒を呑んだ人足を見たように、にょっきり立ちをしていると、御牢内格式の畳仕置をもうし付けるぞ」

これは本番が囚徒の前で申し渡すのです。また、翌朝になると、新入牢者に対して、帯、ならびに犢鼻褌の始末を命じます。

「ゆうべ来た新入り、これ汝が物は裟婆じゃァなんという。帯というか犢鼻褌というか、よく聴け、裟婆じゃァ帯とも犢鼻褌ともいおうが、御牢内じゃァ名が変わり、帯のことは長物、犢鼻褌のことは細物というぞ。それを向う通りへ持っていって、いけぞんざいに振り廻し、同座の相囚人が首でも縊ると、汝が解死人に出にゃァならねェ。汝が糺明を仰せつけたお奉行様から出牢証文の来るまでは、肌身離さず屹度守っていろ」

その次には、室内の位置、座席などを教えます。これが畳の端へ付ける言渡しです。

「ゆうべ来た新入り、御牢内の法度もうし付けるぞ。聴いておけ。牢は初めてか、もと来たか、もと来ても初めて来ても、畳一畳一畳に格式あって、むずかしい所だ。汝がゆうべのめずり込んだ所は、お戸前口（牢屋の出入口）とも獄屋門ともいう。あすこを入るや否や、十も二十も三十も、ぶってぶっぽうり出して、することも、させることもあるが、十二人のお役人のいたわりを以て、しもさせもなさらぬぞ。汝がゆうべちょっくら夜をあかした所は、無宿の大牢の落間だァ。あすこへ這入るが否や、十日や二十日、五十日、百日で上げる所じゃァねえが、御牢内は先年より格式があって、下座の牢人、上座の牢人、五器口（五器は御器で、食事を出し入れする口）前のお牢人さん、あれも娑婆じゃァしんびょうらしい若者立て、畳の端をお願いなされ、今朝また牢のお角役様にお願い申して、畳の端へ出してやる。畳の端へ出りゃァ汝が掛りにゃァ本番、本助番という役人の下知に従い、あいあいといって働かにゃならねえ。働くといって、娑婆で小盗み、小泥坊、薪を割ったり、米を搗いたり、貫刺（刺は緡で、銭一貫文を刺し通す細い縄。または緡に通した一貫文の銭をいう）を持って駈出したり、そんな忙しいことじゃァねえ。今夜にも当たるが、夜に一時の草履番、それをしんびょうに相守るべし。それも娑婆の気質を出して、向う通り、同座の囚人を相手取り、喧嘩口論がましきことでもすると、御牢内格式の仕置申し付けるぞ。牢内は段々仕置の多い所だ。もっそう仕置と海老手鎖、三足手鎖、狭屋礫、段々ぶってぶってぶち廻し、またも仕置の多い所だ。汝が御奉行様から出牢証文の来るまでは、日に二本のもっそう飯（もっそうは物相。飯の量を盛り量り、また飯を人別に盛った器のことで、これに盛った飯をいう）を食って、しんびょうにしていろ。汝もまだ素人のこと、白い黒いの深しい御礼も知るめえ。汝が掛りは本番さん、助番さんの手筋をもって牢人さんに御礼を申してもらえ。屹度申し付けたぞ。手をあげて座にいろエー」

いずれも野卑な雑言をつかっていますが、よく牢内の模様が現われています。

囚人の待遇

囚人の着物、即ち浅黄のお仕着せは、毎年五月と九月の二度に給されました。

食事は朝夕の二度だけで、飯（普通の者は、一日玄米五合、精白にして四合五勺。牢役人は一日玄米六合、精白にして五合五勺。女囚は玄米三合、精白にして二合五勺）に、汁と香の物とが付いていました。

揚り座敷入りの者は、本膳に坪（香の物）、平（一汁三菜）なども付いていたそうです。行水は毎月二、三度つかわせ、月代は七月と十二月の両度ですが、牢名主だけは特に月に一度ずつ許されていました。

それから病囚を入れるところを溜といって、浅草と品川にありました。昔は病囚を非人頭車善七に預けていたということですが、初めは預人も一人か二人に過ぎなかったので、非人小屋の中に入れて番をしていたそうです。それがだんだんふえてきたので、一の溜、二の溜といって、二棟の長屋を建てたのが溜というものの起こりだそうです。

享保十（一七二五）年の車善七の書上に、

「溜と申し候は、長屋作りに候。惣板敷にて畳を敷き、炉も内に有之、夜中は有明（有明行灯。夜通しつけておく行灯）も所々に有之、昼夜とも煮焼いたし、茶・たばこ・薬までも給申度時分、心の儘に被下、寒風の節は焚火にもあたり居り、風呂も幾度も入、第一牢屋と違い、格子一重にて晴々と致し吹ぬき候に付、悪敷香曾て無御座候て、奇麗に御座候云々」

と、ありますが、牢屋と違ってよほど寛大であったようです。

人足寄場

人足寄場は石川島にありました。これは入墨、叩き等の軽罪の者で、既に処刑はすみましたが、引取人が無かったり、または再犯の恐れある者を人足として使役するために拵えられた一種の留置場です。

寄場人足の住んでいる小屋を、七室に分けて、一室に約四十人ぐらい入れてありました。また、別に細工小屋があって、そこで各自に仕事をやらせていましたが、大工・建具・差物・塗師などのように手に職を持っている者はそれをやらせ、何も手に職の無い者には、米を搗かせたり、油を絞らせたり、炭団をこしらえさせたり、藁細工をさせたりしていました。

で、その労銀の三分の一を本人の所得として積み立てて置き、その者の放免される時に下げ渡されていました。

そうしてよく規定を守り、仕事に精を出し、改悛の情著しき者に限って放免されていましたが、放免の時には積立金のほかに手当として、銭五貫文ないし七貫文を与え、百姓ならば相応の土地、江戸市民ならば生地へ店を開かせて、職業用の諸道具などを官給されたものです。

寄場に関する費用一切は、すべて人足の労銀を以て支弁されていたということです。

刑罰の種類　刑罰の種類には、軽敲（五十）・重敲（百）・所払・江戸払・江戸十里四方払・軽追放・中追放・重追放・遠島・死罪・斬罪・火罪・獄門・磔・鋸挽・晒・入墨・闕所・非人手下・叱・過料・戸閉・手鎖などがあります。

敲は伝馬町牢屋の表門の前で行なわれました。その方法は門前に薦を敷き、その上に罪人（裸体にしているもの）をうつ伏せにして、顔を往来の方へ向け、下男が四人して手足を押さえ、打役の牢同心は箒尻（長さ一尺九寸、周り三寸ほどの竹片二本を麻を以て包み、その上を紙捻で巻いてある）と称する杖を以て、一つ、二つと数を取りながら打つのです。それをさらに数え役の同心が数えます。敲きどころは、背骨を除けて、肩・背・肘などを敲くのですが、重敲は五十たたくと一旦中止して薬を与え、打役の者も交代することになっていました。

やがて処刑がすみますと、その者を宿元、並びに町役人へ引渡していましたが、入墨の上、敲に処せられた者は、入墨の乾くまで牢内に留め置かれました。また無宿者などは、人足寄場へ送られることになっていましたが、これは警固の同心へ引渡しました。

所払（ところばらい）は、その者を居住している町村から放逐して、再び立入ることを許されなかったのです。

罪の重い者には敲の付加刑がありました。江戸払は、品川・千住・板橋・四谷大木戸・両国橋以内、江戸十里四方追放は、日本橋から五里四方以内を構われたのですが、その罪の利慾に関するものは、田畑家屋敷を没収され、年貢の未進ある者は家財までも没収されました。

軽追放、これは武士と町人とによって区別されていました。武士は江戸十里四方・京・大阪・東海道駅路・日光山内・日光道中、それに住まっていた国と犯罪をやった国以外に放逐されたのです。

百姓、町人などは、軽追放・中追放・重追放を通じて、江戸十里四方追放に準じ、これに犯罪地と住まっていた国とを加えられていました。罪の重き者は敲（たたき）の付加刑がありました。

中追放は、武士は武蔵・山城・摂津・和泉・大和・肥前・東海道駅路・木曾路・下野・日光道中・甲斐・駿河、それに犯罪国、住国を構われたのですが、罪の重き者には、入墨・敲の付加刑があります。

重追放は関八州が加わっているだけで、他は中追放と同じことですが、属刑として、武士・百姓・町人ともに田畑家屋敷を没収されました。

追放は町奉行所で申し渡して、同所の門前から放逐していましたが、その夜は親類のところに一泊することを黙許されていました。それから追放の刑に処せられた者が、窃かに江戸に立戻っているところを加役同心に見咎められても、「仏参のために戻りました」といえば別に糺明はしなかったそうですが、それには必ず草鞋を穿いていなければならなかったということです。

遠島は、重いのになると佐渡へやられて金掘りをさせられましたが、その他は八丈島か三宅島とかへ送られました。遠島舟の出るところは、芝の金杉と永代橋との二ヶ所ありましたが、永代から出る方のものは、どんなことがあっても戻ることのできぬ者で、金杉の方から出るものは、幾年かの後には特赦になる者と決まっていました。で、近親の者などは、その舟の出る所によって、それとなく別れを惜しんだといいます。

死罪・獄門など

死罪は盗賊〔十両以上〕、追落（追剥）などに適用していましたが、罪の重い者には引廻しの付加刑がありました。

また、別に下手人といって、喧嘩口論、その他不慮のことで人を殺した者を処していましたが、これは伝馬町の牢内で行なわれました。

まず囚人を牢庭改番所に呼び出して、本人に相違なきことを確めたる上、検使の役人が宣告文を読み聞かせて首斬場へ連れて行くそうですが、首斬場の入口のところで目隠し〔半紙の二つ折りにしたるものを目の上に覆い、それを藁で結ぶ〕をして、首斬場の筵の上に座らせるのです。首斬場は地面を凹めて、その上に筵を敷いてありますが、この中へ首を切って落とすのです。首斬役は町方同心ですが、下男が囚人の両肩を脱がせ、手を添えて首を伸ばさせていました。

　そこで鎰役の牢同心は何の某といって、囚人の名を問い、その答を待って首を切っていましたが、悪瘡のある者・非人・女以外の者は、ためし切りに用いられていたということです。

　この刑に処せられた者は、田畑家屋敷家財とも闕所にされることになっていました。斬罪は多く小塚原に於て行なわれました。この囚人は目隠しをせずに、縄付きのまま首斬穴の前に据えて首を切っていました。

首斬役は町方同心ですが、検使は徒士目付です。これは士分以上の者で、火付、盗賊などの武士にあるまじき重罪を犯せる者、もしくは吉田松陰の如き国事犯の者を処していました。

火罪は放火をした者に科する刑ですが、火炙りにされた者では、八百屋お七という有名なものがあります。が、これは余りやらなかったようです。

獄門は牢屋の内で斬首に処したものを、牢屋〔獄舎〕の門前に掲げられたものだそうですが、後には浅草小塚原、品川鈴ヶ森の両刑場に晒されたのです。

獄門は二日三夜の間ですが、捨札〔罪状を記したるもの〕は三十日間、刑場に立てられていました。この獄門、晒などの番人は、すべて非人の役でありました。

磔は、主殺し・親殺し・関所破りなどの罪を犯せる者が処せられていましたが、囚人の手足を十字架に縛りつけて、着物を左右の脇の下から腰の辺りまで切り破り、それを胸のところへ巻きつけてありました。

検使の役人は同心に命じて囚人の名簿を改めしめ、当人に相違ないことを確めたる上、これを処刑せしむるのです。この槍取りは非人の役ですが、なかなかむずかしかったということです。槍取り、即ち突手の非人は白衣を着て尻をはしょり、縄襷をかけて、白の股引、脚絆というこしらえです。

最初に見せ槍といって、突手の二人は槍を取って左右に分かれ、囚人の目の前で鉾を合わせるのです。そして左右の脇の下から肩へかけて、筋交えに突き刺すのですが、突くとすぐに槍を引かなければ手許まで血が流れて、こんど突く時に手が滑ってうまく突くことができなかったそうです。それも大抵は三、四本で往生してしまったようです。

侠客の国定忠治が関所破りの罪で磔になった時には、十八、九本も突いたということです。いよいよ最後に、止めの槍といって、咽喉を右の方から貫いて止めを刺していました。

磔の罪木の柱は長さ二間、五寸角の栂を用い、上下二ヶ所に横木があって、これに手足を縛りつけるようにできていたのです。

鋸挽は日本橋の広場に晒穴といって三尺四方、深さ二尺五寸くらいの箱を地に埋めて、その中に罪人を入れ首枷(くびかせ)をしてありました。そして罪人の両肩には切り疵(きず)をつけ、その傍(そば)に血の付いている竹鋸を置いて、「この者に親を殺されたとか、子を殺されたとかで、深い怨(うら)みのある者は、誰でも勝手に挽いていい」と書いてありましたが、それを実行した者は無かったそうです。

引廻は罪人を馬に乗せて、市内、あるいは犯人の住所、犯罪の場所などを引廻していましたが、その行列は、先払い非人五人・紙幟(かみのぼり)〔罪状を記したるもの〕持非人三人・捨札(すてふだ)持非人三人・槍〔抜身(ぬきみ)〕二本を持つ矢の者四人・囚人付きの非人四人・宰領矢の者二人・宰領非人小屋頭二人、それに町方与力二騎と下役の同心〔数不同〕とが付き添っていました。

晒・入墨など

晒(さらし)、これは日本橋際(ぎわ)の元四日市町(まち)の河岸〔高札場(こうさつば)の正面東方〕に、間口五間、奥行一丈の菰葺(こもぶき)小屋を造り、その中に罪人を並べて晒してありました。小屋の三方は菰を打廻し、周りには三尺ごとに杭を打ち、横に青竹を二本渡して、二重に埒(らち)をこしらえてありましたが、埒の内には横三尺の捨札(すてふだ)を立て、これに罪状を書きつけて、一般の人に示してありました。

晒の時刻は朝五つ（午前八時）から夕七つ（午後四時）までです。晒の罪人を持籠(もちかご)〔畚(ふご)〕に乗せ、牢屋敷を出て晒場に至り、本縄のまま小手を少し弛(ゆる)めて小屋に繋ぎ、善七配下の非人をして番をさせていました。

この刑に処せられる者は、女犯の僧、心中を仕損じた男女などですが、心中を仕損じた者は、ここで三日間晒された上に非人の手下にされるのが定法です。

日本橋馬鹿をつくした差向い
　江戸の真中で別れる情なさ

という川柳もありますが、「馬鹿をつくした差向い」とは、心中を仕損じた者、即ち相対死未遂の者は、その男女の差向いをして晒してありました。また「江戸の真中で別れる」とは、日本橋は江戸の真ん中と称されています。そこで、心中を仕損じた男女の者が、晒刑のすんでから浅草と品川の非人頭へ別々に引渡されるのを指していったのです。

それから天保十二（一八四一）年三月には、一時に四十八人の女犯の僧が晒されて、非常に雑沓したということですが、平常でも大抵三、四人ずつは晒されていました。

これは名誉に対する一種の刑罰ですから、大勢の人の見る前で生恥をさらすということはなかなかの苦痛であったでしょうが、それでも女犯の僧は絶えなかったので、たびたび触書を以て取締まっていました。

入墨は、左の腕に幅三分のものを二筋〔筋の間七分〕輪にして入れられていましたが、これは各藩によっていろいろ異なっていたということです。奥州の二本松などでは、顔に悪という字を入れていたとかいいますが、これなどは少し惨酷すぎると思います。

闕所、重きは田畑・家屋敷・家財。次は田畑・家屋敷、軽きは田畑のみを没収されていました。

叱は、その罪を叱責することで、叱、急度叱の二通りありますが、急度叱は叱責の重きものです。これは奉行所で申し渡されていましたが、犯人は差添人と連署の叱責の請取を出すことになっていました。

過料・軽過料は三貫文ないし五貫文、重過料は十貫文ないし二十貫文を徴集されました。また身代の分限に応じて、三分の一・三分の二・四分の一というように割り付けられることもありました。

戸閉は、家の戸を釘付けにされるものです。これも軽重があって、二十日・三十日・五十日・七十日・百日というように差がありました。

手鎖は、両手を組ませてそれに鉄製の鎖〔瓢形〕を下ろされていましたが、やはり罪の軽重によって、三十日・五十日・百日手鎖の差別がありました。百日手鎖の者は、隔日に鎖改めがありましたが、五十日以下の者は五日目ごとです。

なお、御定書の中に、「縁組極候娘と不義いたし候男、軽追放。但し女は髪を剃り、親元へ引渡す」という条項がありますが、これは女に対する特別の刑罰なのです。

聖堂と講武所

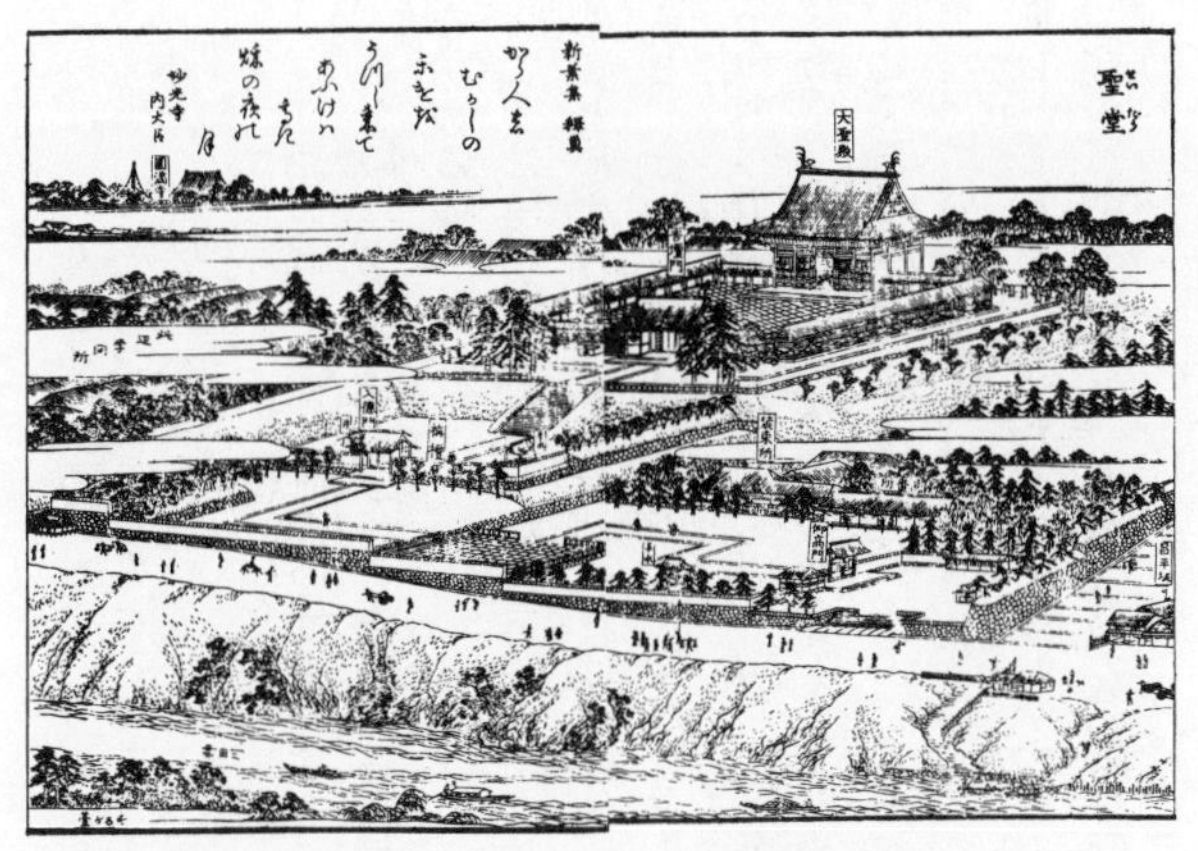

『江戸名所図会』より「聖堂」。左に「此辺学問所」とある

武士の教育――まず家庭教育

江戸の武士（徳川直参の武士）教育には、文事と武事との二つがありました。普通は五歳から七歳までは手習いをして、七歳になると読書を始めるのです。

手習のことは別に申します。ここでは単に読書のことだけをいいますと、最初は大学、中庸などというようなものをやることになっていました。それは家の父兄から教えてもらうので、普通はそれが八歳になると、それぞれ師匠について読書の稽古を始めるのです。そして十歳までの間に、四書（大学・中庸・論語・孟子の総称）、五経（易経・詩経・書経・春秋・礼記）、小学というようなものの素読を終わるのです。初めに大学、中庸などをやって、そのあとで小学などの素読をやるというのは、なんだかあべこべのように聞こえますが、これが一種の慣習になっていたのです。

それから十一、十二歳の二年間は、これまで習った書物の復習をするのです。これは聖堂に於て素読吟味を受ける為で、今の言葉でいえば、ある資格の試験を受ける準備というようなものであります。

この聖堂というのは、徳川幕府の学問所で、お茶の水の昌平橋のところ（いまの文京区湯島一丁目四番）にありましたが、ちょうど今日の大学のようなものです。聖堂には南楼と北楼の二舎がありまして、南楼には江戸の武士、北楼には諸藩の武士が入って、学問の修業をしていました。

その聖堂で、毎年十、十一の両月中に素読吟味というものが行なわれたのです。

素読吟味

そこで、武士の男児が十三歳くらいになると、それに応ずる願書を出して素読吟味を受けるので、その願書は支配頭の手を経て聖堂へ廻されるのです。もっとも素読吟味を受ける年齢を、表面は十七歳と定められてありましたが、大抵は十四歳くらいで願書を出していたのです。それを幕府の方でも黙許して、別にむずかしい詮議立てはしなかったので、いつとはなしに公年、私年というような年齢の数え方ができました。即ち公年とは嘘の年齢で、素読吟味を受ける者が、十三歳を十七歳として願書を出す類ですが、私年とは真実の年齢を指していうのです。

ですから他の年齢を訊いて、それに疑問のある場合などには、「御公年ですか、御私年ですか」というように、嘘の年齢と真の年齢との区別をしたものです。

で、いよいよ素読吟味を受けに出かける時になると、御目見得以下の者の服装は黒紋付に麻上下ですが、御目見得以上の者は黒紋付に継上下ということに定まっていました。普通の場合に上下（かみしも）といえば、上下ともに染色の同じものですが、継上下は肩衣（かたぎぬ）と半袴（はんばかま）とが違っているものをいうのであります。

その日は、朝七つ〔午前四時〕までに聖堂へ行かなければならなかったのですが、朝の七つといえば、非常に早起きです。わけて冬の十月、十一月ですから堪りません。あたりは真暗（まっくら）であるし、お茶の水の土手には、霜に鳴く狐の声なども聞こえました。

聖堂には勤番支配役という者があって、集まった子供の世話をすることになっていましたが、これがなかなか難役で、よほど世馴れた者でなければ勤まらなかったそうです。

どういう訳ですか、朝七つという途方もない時刻から子供を集めておきながら、素読吟味の始まるのは四つ〔午前十時〕からです。その間に子供は退屈をして、やがて喧嘩を始めるのです。その喧嘩も必ず御目見得以上の者と、御目見得以下の者との間に起こるのです。

御目見得以上の者は、自分たちの身分を笠に着て、御目見得以下の者を蔑視するという傾きがありますし、御目見得以下の者は、それを僻（ひが）むという訳で、つまり上流と下流との軋轢（あつれき）です。が、御目見得以上の者は、御目見得以下の者のことを「イカ」といって、「以下」を魚の烏賊（いか）に譬（たと）えて悪口（あくこう）をいいます。また、御目見得以下の者は、御目見得以上の者のことを「タコ」と綽名（あだな）して、多勢を恃（たの）んで反抗をしようとするのですが、これを宥（なだ）めたり賺（すか）したりして聖堂の静粛を保つということが、勤番支配役の務めです。

素読吟味、即ち素読の試験場所というのは八十畳敷ばかりの大広間で、正面には林図書頭が控え、つづいて儒者が十人ほど机を控えています。その前に一間半くらいの赤塗りの唐机を置いてあります。そこで一人ずつ素読をやらされるのです。

大抵は半枚くらい読ませて、その出来不出来を儒者たちが記しているのです。また、書物は無点本でも、有点本でも、各自の希望にするそうですが、まず無理にも無点本の申立をする者が多かったようです。

素読吟味の結果は一ヶ月くらい経つと判りますが、それに及第した者は、支配頭より「何日の五つ半（午前九時）聖堂へ出よ」という達しがあります。それに落第した者は、また翌年の素読吟味に願書を出して再試験を受けるのです。が、三度続けて落第すると、もう資格が消滅してしまいます。そうして試験の成績は、甲科、乙科とありますが、なんでも乙科の方が多かったそうです。

素読吟味の及第者にはそれぞれ褒美がありましたが、御目見得以上の甲科の者には反物三反、同じく乙科の者には反物二反、御目見得以下の甲科の者には銀三枚、同じく乙科の者には銀二枚をくれました。そして、但書に「素読出精に付、これを下さる。尚出精すべき事」と、いうようなことを書いてありました。

この素読吟味というのは、現今の義務教育のようなもので、これに及第すると、番入の資格ができるのです。

番入とは、世襲〔家督相続〕のことですが、二男三男などになると、どんなに怜悧であっても絶対に家を継ぐことができませんので、いわゆる「叔父さん」という敬称のもとに、冷飯食いをいさぎよしとせざる以上は、どうしても他家に養子に行くよりほかに道はありません。それについて素読吟味という一つの資格が必要になるのです。もし素読吟味にさえも及第していないような者でしたら、養子に行こうと思っても、決して貰い手はありません。

弁書の試験　次は程度がずっと高くなりますが、弁書の試験というのがあります。これは年齢などにも制限はありません。また、書物なども自信のあるものを申し立つればいいのですが、その代わり文章の説明、全体の講義、孔子の哲学、理想というようなものまで、委しく述べなければならなかったのです。

この弁書に及第すると、文章はいうに及ばず弓馬運動に至るまでも惣免許ということになるので、それはそれは大変なものです。従って出世もできましたが、これに及第する者は、ほんの数えるくらいしかありません。

私の聞き知っている人では、三宅花圃女史の御父君田辺太一氏〔蓮舟〕と、大目付妻木頼則氏〔伏見・鳥羽の役後、大阪城に居残りて、官軍に城を引渡したる人〕の二人だけです。

この妻木という人は、弁書の文章を日本文の伊勢物語風に書いて、弁書の文体に一変化を与えたのです。それまでは「豈夫レ然ランヤ」というような漢文調であったのが、妻木氏の弁書後は、皆それになったそうです。

それから剣術を始めるのは、素読吟味がすんでからですから、どうしても十三、四歳になるでしょう。

講武所

これは一生の仕事なので、いつを区切というようなものはありませんが、世の太平につれて、知らず知らずの間に、つい遊惰に流れようとします。それを矯正する目的——つまり尚武の気風を養成しようとする趣旨で、水野越前守が講武所を設けようとしましたが、天保の改革が禍をなして、その意志を貫徹せずにとうとう職を辞してしまいました。

その意志を継承して阿部伊勢守が安政二（一八五五）年、築地小田原町（いまの中央区築地七丁目二〇番あたり）の海岸に講武所の建設に取りかかって、翌三年四月から授業を開きましたが、それが安政六（一八五九）年、さらに神田三崎町（いまの千代田区三崎町二・三丁目）に移りました。現今でも講武所芸者とかいって、講武所の名が残っていますが、あれはその当時、講武所の生徒によって生活していた者が、それを名乗っていたに過ぎないので、あすこが講武所の跡ではありません。

とかくに間違う人が多いようですから、ちょっとお断り申しておきます。

講武所には二千人くらいの生徒がありまして、弓砲槍剣の四術を教えていましたが、鉄砲を習う者はいたって少なかったようです。ご承知でしょうが、昔の鉄砲というものはみな火縄銃ですから、一発打ってしまうと次の弾丸をこめるまでにはかなりの時間が掛かるので、その間に手許へ切り込まれる恐れがあります。

甲州流の戦術には、鉄砲組の間に槍を持った者を挟んで、その欠点を補うてあります。また、差矢といって、鉄砲と弓とを交ぜて用うることもありますが、つまり鉄砲はそれだけでは不十分なものとされているのです。それに平時のときにおいても、いつも担いで歩けるものではありませぬので、いざという場合の役に立たぬというのが原因で、鉄砲を習う者が少なかったのです。そういう訳ですから、伏見、鳥羽の戦いにも、上野の彰義隊でも、誰も鉄砲を持っている者は無かったのです。

それに引き替えて薩長の者は、不完全ながらも大砲もあれば鉄砲もありますし、おまけに弾丸除けに赭熊というものを被っていました。これは母衣から思い付いたので、白と赤の二色ありますが、少し弾丸が激しくなると、頭を下げて赭熊の毛を垂らして、顔や胸を覆うのです。

講武所の生徒の特色というのは、第一に帯をゆるく締めておることです。これは長い刀を帯していたので、それを抜こうとして居合腰になる都合上、わざと帯をゆるく締めていたのです。

第二は髷のゆるいことです。これは面を被るときに、あまり堅くしまっていない方がいいからです。

それに白地の小倉袴、朴歯の下駄、火の用心の煙草入、朱鞘の長い刀というように、ちゃんと講武所風俗が出来上がっていたものです。

また、この時代の武士は決して編笠を被らなかったので、多くは日傘をさしていました。それも安政年間（一八五四〜六〇）に小川町（いまの千代田区神田小川町）で、いずれも編笠を被った武士同士の喧嘩がありました。ところが、一方の武士は素早く編笠を脱ぎ捨てましたが、片方の武士は編笠の紐が取れなかったために、被っている編笠が邪魔になって、とうとう殺されてしまいました。それから武士は編笠を被らなくなりました。

その頃、いしたたき張という煙管が流行りましたが、いしたたき張というのはその名の通り、いしたたき（石敲。鶺鴒の異称）の尻尾のように吸口の方が細くなっているものです。これは講武所の生徒が面をつけたままで、ヒゴ〔面の鉄籠〕から煙管を吸うために、こういうものを拵えさせたのですが、だんだん世の中に拡まっていきました。

寄席

『東海道名所図会』より箱根七湯のうち「塔の沢」。左下に「軍書講訳」と見え、ここにも寄席のあったことがわかる

上方では露五郎兵衛の辻講釈、江戸では鹿野武左衛門の仕方噺、これを講釈、または落語の開祖と唱えています。

もっともその前には、風流の遊戯として落語などを演った人もありましたが、それはただ一時の座興に止まって、これをもって生活をした者は無かったのです。

寄席の発生

子供の鼻唄にも、「夢楽可楽は噺の上手」といわれたかの朝寝坊夢楽、三笑亭可楽などが、享和（一八〇一～〇四）から文化・文政（一八〇四～三〇）に跨って江戸中の人気を取ったので、落語というものはいよいよ盛んになって、いわゆる落語家という一種の職業もでき、また斯道における名人上手も続出したのです。

前にもいったように、元禄（一六八八～一七〇四）の頃から鹿野武左衛門などという落語家もありましたが、その頃の落語家といえば、大抵は辻講釈の類か、さなくば自分の宅へ人を集めて落語などを弁じるに過ぎなかったのです。それがだんだん行なわれてきたので、もう自宅では狭くなって広い家を借りてやるようになり、さらに寄席という一種の人寄場までできたのです。

三笑亭可楽が、下谷広徳寺前の孔雀茶屋（いまの台東区東上野三丁目三七番あたり）で三題噺を演じたなどが、最も古いところでしょう。

それから文化・文政に至っていよいよ落語が盛んになったので、江戸市中に寄席というものが続々できました。

寄席の盛衰　従って男芸人のほかにかの女義太夫なども追々に増え、今も昔も変わらぬ一種のどうする連[1]がワイワイ騒ぎ出して、漸次に風俗を乱す傾向があるので、町奉行所でもその取締りに着手する折柄、例の水野越前守の天保度（一八三〇～四四）の大改革に遭って、女義太夫を初め、その席の主人もことごとく縄付になりました。これと同時に江戸市中の寄席営業者中、三十年前から営業している旧家を除いて、その後の新店は一軒も残らずに取潰となったので、江戸市中の寄席というものは僅かに十五軒となってしまったといいます。

が、その禁令も長くは続かず、弘化（一八四四～四八）以来、再び昔に復って市中各所に新規開業の寄席が続々でき、ほとんど一町内に一軒くらの割合になりましたが、優勝劣敗の自然淘汰によりまたもや次第に減って、僅かに五、六十軒となってしまいました。

かくの如くに江戸市中の寄席というものは、一盛一衰、ほとんど定めなき姿でありましたが、維新以来ますます繁盛に向かって今日に至ったのです。

寄席の構造と出し物

寄席の構造は今も昔も大差なく、平屋も稀にありましたが、多くは二階建で、普通は二、三百、多い所でも三百、四百の客を呼べば大入り客止めという次第でした。木戸銭も大昔は三十二文くらいであったそうですが、天保・弘化（一八三〇〜四八）以後の色物席〔落語・手品の類〕は四十八文、講談席は三十六文というのが、まず普通でした。

その頃の寄席の出物といえば、落語と人情噺に極まったもので、一枚看板の真打は、必ず人情噺の続き物を述べるに極まっていたのです。今日のように立派な真打がつまらぬ落語でお茶を濁すというようなことは決してなかったのです。従って客の方でも続き物の後はどうなるかと引かされて、毎晩毎晩詰めかけていたので、客の方の気乗りも違えば、落語家の方でもこの話で客を繋ごうというのですから、一所懸命に車輪で弁じたものです。だから、どこの席で誰が何を話すといえば、山の手の者も下町まで押し出し、下町の者も山の手まで登って来るという有様で、芸人も熱心、客も熱心であったのです。

講談の席は今も昔も同じ講談一式でありましたが、色物の席では人情噺・落語・手品・写し絵[2]・八人芸・怪談・芝居話の類で、たまには常磐津、浮かれ節（ちょんがれ節ともいい、浪花節の前身）などを出すこともありました。

手品、写し絵などは別に説明するまでもありませんが、今日まったく跡を絶ったものは八人芸と怪談です。

八人芸というのは、一人で八人の芸をするのです。即ち一人で八人の声色（こわいろ）を使い分けたり、または一人で笛を吹き、太鼓を叩いたりして八人分の芸を一時に演じるのですが、その当時はなかなか流行したもので、黄色い声を出す人を指して、俗に「八人芸の小僧のようだ」といったくらいです。

怪談は林家正蔵の一手専売でしたが、その頃の怪談といえば、灯火（ともしび）を暗くして本当に化（ばけ）物（もの）を出したのです。

もちろん、本当の化物が現われては大変ですが、いざという時には、高座はいうに及ばず、場内の灯火を暗くしたり、あるいはまったく消してしまって、楽屋から血だらけ、または散らし髪の幽霊が「エエ恨（うら）めしや」というような凄（すご）い声を出して、ひょろひょろと高座や客の中へ現われるので、気の弱い女子供はきゃっきゃっといって驚き騒いだものですが、つまり怖（こわ）い物見たさというような訳で、この怪談もなかなか流行したものです。

寄席の出方（でかた）は、一枚看板の真打が一人、スケが一人、前座（ぜんざ）が二、三人くらいで、精々は五、六人であったのです。

また、芸人の服装といえば、一枚看板の真打は黒紋付の小袖に黒の羽織という着付けで、今日の真打と別に差異は無いのですが、ただ前座の芸人が今日のように光る衣服を着ているということは無かったのです。たといその者が金持の息子にもせよ、前座は前座相応に木綿物を着るというのがまず一般の習慣で、身分不相応の扮装などをすると、師匠からも注意され、客からも憎まれるので、真打は真打、前座は前座と、どこまでも神妙にその分を守っていたものです。

それにいかなる真打といっても、寄席へ通うのに足代というものは一文も要らなかったのです。もっともその時代にも駕籠という比較的便利な物もありましたが、落語家に限らず普通の人でも駕籠に乗るということは、よくよくの場合で、まして芸人などは尻端折のてくてく歩きと極まっていたので、どんな遠方の席へ通うにも、往復の足代というものは少しも要らなかったのです。

寄席芸人で駕籠に乗ったのは、落語家で志ん生と、浄瑠璃語で和佐之助の二人だけで、志ん生は立派な真打でもあり、且つは足が不自由であったために駕籠を雇う必要もあったのです。

また一方の和佐之助は、引手茶屋の娘で常磐津が本芸でありましたが、年も若く容貌も好く、男髷の若衆姿作りというのが大いに人気に叶って、三、四軒も掛持をしているので、とても歩いていては間に合わぬから三枚肩の駕籠（三人でかつぐ駕籠）で飛ばすという勢いで、一時この社会の耳目を驚かしたものです。

今も昔も同じことですが、芸人には人に知れぬ出銭（でせん）があります。即ち仲間内の義理、新店開業のビラ、遊び人の花会といったような類ですが、当時は花会などに関してはまるで無警察といってもいいくらいなので、いわゆる強い者勝ちであったのですから、顔役とか大哥（あにい）とかいう者が幅を利（き）かして、弱い稼業の芸人などは常にこれに悩まされていたのです。

このほかに、寄席でも芸人でも、岡っ引という者を酷く恐れていました。岡っ引は今日の刑事、巡査の類ですが、これはほとんど無給同様で働くという慣例になっていたので、自然弱い者をいじめて金を取っていたのです。普通の破落戸（ごろつき）どもと違ってお上の御用というのを笠に着ているので、一層その祟（たたり）が酷かったのです。万一これに睨（にら）まれると、つまらぬことを言立（いいたて）にいつ寄席を取り潰されるか、いつ高座から引下ろされるか判らないので、どれも是命是従（ぜめいぜじゅう）という有様であったのです。天保十二年（一八四一）の寄席取潰しの際に、運よく取残された十五軒の寄席なども、この岡っ引に賄賂（わいろ）を遣（つか）ったためだともいいます。現に京橋の佐野松という繁盛の寄席は、岡っ引に睨まれて、葵の襠（うちかけ）を言立に潰されてしまいました。

女義太夫や人形芝居など

女義太夫は天保十二年以来一時中絶して、寄席の高座には現われず、久保町（いまの港区西新橋一丁目九番）の原、その他の小屋掛けで興行していましたが、諸邸の勤番武士（諸藩で江戸屋敷に交代で勤めていた武士）か陸尺（力者の訛。大名等の駕籠をかいた人足）くらいが上客で、とても堅気や真面目な人の立寄るべき所では無かったのです。それが維新になってかの竹本京枝等のために再興されたのですが、天保以来維新までは女義太夫というものは無下に軽蔑されていたものです。

人形芝居には、結城座、薩摩座の二座がありました。あの神霊矢口渡や先代萩なども、この座で演ぜられたものですが、歌舞伎の三座が猿若町（いまの台東区浅草六丁目二〜五・一八〜二〇番）へ移る（天保十二年）と同時に、この人形芝居も移転して、結城座は両国へ、薩摩座は加賀っ原（いまの千代田区外神田一丁目東側から神田花園町一帯）へ移りましたが、その後は一向にふるわず、とうとう寄席の方へ移ってしまったのです。

その頃、最も流行った寄席は、麴町の万長亭・下谷の吹ぬき・吾妻橋の京橋亭・瀬戸物町（いまの中央区日本橋本町一丁目九・一六・同二丁目一〜三番あたり）の伊勢本、南茅場町（いまの中央区日本橋茅場町一丁目二・三・一三番）の宮松等ですが、概して寄席の客は町人・職人が八、九分で、武士は比較的に少なかったようです。

江戸の化物

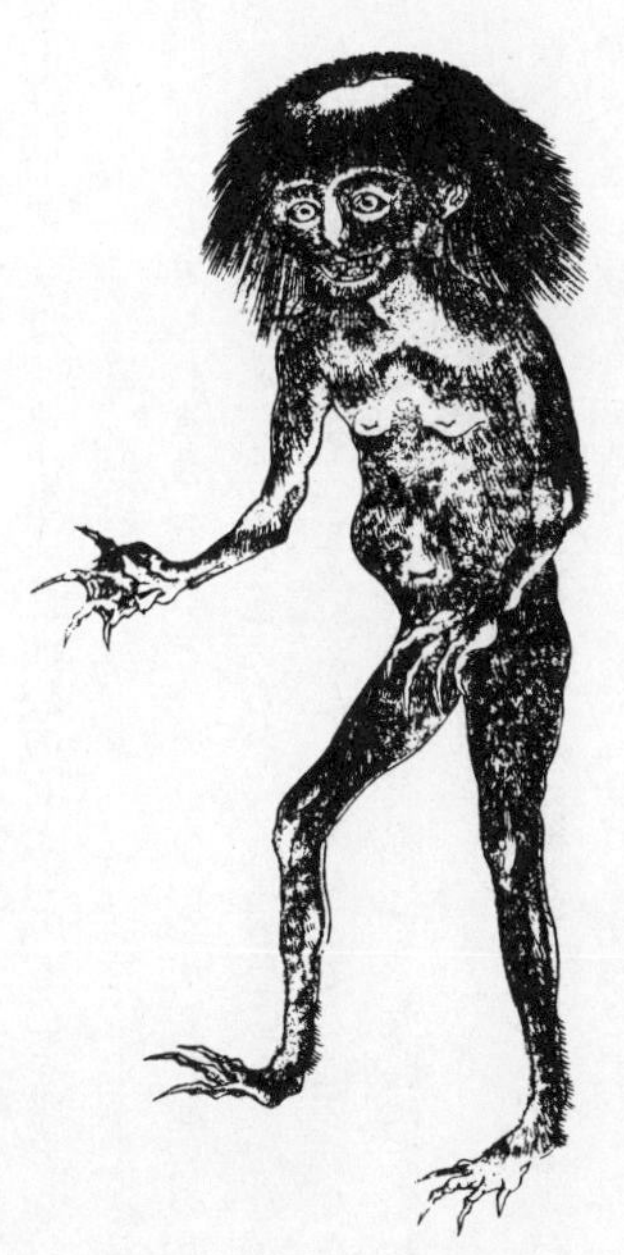

『利根川図志』より「河童」

江戸の代表的怪談といえば、まず第一に池袋の女というものを挙げなければなりません。

池袋の女

今日の池袋の人からは抗議が出るかもしれませんが、どういうものか、この池袋の女を女中などに使いますと、きっと何か異変があると言い伝えられて、武家屋敷などでは絶対に池袋の女を使わないことにしていたということです。また、町家などでも池袋の女を使うことを嫌がりましたので、池袋の女の方でも池袋ということを隠して、大抵は板橋とか雑司ヶ谷とかいって奉公に出ていたのだそうです。

それも、女が無事におとなしく勤めている分には別になんの仔細もなかったのですが、もし男と関係でもしようものなら、忽ち怪異が頻々（ひんぴん）として起こるというのです。

これは、池袋の女が七面様(1)の氏子なので、その祟だといわれていましたが、それならば不埒（ふらち）を働いた当人、即ち池袋の女に祟ればよさそうなものですが、本人にはなんの祟もなくて、必ずその女の使われている家へ祟るのだそうです。まったく理窟では判断がつきませんが、まず家が揺れたり、自然に襖（ふすま）が開いたり、障子の紙が破れたり、行灯（あんどん）が天井に吸い付いたり、そこらにある物が躍ったり、いろいろの不思議があるといいます。

こういうことがあると、まず第一に池袋の女を詮議することになっていましたが、果してその蔭には必ず池袋の女が忍んでいたということです。

これは私の父なども親しく見たということですが、麻布の龍土町（いまの港区六本木七丁目六～八番）に内藤紀伊守の下屋敷がありました。この下屋敷というところは、多く女子供などが住んでいるのです。

ある夜のことでした。何処からとなく沢山の蛙が出て来てぴょこぴょこと闇に動いていましたが、いつとはなしに女たちの寝ている蚊帳の上にあがって、じっとつくばっていたということです。それを見た女たちの騒ぎは、どんなであったでしょう。

すると、こんどは家がぐらぐらとぐらつき出したので、騒ぎはますます大きくなって、上屋敷からも武士が出張するし、また他藩の武士の見物に行った者などが交じって、そこらを調べて見ましたが、さっぱり訳が判りません。そこで狐狸の仕業ということになって屋敷中を狩り立てましたが、狐や狸はさておき、かわうそ一疋も出なかったということです。で、その夜は十畳ばかりの屋敷に十四、五人の武士が不寝番をすることになりました。

ところが、夜もだんだん更けゆくにつれ、行灯の火影も薄暗くなって、自然と首が下がるような心持になると、どこからとなく、ぱたりぱたりと石が落ちてくるのです。皆の者がしゃんとしている間は何事もないのですが、つい知らずに首が下がるにつれて、ぱたりぱたりと石が落ちてくるので、「これはどうしても狐狸の仕業に相違ない。ためしに空鉄砲を放してみよう」といって、井上某が鉄砲を取りに立とうとすると、ぽかりと切石が眉間に当たって倒れました。

こんどは他の者が代わって立とうとすると、また、その者の横鬢のところに切石が当たったので、もう誰も鉄砲を取りに行こうという者もありません。互いに顔を見合わせているばかりでしたが、ある一人が「石の落ちてくるところは、どうも天井らしい」と、いい終わるか終わらぬうちに、ぱっと畳の間から火が吹き出したそうです。

こういうような怪異のことが、約三月くらい続いているうちに、ふとかの池袋の女ということに気がついて、下屋敷の女たちを厳重に取調べたところが、果して池袋から来ている女中があって、それが出入りの者と密通していたということが知れました。

で、この女中を追い出してしまいますと、まるで嘘のように不思議なことが止んだということです。

これも塚原渋柿園翁の直話ですが、牛込の江戸川橋のそばに矢柄何某という槍の先生がありました。この家に板橋在の者だといって住み込んだ女中がありましたが、どうも池袋の女らしいので、そのことを細君から主人に告げて、今のうちに暇を出してしまいたいといいますと、さすがは槍の先生だけあって、「実は池袋の女の不思議を見たいと思っていたのだが、ちょうど幸いである。そのままにしておけ」ということで、細君も仕方なしに知らぬ振りをしていましたが、別になんのこともなかったそうです。

ところがある日、主人公が食事をしている時でした。給仕をしている細君があわてて飯櫃（めしびつ）を押さえていますので、どうしたのかと聞くと、飯櫃がぐるぐる廻り出したというのです。

矢柄先生はそれを非常に面白がられて、ぐるぐると廻っている飯櫃をじっと見ていましたが、やがて庭の方の障子を開けますと、飯櫃はころころと庭に転げ落ちて、だんだん往来の方へ転げて行きます。で、稽古に来ている門弟たちを呼んでそのあとをつけさせますと、飯櫃は中の橋の真ん中に止まって、逆様（さかさま）に伏せって動かなくなったので、それを取ってみますとすっかり飯が減っていたということです。

これを調べて見ると、その池袋の女中が近所の若い者といたずらをしていたということが判りました。女中も驚いて自分から暇を取ろうとしましたが、先生は面白がってどうしても暇をやらなかったので、とうとういたたまらなくなって、女も無断で逃げていってしまったということです。この種の怪談が江戸時代にも沢山ありました。

天狗や狐憑き、河童など

天狗に攫（さら）われるということも、随分沢山あったそうです。

もちろんこれには嘘もあり、本当もあり、一概にはいえないのですが、とにかくに天狗に攫われるような者は、いつもぼんやりして意識の明瞭を欠いていた者が多かったそうです。従って、「あいつは天狗に攫われそうな奴だ」というような言葉があったくらいです。これは十日くらいの間、行方不明になっていて、どこからかふらりと戻って来るのです。

これらは科学的に説明すれば、いろいろの解釈がつくのですが、江戸時代ではまず怪談の一つとして数えていました。

狐憑、これもなかなか多かったようですが、一種の神経衰弱者だったのでしょう。この時代には「狐憑」もあれば、「狐使い」もありました。狐を使う者は飯綱の行者だと言い伝えられていました。そのほかに管狐を使う者もありました。

管狐というのは、わざわざ伏見の稲荷へ行って管の中へ狐を入れて来るので、管の中へ入れられた狐は管から出してくれといって、途中で泣き騒いでいたということですが、もう箱根を越すと静かになるそうです。

昔は狐使いなどといって、他に嫌がられながらも一方にはまた恐れられ、種々の祈禱料などをもらっていたのですが、今日では狐を使う行者などは跡を絶ちました。

この狐憑は、狐が落ちさえすればけろりと治ってしまいますが、治らずに死ぬ者もありました。

河童は筑後の柳川が本場だとか聞いていますが、江戸でも盛んにその名を拡めています。これはかわうそと亀とを合併して河童といっていたらしく、川の中で足などに搦みつくのは大抵は亀だそうです。

この河童というものが、江戸付近の川筋にはよく出たものです。どういう訳か、葛西の源兵衛（源兵衛堀―いまの北十間川のこと）が名所になっています。

徳川の家来に福島何某という武士がありました。ある雨の夜でしたが、虎の門の濠端をこの濠のところを俗にどんどんといって、溜池の水がどんどんと濠に落ちる落口になっていたのです。

その前を一人の小僧が傘もささずに、びしょびしょと雨に濡れながら裾を引き摺って歩いているので、つい見かねて「おい、尻を端折ったらどうだ」といってやりましたが、小僧は振り向きもしないので、こんどは命令的に「おい、尻を端折れ」といいましたが、小僧は相変わらず知らぬ顔をしています。で、つかつかと寄って、後ろから着物の裾をまくると、ぴかっと尻が光ったので、「おのれ」といいざま襟に手をかけて、どんどんの中へ投げ込みました。

が、あとで、もしそれが本当の小僧であっては可哀相だと思って、翌日そこへ行って見ましたが、それらしき死骸も浮いていなければ、そんな噂もなかったので、まったくかわうそだったのだろうと、他に語ったそうです。

芝の愛宕山の下（桜川の大溝）などでも、よくかわうそが出たということです。

それは多く雨の夜なのですが、差している傘の上にかわうそが取りつくので、非常に持ち重りがするということです。そうして顔などを引っ掻かれることなどがあったそうですが、武士などになると、そっと傘を手許に下げておよその見当をつけ、小柄を抜いて傘越しにかわうそを刺し殺してしまったということです。

中村座の役者で、市川ちょび助という宙返りの名人がありました。やはり雨の降る晩でしたが、芝居がはねて本所の宅へ帰る途中で遭ったそうです。差している傘が石のように重くなって、ひと足も歩くことができなくなったので、持前の芸を出して、傘を差したまま宙返りをすると、かわうそが大地に叩きつけられて死んでいた、ということです。

日比谷の亀も有名でした。桜田見附から日比谷へ行く濠の底に大きい亀が棲んでいたということで、この亀が浮き出すと濠一杯になったと言い伝えられています。亀が浮くと、龍の口の火消屋敷の太鼓を打つことになっていました。その太鼓の音に驚いて、大亀は沈んでしまうといいます。しかし、その亀を見た者はないようです。

蝦蟇や朝顔屋敷など

麻布の蝦蟇池（港区元麻布二丁目一〇番）、この池は山崎主税之助という旗本の屋敷の中にありましたが、ある夏の夕暮でした。ここへ来客があって、池に向かった縁側のところで、茶を飲みながら話をしていましたが、そこへ置いてある菓子器の菓子が、夕闇の中をふいふいと池の方へ飛んでゆきます。二人は不思議に思って、菓子の飛んでゆく方へ眼をつけますと、池の中に大きな蝦蟇がいて、その蝦蟇が菓子を吸っているのでした。主人主税之助はひどく立腹して「翌日は池を替え、乾かしてしまう」と言いました。

するとその夜、主税之助が寝ているところへ池の蝦蟇がやって来まして、「どうか助けてくれ」と頼みました。そうして、「もし火事などのある場合には、水を吹いて火事を防ぐから」というようなことをいいました。

しかし、主税之助は、「ただ火事の時に水を吹いて火を消すというだけではいけない。それは俺の一家の利益に過ぎない。なにか広い世間のためになることをするというならば許してやろう」といいますと、蝦蟇は、「では、火傷の呪を教えましょう」といって、火傷の呪を教えてくれたそうで、その伝授に基いて、山崎家から「上の字」のお守を出していました。それが不思議に利くそうです。

お守は熨斗形の小さいもので、表面に「上」という字を書いてその下に印を押してあります。その印のところで火傷を撫でるのですが、なんでも印のところに秘方の薬がつけてあるということです。

錦袋園の娘、池の端（いまの台東区池之端一丁目一番、同上野二丁目一一・一二番）に錦袋園という有名な薬屋がありました。ここの娘は弁天様の申し子であったそうですが、ちょうど十八の時に不忍の池に入って池の主の大蛇になったと言い伝えられています。それが明治の初め頃まで不忍の池に棲んでいたそうですが、明治になってから印旛沼の方へ移ってしまったといいます。

化物屋敷、これはとても数えきれません。一町内に一軒くらいずつはあったようです。

まずその一例を挙げると、こんなものです。

朝顔屋敷、牛込の中山という旗本の屋敷ですが、ここでは絶対に朝顔を忌んでいました。朝顔の花はもちろん、朝顔の模様、または朝顔類似のものでも、決して屋敷の中へは入れなかったということです。

それがために庭掃除をする仲間が三人いて、夏になると毎日、庭の草を抜き捨てるのに忙しかったそうです。それは屋敷の中に朝顔の生えるのを恐れるからで、これほどに朝顔を忌む理由というのは、なんでも祖先のある人が妾を切った時に、妾の着ていた着物の模様に朝顔がついていたそうで、その後、この屋敷の中で朝顔を見ると、火事に遭うとか、病人がでるとか、お役御免になるとかで、きっと不祥のことが続いたということです。

百物語、これは槍、剣術の先生の宅などでよく催されましたが、一種の胆だめしです。これは御承知の通り、まず集まった人の数だけの灯心を行灯に入れて、順々に怪談を一席ずつ話して、一人の話が終わるごとに灯心を一本ずつ消してゆくのです。そして庭の淋しそうなところに、矢などを立てておいて、それを取りに行くそうですが、最後の灯心を消すと、なにか化物が出ると言い伝えられていました。

こんなのを一々数えていたら際限がありませんから、まずこのくらいのところにしておきましょう。

両国

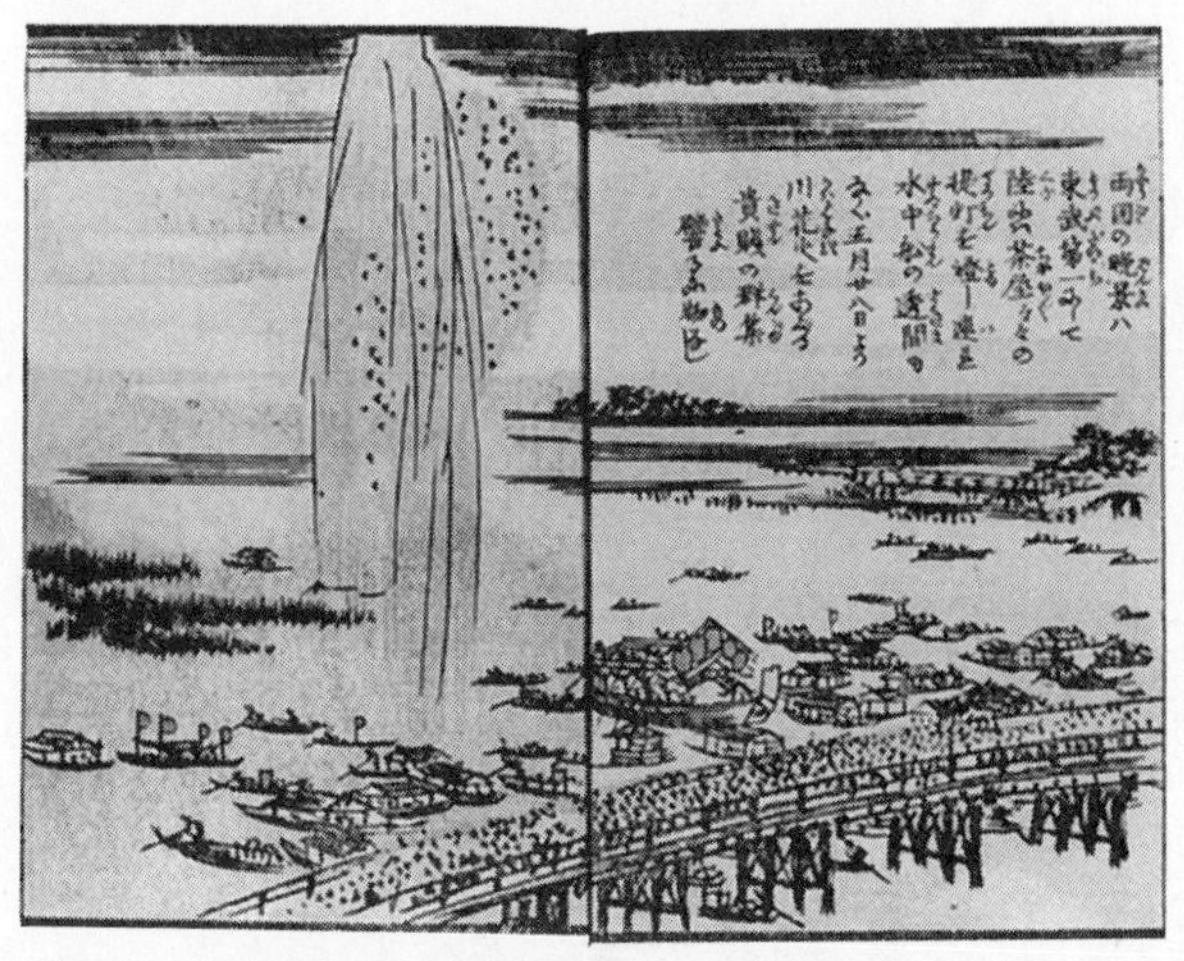

『絵本江戸土産』より「両国花火」

川開きと涼み船

両国の川開きは、享保年間（一七一六〜三六）に始まり、例年五月二十八日に決まっていました。この川開きの大花火から八月二十八日の打止めの花火まで、満三月の間、船遊び、船涼みが一般に行なわれることになっていました。

花火の本元として、鍵屋・玉屋の二軒がありましたが、玉屋は将軍家御成りの時に、花火の爆発から出火した科によってその家をつぶされてしまいました。で、両国の大花火——川開き・打止めともに、実際は鍵屋だけがやっていたのですが、いつも打止めの花火はふるわなかったということです。

涼み船は両国を中心として、主に三叉（中洲——いまの中央区日本橋箱崎町）から吾妻橋あたりまでを漕いでいたそうですが、まったく船で埋まったようになっていたので、とても船を漕ぐことなどはできません。ただ浮かべているというに過ぎなかったのです。その屋形船の間を縫って、うろうろ船がその名の如くにうろうろしていました。うろうろ船というのは一種の船商人で、小船の先に赤い行灯を点して、西瓜や真桑瓜などを売っていました。

また芸人などを乗せて、声色・写し絵・新内・義太夫などを流している船もありました。

両国の見世物

昔の両国というところは、現今の浅草の奥山のような状態で、小芝居・寄席・飲食店などが一面に立ち並んでいましたが、いずれも薦張りの小屋掛けという粗末なものでした。

東両国、即ち本所方面を向う両国と称し、西両国、即ち柳橋側を広小路といい、また垢離場といっていました。これは大山詣りの者がここで水垢離を取って、白の行衣を着て行くのでその名が付いたのだそうです。

西両国の定小屋は、まず百日芝居〔百日打つによっていう〕で、俗におでこ芝居〔鬘の名ともいい、太鼓の音がオデデコオデデコと響くによりともいう〕、また垢離場の芝居といって男の芝居も女芝居もありました。そのほかに軽業・講釈・落語・女義太夫などで、大抵は木戸銭十六文、芝居は中銭を十六文取りました。

東両国の見世物類には、因果物が多かったそうです。が、ここでなければ見ることのできないのは、例の「やれつけ」というものです。

これは若い女が見物の方に対って腰をかけている、その前に棒が置いてある。それ以上は少し説明に困りますが、それで突くということは、折助や職人などの中でも、余程のしたたか者でなければできなかったということで、武士はもちろん、町人でも少し身分のある者などは、「やれつけ」の小屋に入ることはなかったそうです。そうして木戸では、「やれつけ、それつけ、上見て、下見て、八文じゃ安い」と、囃していました。これが両国で最も有名なもので、市中の女などでも、べたべたしたものがあると、「やれつけの姐さんのようだ」といわれたほどでした。

その他には蛇つかい、鳥娘、お化などがありまして、お化は暗い中にお化を出してあって、その中を無事に通り抜けた者には景品をくれるのでした。いずれも木戸銭は八文ずつです。

東両国は、西両国から見るとすべて下等でありました。

それから野天芸人には、蠟燭の籠抜け・こま廻し・でろでろ[1]・居合抜き・大道講釈・糝粉細工のたぐいがいろいろありました。

いかさま物には、例の「どっこいどっこい」といって、絵の描いてある紙の上に菓子などを賭けてブン廻しを廻し、その針の止まったところの絵によって勝負を争うものがありました。

「やらずの最中」は、最中の中に数字などを書いて入れてあるものです。

「あぶり出し」、これは火で炙るのと、水の中に入れて出すのとの二種があります。いずれも田舎者を対手にして、一種の詐欺賭博をやっていたのです。

「鍋の小判」、これは本当か嘘か判りませんが、鍋の中に油を一杯入れ、その中に小判を沈めてそれに真鍮の火箸を添えてあります。そうして幾文かの銭を出せば、その小判を幾枚でも挟んで取っていいということです。けれども油の中にある小判を真鍮の火箸で挟むのですから、どうしても挟める訳がありません。が、つい慾に釣られて、ただ銭を取られる田舎者も少なくなかったということです。

ところがある時、一人の職人体の男が来て、鍋の中の小判を全部挟み出してしまいましたが、その男はそれをそっくり返してやって、「今後こういうことをしていると、私が毎日来て挟み出してしまう」といって意見をして行ったそうですが、その男は八百善(2)の料理番であったということです。

飲食店や並び茶屋など

飲食店も沢山に出ていました。その中でも卯の花ずし・鰯の天麩羅・鯡の蒲焼などというのが名物でしたが、大抵四文でした。

並び茶屋（水茶屋）、これは銘酒店のようなもので、美しい女が沢山にいました。しかし、酒などはありません。ただ茶とか、桜湯とかを出すだけのことです。並び茶屋というのは、同業者が軒を並べているのでこういう名が起こったのです。並び茶屋の女たちは、多く旦那取をしていたとかいうことです。

並び床（髪結床）、これも髪結床が軒を並べていて、髪結賃は十六文でした。よその土地ならば三十二文くらいであるのに、ここは安いのを取柄に、田舎者や折助などに得意があったということです。

矢場(やば)(楊弓店(ようきゅうてん))も沢山ありまして、みな矢取女を抱えていました。

西両国広小路の朝の内は、青物市が立っていましたので、いろいろの興行物などは昼から始めていました。それが日暮にはねますと、入れ替わって夜の商人が出てきます。おでん屋・西瓜売り・鍋焼うどん・麦湯・甘酒というような種類のものです。

番屋と橋番

それから向う両国の川下の方に番屋〔自身番〕がありましたが、その番屋のことを俗に夜鷹番屋といっていました。それは芝居小屋の打出しの太鼓がどんどんと響く頃になると、本所方面から出て来る夜鷹たちがこの番屋の空地に集まり、ここで化粧をしてそれぞれ稼ぎ場所に出かけていたのです。「夜鷹二十四文」とは、昔から決まっている相場でしたが、それがだんだん値上げをして、幕末の頃には四十八文くらいになっていました。

東西の橋詰には橋番の小屋がありました。番人の役目というのは、橋の上の出来事、即ち急病人の介抱とか、身投げを救うとかいうことにあるのですが、いつもよぼよぼの老人が詰めていたので、みすみす身投げの者も見殺しにした場合が多く、毎晩一度くらいは身投げの水音が聞こえるとかいっていたそうです。

それは独り橋番の不親切ばかりではありません。なるべく身投げを救わない方針を採っていたからです。それも女ならば救ってやりましたが、男の身投げなどになると、わざわざ棹で突き流していたということです。身投げの女を救って、男を救わないというのはちょっとおかしく思われますが、多く女という者は了見が狭くて、茶碗一つ壊したくらいのことにでも死のうとするようなことがあります。まったく、死なぬともいいものを一途に死のうとする場合が多いので、それは救ってやります。

これが男となりますと、相当の分別もあり、考えもあってすることですから、本当に死なねばならぬ理由のあるものと推定して、救わぬ方を功徳としていたのです。それに犯罪のある者などをうっかり助けようものなら、掛かり合いになる恐れがあるので、わざと救わなかったということです。

橋番は内職としては鰻を売っていました。これを放し鰻といって、仏の日に当たる者などがこの鰻を買って、橋の上から大川の水に放り込んでいましたが、大抵は水に打たれて鰻は死んでしまったそうです。

屋形船と柳橋芸者

屋形船〔涼み船〕の乗りようは、なかなかむずかしかったということです。普通は頭から先へ入れようとしますが、屋形船に頭を先に入れるとどうすることもできません。足の方を先へ入れて、するりと滑り込むようにして乗らなければならないのですが、さすがに柳橋芸者は上手でありました。

柳橋芸者――一般に芸者といっていましたが、厳格にいいますと、公然芸者と称すべき者は、吉原に限られていたのです。それから櫓下（浅草猿若町――いまの台東区浅草六丁目二〜五・一八〜二〇番）も芸者といっていました。

その他は日本橋でも、柳橋でも、深川でも、みな酌女、または酌人なのです。従って吉原の芸者のような身形はできなかったのです。

主なる制限としては、白襟を掛けることはできません。で、変わり襟の薄藍とか鼠とかを掛けていました。裾模様もつけられなければ、着物の裏の変わり裏もいけません。こういう風に制限を加えられているので、白襟に裾模様という立派な姿は見られませんでしたが、その代わりに多くは唐桟仕立というような粋な姿で座敷に出ていました。

髪は芸子島田か、つぶし島田に結っていましたが、平打の笄を差すことも禁ぜられていたので、その代わりに白魚という笄類似のものを用いていたそうです。

総じて吉原類似の風をすることを止められていましたが、これを犯している者があると、吉原から抗議を申し込まれたものです。このことを「察当」（掟を犯したといってとがめること）を喰わせるといっていました。

昔の吉原芸者というものは、大変に権力を持っていました。他の芸者と同席するときなどには、ずっと上座に坐って、三味線を弾いていましたが、他の芸者は三味線をしまって、単に酌をするだけに止まっていたそうです。また、深川の芸者などは、月に一度（毎月朔日）吉原の会所へ挨拶に行かなければならなかったのです。これを「江戸行」といっていました。かのお妻八郎兵衛の浄瑠璃に「用事をつけて江戸行も」とあるのが、即ちそれです。

柳橋芸者の玉代（ぎょくだい）は、昼一分、夜一分、祝儀は好い芸者で二分、下等は一分くらいだそうですが、不見転（みずてん）をする者は一人もなかったということです。仮りにも一見客（いちげんきゃく）などと枕を交わしたということが知れますと、直ちに同業者から苦情を持ち出されて、土地を追い払われてしまいます。が、旦那を取るということはちっとも構わなかったので、大抵の芸者は「旦那一人に情夫一人」という程度を守っていました。が、烈しいのになると、旦那の二、三人くらい持っている者もありました。

その首尾をするところは、例の船宿です。船宿の二階は、六畳に四畳、三畳くらいで、至って狭いものでした。そうして、おりおり旗本の船遊びに出っ食わして、ままにならぬことがありますので、大抵は船遊びという体にして柳橋から船に乗って、厩橋（うまやばし）の上の方まで漕がせて行きます。と、船頭はちゃんと心得て、首尾の松のところ（いまの台東区一丁目都立蔵前工高のあたりにあった）に船を繋いで、自分は陸（おか）へ上がってしまいます。そうさせるには船頭に幾らかの祝儀を遣らなければなりません。もし祝儀も遣らないで、こっちが勝手にふざけていると、船を揺すぶったりして、いろいろの妨害を加えるということです。

芝居

『戯場訓蒙図彙』より「劇場表側景色」

江戸末の芝居小屋

江戸の芝居というものをお話いたします。もっとも江戸といっても、ずっと末期のことですが、天保十二（一八四一）年末に芝居小屋が浅草の猿若町（いまの台東区浅草六丁目二〜五・一八〜二〇番）に移されて、猿若町一丁目に中村座、同じく二丁目に市村座、同じく三丁目に守田座がありました。江戸中に芝居らしい芝居というものは、この三軒しかなかったのです。

そうして三座の役者は、十一月の顔見世を区切りにして、一年目毎に交代することになっていました。即ち一丁目の役者が二丁目に、二丁目の役者が三丁目にというように代わっていたのです。

芝居見物の方法

その頃の芝居見物にも、木戸から行くのと、茶屋から行くのと二通りありましたが、大抵は茶屋から行っていたようです。

芝居茶屋は大茶屋・中茶屋・小茶屋の三つに分かれていましたが、大茶屋は自分の家に料理番を置き、いろいろ料理を拵えて客に出していたのです。従って芝居のないときなどでも、飯を食いに行くくらいのことはできました。中茶屋・小茶屋は客の注文によって他から料理を取っていましたが、幕の内のむすびだけは必ず自分の家でこしらえていました。芝居の弁当といえば、幕の内といって金の輪型に飯を入れて打ち抜いたものですが、それを店前で女中が拵えるということが、一つの景気になっていたのです。弁当といっても、普通の玉子焼・焼豆腐・麩くらいのものを美味く煮ただけで、ちょうど宇治の里式の料理でした。が、注文さえすれば、どんなものでも取ることができました。また、幕の内の嫌いな者は、ちらし〔普通の飯〕を取って食べていましたが、どうしても芝居には幕の内——つまり芝居に付きもののようになっているので、それを食べないと芝居らしい気分になれなかったのです。

朝早かった芝居の開場

芝居の開くのは朝六つ〔午前六時〕で、果てるのが夕六つ〔午後六時〕ということになっていましたが、時によると五つ〔午後八時〕頃になることもあったので、芝居を見に行く人たちは行き戻りともに提灯が要ったのです。現今の人から考えると、芝居を見に行くに提灯を点けて行くなどということは、まるで嘘のように聞えるでしょうが、その頃の江戸市中というものは、ところどころに広い空地があったり、竹藪があったりして、夜は真暗で、狸やかわうそが出るという騒ぎです。

近い所の者は別として、山の手あたりから芝居見物に行くには、どうしても七つ〔午前四時〕起きをしなければならなかったのです。それも天気の好い日ならばまだいいですが、雨や雪の降っている時に、山の手から浅草辺まで提灯をさげたり、傘を差したりして、足駄でてくてく歩くということは、並大抵ではありません。

それに、女などが芝居に行こうとするには、その前日に髪を結って置かなければなりませんし、着物なども揃えて置かなければならないという始末で、そわそわと一日を暮らしてしまいます。

また、当日は早起きをして寝不足なところへ、芝居疲れと遠い道の往復とで二重に疲れが出て、翌日になっても癒りません。

つまり三日がかりでなければ芝居を見られなかった訳です。で、金の掛かる掛からぬは別として、三日からの日をつぶして芝居に行くということが、普通の人にとってはなかなか容易のことではなかったので、その当時、変わり目に芝居に行き、三日目は鰻を食って、毎日髪を結うことが非常な贅沢とされていたのです。変わり目の芝居といっても、一年に三回か四回くらいしか開場しなかったのですから、それを皆見たとて知れたものですが、さっきも言ったような次第で、大抵の者は年に一度の芝居見物すらも、そうたやすくはできなかったのです。

ですから、芝居に行くことを無上の楽しみとして、待ちに待ち構えていたので、芝居を面白く感ずる度合も今よりはよほど深かった訳です。

武士の芝居見物

山の手から七つ（午前四時）起きをして猿若町まで行きますには、浅草の門跡（東本願寺—台東区西浅草一丁目五番）あたりでしらじらと夜が白んで来ますが、武士などがその時刻に歩いていると番所番所で呼び止められて、「どこへ行く」ということを調べられます。が、あからさまに芝居へ行くということは言えません。徳川の制度として、表向き武士は吉原と芝居に行くことはできなかったので、親戚に急病人があるとか何んとかいって誤魔化していたそうです。

また、武士は芝居小屋の中へ刀を帯して入ることもできなかったのです。それは安政四（一八五七）年に細川家の武士が、天竺徳兵衛の芝居を見物していました。ところが、天竺徳兵衛が親を殺そうとするところで、どうも親を殺すなどとは怪しからぬといって、その武士はいきなり舞台にかけ上がって天竺徳兵衛になっている市蔵を切ろうとしましたが、幸い市蔵は逃げてしまったので怪我はしませんでしたが、それを止めて出た舞台番の男が切られて死にましたし、もう一人も酷い怪我をしました。

この事が表向きになれば当の武士はもちろん切腹をしなければなりませんが、決して故意や悪意でやったことではなく、むしろその動機が善なので、細川家の方でもいろいろ手を廻して遺族の者に相当の手当などを与え、内分にしてしまいました。本人は乱心ということで国許へ押込められたそうです。

それ以来、芝居小屋の中へ、武士は刀を差して入ることを禁ぜられたのです。

また、紀州家の某姫が浅草の観音へ参詣の途中で、芝居を見たいといって一丁目の木戸のところへ乗物を下ろして、木戸の外からちょっと見ただけでしたが、とうとう表向きになって供の者全部は切腹、姫は「縁組かなわぬ」ということで押込められてしまったとかいいます。

これとても江島生島の問題[1]が起こるまではそうやかましくもなかったのですが、彼の事件後ひどく厳しくなったのです。

芝居小屋の中へ無刀でなければ入られぬということになりますと、武士は否応なしに茶屋へ行って刀を預けなければならなかったばかりではありません。身分のある武士などになりますと、芝居の中でも頭巾を被るとか、頬冠りをするとかしていたのです。

かの伊庭軍兵衛という剣術の先生などは有名な芝居好きで、いつも芝居に行く時には、印半纏を着て職人のような拵えで木戸から入っていたということです。

これなどは極端な例ですが、ともかくも武士らしくないようにして、芝居に行ったということは事実です。

芝居茶屋　茶屋へ行くには出し抜けでもよかったのですが、ふりですと、どうかして場所のない時などに出喰しますので、大抵は前に申し込んでおいて行く者が多かったようです。

茶屋から行きますと、茶屋の若い者が蓙と莨盆を持って案内をしてくれます。その頃は芝居の中で布団は敷かせなかったので、どんな身分の者でも土間へ薄縁を敷いたきりのところに莫蓙だけで我慢をしなければならなかったのです。

それから茶と菓子とを持って来ますが、菓子は高坏に載せて出しました。そのうちにちょっとした口取で酒を出します。昼飯は例の幕の内ですが、昼過ぎにはすしと水菓子とを持って来ます。

これだけはお極まりで、なんにもいわなくても茶屋の方から出すことになっていましたが、その他は注文次第です。それが明治以後になっては、菓子と弁当とすしだけですます人も出て来ました。これを俗に「かべす」のお客といって、一種の侮蔑的の言葉に用いられていましたが、この頃では「かべす」がもう普通になってしまいました。

芝居が刎ねますと、茶屋で夕飯を食べて帰る者もありました。さもなくば、浅草の奴(鰻屋—いまも台東区浅草一丁目一〇番にある)か、もしくは茅町の宇治の里などへ上がって、夕飯を食べて帰ったものです。

茶屋の帰りには、茶屋の若い者が提灯をつけて、猿若町の角まで送って来ることが慣例になっていました。

芝居小屋

芝居小屋の構造といえば、現今の人の思い至らないまでに貧弱で、粗雑で、酷く汚いものであったのです。天井は丸太の梁に簀の子を張って、それに天幕を張り廻してありましたが、所々に丸太が見えたり、縄の結び目が現われたりしていました。

場席の拵え方は今とほとんど変わりはありません。即ち東西に桟敷があって、桟敷の下が鶉（桟敷の下で、高土間後方の上席）、鶉の前が高土間（観客席が枡形式の時代、ふつうの土間より一段高くなった席）になっていたのですが、今日のように高土間と花道との間に前船(2)というものはありませんでした。両花道に挟まれたところが土間になっているのは今日も同様です。

小屋の周囲は筵を垂れてありましたが、便所というものが甚だ不完全でして、ただ土の中に樽を埋めたきりなので、夏の芝居などになると、その臭気に堪えられなかったそうです。のみならず、女などは到底そんな樽を埋めたばかりの便所へ行けようはずがありません。見物の一番困ったのはこの便所だそうです。それでも茶屋から行っているものは、茶屋の便所へ行くこともできましたが、木戸から入っているものは、いやでも応でも芝居の便所へ行かなければならなかったのです。が、茶屋の便所へ行くとしても、現今は「あゆみ」(3)を渡っただけで茶屋へ行けるようになっていますが、その当時は木戸を出なければどこへも行くことはできなかったのです。

もっとも茶屋の若い者が、草履を持ってときどき御用を訊きに来ることは来ますが、それとて大勢の人を相手ですからそうそう手が届きません。それに茶屋の若い者が来るのを待っていられないような場合もありますが、そういう折に裸足で往来を歩く訳にはいきません。で、最初茶屋から履いて行った草履を芝居の中へ持って入って、各自の膝の下に敷いて置いたものです。そうでなくとも土間などは五人詰で狭く窮屈な上に、泥草履などを持込んでは、たまったものではありません。まったく身動きもできなかったということです。

先刻も言ったように朝は七つ起きをして、雨が降ったり風が吹いたりしているところを、山の手あたりから浅草くんだりまで遠い道をてくてく歩かされた上に、芝居の中では身動きもできないような窮屈な思いをしながらも、芝居を唯一のおもしろいものとして、一般的に喜ばれていたというのは、他に行楽の機関がなかったのにも因るでしょうが、一つは時代の風潮でもあったのです。

当時の芝居

そうしてその芝居というものがどんなものかといいますと、道具や衣裳の粗末なことは到底お話になりません。

衣裳は木綿物に金や銀の箔（はく）を置いたもので、美（い）い着物を着ることは禁制であったのです。もしこれに背く者があると、重ければ追放、軽くても科料か手鎖（てじょう）くらいに処せられました。また、道具なども一切実物を使うことができなかったので、箪笥（たんす）・長持・膳・椀（わん）というようなものに至るまで、すべて張子であったのです。

それから芝居の果てるのは夕六つ（午後六時）ということになっていましたが、新狂言などの時には五つ〔午後八時〕頃になることがありました。そういう場合とか、または雨の日の暗い時などには、どうしても灯を点さなければなりませんが、それには蠟燭を用いておりました。

花道から役者の出て来るときにも、面あかりといって長い棒の先に蠟燭を点けたものを黒ん坊が持って、役者の顔を照らすように差し出していました。

場代は時と場合によって高低がありましたが、大抵は土間一枡〔五人詰〕が一分くらいでした。それに茶屋の支払いや何かで、一人前一朱くらいも掛かりましたでしょうか。現今に較べると大変に安かったものです。いや、芝居の高くなったのは、ここ十年ぐらいのことです。

明治十九年に千歳座[4]で、九蔵・菊五郎の一座で、「鵜飼のかがり火」という狂言を演りました。これは私も見物に行ってよく覚えていますが、その時の場代が土間一間〔五人詰〕二円二十銭に敷物代が五十銭で、これを五人に割りますと一人前五十四銭ずつです。それに菓子・弁当・すしのいわゆる「かべす」一人前が二十二銭、合せて七十六銭くらいであったのです。

明治十六年に新富座[5]で、団十郎・菊五郎・左団次・半四郎・高助・仲蔵・右団次・宗十郎というように、全国の名優をすぐって開場しましたが、その時でさえも桟敷〔五人詰〕四円五十銭、土間〔五人詰〕二円八十銭という相場でした。それでも前代未聞の高価だといって、世間ではびっくりしたくらいです。

芝居の宣伝

昔は別に広告機関というようなものはなかったので、どこの芝居が面白いといっても、それが江戸中に広まるまでにはなかなか日数を要しました。

現今は、芝居の開場前に種々の方法で世間の興味を誘って、その芝居を見た者の面白いとか面白くないという評判が世間に伝わる頃には、既に閉場しているようなやり方に引換えて、昔は芝居を見物した者が、こんどの一丁目は面白いとか、二丁目の何がいいとかいって、それからそれへと評判に評判を重ねなければ、あまねく世間に知られなかったので、まったく芝居の面白い面白くないによってその運命が決せられたのです。

もっとも芝居の開く前には辻番付を所々に吊しましたが、これとて一町内に一ヶ所あるかないかの始末で、ほんの申訳に過ぎなかったのです。また、茶屋から客筋へ番付を配っていましたが、これはある一部分に限られていたので、広告の手段という程のものでもなかったようです。

おまけに現今のように連中などというものはありません。ただ三人五人と誘い合わして来るぐらいに過ぎなかったので、まるで暗闇に物を探るような世間の評判を当てにするより他に仕方がなかったのですが、ちょっと当たると一つの狂言を五十日も六十日も打ち通したものです。そこが昔の芝居の弱いところでもあり、また、強いところでもあったのです。

で、絶対に広告ということに無頓着かといえば、そうでもなかったのです。

これは一例ですが、文化頃（正しくは天保二年―一八三一）に菊五郎のお岩で「四谷怪談」をやりました。（三代目菊五郎としては文政八―一八二五―年中村座で初演以来四度目の上演）。お岩の亡霊が白張りの提灯の中から出るところがあるので、いつも菊五郎の楽屋入りをする時には供の男に小さな白張提灯を提げさせていたということで、これを見た人たちは、「あの小さい提灯からどうして菊五郎が出るのだろう」と、不思議に思って、それが評判の種になったそうです。

また、正月狂言だけは、暮の浅草市の十七、十八の両日を限って来春狂言の看板を掛けることになっていましたが、絵看板には正直に何々の狂言ということを表わさないで、まるで謎か判じ物のような絵を描いてありました。

例えば、黒板塀に雪の降っているところを描いて、赤い打掛と出刃庖丁とをあしらったようなものです。それを各自に判断して、赤い打掛に出刃があるところを見ると、大方花魁殺しの狂言だろうとか、また烏帽子と松明を描いてあれば、曾我の狂言という風に想像して、一丁目の狂言は何、二丁目は何、三丁目は何々の狂言を演るようだが、曾我はつまらなそうだが、花魁殺しの方は面白そうだというような噂に噂を呼んで、来春の評判を作るのです。

こういう風に見物の興味を釣っておくということが、春芝居の成功、不成功の分かるところで、まったく趣向の巧拙によって大変の損得があったということです。いかに狂言の内容がよくても、絵看板の趣向が拙いとつまらないものとせられてしまいますし、ちっとやそっと役者などが悪くても、看板の絵の取合わせとか、思いつきの巧いものなどが、より以上の効果を収めることができたそうです。

この看板の趣向などは黙阿弥翁の得意の畑で、道具を並べることが非常に巧かったということです。これがまた一つの呼び物で、単に絵看板を見に行くだけに、わざわざ出かけて行く者もあって、芝居小屋の前は見物の山を築いたそうです。

芝居の開場と狂言立て　その頃の芝居というものは酷く貧乏でしたので、几帳面に開場することは少なかったのです。十月一日に開場することになっているものが、十一月に入らなければ開場しないようなことは珍しくありません。甚しいのになると、番付まで配っておきながら、お流れになってしまうようなこともありました。

が、正月・三月・十一月だけは、きちんと開場しました。正月は普通の藪入を当て込んでです。三月は御殿女中の宿下がり、即ち徳川の大奥や諸大名の女中衆の藪入りですが、前後三日の賜暇の一日を必ず芝居に行くことに決まっていたのです。

つまり御殿女中の宿下がりというものは、芝居見物をするためにできているようなもので、各自に見て来た芝居の噂などをして一年に一度の宿下がりを楽しみにしていたものです。それを親たちの方でも待ち構えて、一緒に連れて行きましたので、三月の芝居は大入が続いたそうです。

そうして狂言の並べ方も女の多く出るものを選んで、鏡山とか先代萩とかお軽勘平の道行とかいうようなものを演りました。

十一月は顔見世興行ですが、これは一年中の座組を披露するので、顔見世芝居は演らない訳にはいきません。

夏芝居は演ったり演らなかったりしましたが、納涼芝居〔夜芝居〕を第二流どころの役者で開くこともありました。

とにかく、正確にゆけば正月・三月・五月・七月・九月・十一月と、年に六度開場することになっていましたが、大抵は三度か四度が関の山でした。

狂言の立て方はちゃんと一定していました。まず正月は曾我に因んだもの、三月は御殿女中の出るもの、五月は別に決まりがありません。七月は役者次第、九月は菅原です。これは書下ろしが九月のせいでしょう。現今のように正月に「賀の祝」などを演るようなことはありません。十一月は「暫」の如き古風な狂言を一幕ずつ選んで演っていました。

折助

『江戸府内絵本風俗往来』より「折助」

折助とは?

武家の仲間(ちゅうげん)のことを普通一般に折助(おりすけ)といっていましたが、表向きの呼名は仲間、または小者(こもの)・下男・下僕と称えていました。

折助は、大名屋敷でも旗本でも、御家人(ごけにん)でも、すべて武家と名のつく屋敷には、必ず一人や二人は奉公していたものです。

その人数は、身分に応じてそれぞれ相違がありましたが、どんな貧乏な御家人の家でも、いわゆる「主僕(しゅぼく)一人」の折助一人はいたのです。また、旗本などになりますと、まず二、三人から五、六人はいましたが、折助を十人も十五人も使っている家は少なかったようです。

もう五人も六人も折助を使うような屋敷では、その上に若党(わかとう)・中小姓(ちゅうごしょう)・給人(きゅうにん)・用人(ようにん)というような者も置かなければならなかったのですが、用人・給人・中小姓・若党のたぐいになりますと、折助のような安い給金では抱えられなかったのです。で、主僕一人の折助になりますと、若党のための仕事までやらされていたのですが、折助の給金は年三両というのが普通の相場でありました。

折助の拵(こしら)えは、紺の法被(はっぴ)を着て柿色の三尺を締め、尻を端折(はしょ)って空(から)っ脛(すね)に草履を穿(は)き、銀張りの樫の木刀を後ろに差していたのです。これは正式に主人の供をして他行(たぎょう)するときか、もしくは主人の使いとして他家に行くときとかの拵えで、ふだんは松坂木綿か何かを着て、普通の形(なり)をしていたのですが、主人の供をして行くというような場合はごく稀でありました。

折助の主なる仕事といいますのは、まず庭の掃除をしたり、畑仕事をするのです。どんな小さい御家人の屋敷でも、二百坪くらいの地面はありましたから、少なくとも百坪くらいは畑にして、いろいろの物を作ってありました。この畑と稲荷の社とは、武家屋敷の付き物になっていました。そこで折助というものは、ある意味に於て作男(さくおとこ)でもあったのです。で、田舎に知行所を持っている者は、大抵その知行所の百姓を折助に使っていましたが、知行所から来て折助になっている者は実直の者が多く、二十年も三十年も辛抱して主家を大事にまめまめしく働いていました。

が、知行所を持っていない者は、霞町（いまの港区西麻布一・二丁目あたり）の千束屋という口入屋(くちいれや)の手を経て折助を雇い入れていました。これを渡り仲間といって、所々方々を渡り歩いていたのです。

渡り仲間は知行所から来た折助などに比べますと、よく気が利いているばかりではありません。なにかに馴れていて、ごく調法ではありましたが、その代わり擦(す)れっ枯(か)らしで、です。

博奕を打つ、酒を飲む、喧嘩をするという始末で、まったく手に負えなかったということ

仲間部屋

折助は必ず内職をしていました。大抵は草鞋を作るとか、あるいは銭の緡をこしらえるとかして酒代を稼いでいましたが、もう三人以上もいるところになりますと、別に仲間部屋というものがあって、そこにいることになっていました。仲間部屋には部屋頭というものがありましたが、部屋頭はその中のしっかりした者か、または古参の者が勤めていました。

この仲間部屋というところが、悪いことをする巣窟になっていました。概して部屋などにいる折助には放蕩無頼の者が多く、他から蝮のように嫌われているのが多かったのです。もし町人などを相手に喧嘩でもしますと、すぐにこの仲間部屋へ引摺ってきて、よってたかって酷い目に遭わせたそうです。

また、ここが博奕場にもなって、盛んに博奕を打っていたようです。従って「さげ重」などという者が絶えず出入りしていました。

「さげ重」といいますのは、重箱のようになっている岡持を提げて、若い女がすし、菓子などを売り歩いているのをいうのですが、これは一種の淫売であったのです。

この時代には、博奕や掏摸や淫売などは、余りやかましくなかったのです。

第一、掏摸に物をすられたりしましても、自分の持っている物を盗られるなどというこ

とは、「盗られる者が間抜けだ」という風に見ていたのです。が、仲間部屋へ町人などを引入れて賭博を打つというようなことはいけなかったのです。

こういうことが八丁堀同心の耳に入りましても、相手は武家屋敷なので、直接手を入れることはできません。その主人の頭支配へ通知をして、頭支配から主人に注意を与えさせていましたが、頭支配の方でもあからさまにこれこれであると、きっぱりはいわないそうで、単に「どうも貴公のところの仲間どもの風聞がよろしくない。少し注意さっしゃい」と、いうくらいのことをいっていたそうです。が、一旦こういう注意を受けますと、その折助を一日でも使っておく訳にはいきません。直ちに解雇しなければならなかったのです。

草履取

草履取、これも折助ですが、主僕一人の屋敷では、さっきもいったように用人、中小姓のすることから、草履取まで一人でやらされていました。が、少し身分のいいところになりますと別に草履取というものを連れていたので、主人一人に対して折助が二人付いていることになっていました。

草履取専門の折助を、普通「おぞう」（おぞうりの略）といって、十五、六から十七、八くらいの年頃で、頭を糸鬢奴（頂を広く剃り下げ、鬢を細く狭く残した髪形を糸鬢といい、これを結った奴）に結っていました。

芝居などで見ますと、草履取は草履の緒をつかんできちんと揃えておくそうですが、本当の「おぞう」はあんなことはしません。主人の供をして他家へ行って、主人が玄関に上がると、「おぞう」は主人の草履を持って待っています。

そのうちに帰る時になりますと、玄関まで送って来た者が、「何某様、御家来」と呼びます。と、「おぞう」は沓脱から一、二間も離れたところにいて、片膝をつき草履の緒をつかんで、ぽんと沓脱に投げるのですが、上手な者になりますと、その草履がちょうど穿きごろの間を置いて、はらりと開いたそうです。

八丁堀の折助

町奉行配下の八丁堀の武士は南北奉行を通じて、与力が五十騎、同心が三百人いましたが、これにも一人ずつの折助が付いていました。普通の折助は空っ脛ですが、八丁堀の折助は千草の股引を穿き、黒の脚絆を着けていました。これは主人が捕物などに行くときにも、付いて行かなければならなかったので、こういう身軽な拵えをしていたのでしょう。平常には御用箱を抱えて、主人に付いて町奉行所へ出ていました。

八丁堀の折助には別収入がありました。つまり主人の役柄を笠に着て、弱い者いじめをしていたのですが、料理屋などに行きますと、黙っていても一分はくれたものです。もしどうかして「なんの御用ですか」などと訊かれますと、「主人は来ていないか」といって訊くそうですが、八丁堀の折助は身形を見ればすぐ判りますから、大抵は黙って一分くらい出して、「一つ差し上げるのですが、うちがごたごたしていますから、これでどこかで一杯飲んでください」といって追払っていたということです。

また、賭博場などへ行っても、やはり一分くらいはくれていたということです。そうでないと、いろいろのことを主人に告げられたり、仇をせられたりする恐れがあったからです。

八丁堀の折助も、他の折助と同じように年季は一年ごとということになっていましたが、二十年も三十年も長年して、中には給金全部を主人に預けている者もありました。

そして表向きは内職で小遣を取っているように装って、料理屋や賭博場をほっつき歩いていたのですが、八丁堀の折助といっても、三百人も四百人もいたのですから、一人の者が一年に一度来ても、毎日一人ずつ来る勘定になります。まったくその頃の料理屋などというものは、いろいろ目に見えない物入りがあって、なかなか骨が折れたそうです。

もっとも徳川時代には租税というものもなかったのですから、これを一種の租税と見ればいいのです。

臥煙

臥煙、これは徳川直轄の消防手で、やはり折助なのです。火消屋敷は江戸城を取り巻いて十二ヶ所ありましたが、末期には八ヶ所に減っていました。その臥煙は屋敷一ヶ所に百人くらいずつ詰めていましたが、これがいずれも始末におえない者ばかりで、押借・強請・喧嘩というように、悪いことをするにも三人、五人と党を組んでそこらを荒し廻っていたのです。

それですから、悪い奴は「がえんみたようだ」というのが一般の口癖でした。

屋敷方の消防手を臥煙というに対して、町方の消防手を「鳶の者」といっていました。また、加州家抱えの消防手を「加賀鳶」とも「お手古」ともいっていました。臥煙は内職に緡売りをしていましたが、この緡の相場が普通のものよりもずっと高く、一握りの価が百文くらいであったということです。それも女や子供ばかりの家を見込んで押売りをしていたのですが、本当に緡売りの臥煙には弱らされていたそうで、その当時、押売りということは強請の代名詞になっていたくらいです。

大名屋敷の折助

大名屋敷の折助は、平常は三、四人くらいしかいなかったのです。

大名屋敷に折助が三、四人しかいないということは、ちょっとおかしく聞こえますが、徳川時代の大名というものは非常に財政が苦しかったので、酷いのになると、家来の知行を表高三百石として、実際は百五十石しかやらなかったり、百五十石取りの者に、御手許不如意という理由で知行のうち百石だけを与えて残額を借りておくというようなことは、あまり珍しくなかったのです。が、いくら小さい大名でも、三人や四人の折助ではどんなことをしても登城その他の供揃いのできようはずはありません。折助の三、四十人は要るのですが、これは五節句、お逢いの日〔月一回老中に面会する日〕というように一定の日に限られていたのですから、その供揃いのために多くの折助を常に抱えておくということは、甚だ不経済でもあり、かつ財政も許さなかったので、いつも必要に応じて臨時に折助を雇い入れていました。

それを世話する者を人入といって、江戸中に沢山ありました。彼の幡随院長兵衛や新門辰五郎などは即ちそれです。

人入は出入りの屋敷を三軒も四軒も持っていましたが、沢山に出入り屋敷を持っているほど顔がよかったのです。そして何時如何なる場合にでも、出入り先の屋敷で入用というだけの人数はちゃんと揃えなければならなかったのですが、人入の方にも頼みつけの折助があって、何百人でも必ず間に合わせていました。

人入は多くの子分を持っていましたが、一の子分を役割といって、これがすべてのことをやっていたので、役割はなかなか骨が折れたそうです。もしどうかして人数の揃わないようなことがありますと、すぐに屋敷の出入りを差し止められるので、子分を四方に走らせて人足を狩り集めていましたが、こういう場合には立ちん坊であろうが構わずに人数の中に加えていました。従って種々の滑稽も演ぜられたということです。

それも大名の屋敷などのように大勢の人足が這入りますところへは、人入の子分が一人ずつ行って人足の指揮をしていましたので、大した失敗もなかったようですが、旗本などの三人五人の人足のところへ子分一人を付けてやる訳にはいかないので、単に人足だけをやっていました。

ところが、ぽっと出の物馴れない者などになりますと、槍持が槍を横に担いだり、あるいは城中の混雑に面喰らって、まごまごしているうちに自分の主人の名前を忘れてしまうようなどじもおって、下城の時は「何某の御家来衆」と呼ばれても、誰のことやら判らずにいるというようなこともあったそうです。が、いつも雇われつけて馴れている者になりますと、どんなに混雑をしているところでも、誰の次は誰の下城ということを心得ているので、どじなことはしなかったそうですが、その代わりに日当が高くなります。

普通は人足一人につき、人入の受取る金は一分くらいだそうですが、臨時雇いの折助を稼業にしている者は、一年雇われきりで三両しか取れぬものを、一日いくらの日当をもらって他の日はぶらぶら遊んでいられる方がいいというので、登城やお逢いの日の如き供揃いの時だけを雇われているのでありました。が、これは他の人足に比べて日当もいくらか余計にもらえたということです。

また、屋敷によると、人足の背を揃えたものを注文するところもあったそうです。が、これなども、普通の者よりも日当が高かったということであります。

丹羽家などでは、色の白い者でなければいけなかったといいますが、人入の方でも、背を揃えるとか、色の白い者ばかりというような注文には困ったそうです。

人入の親分は出入り屋敷の紋のついた羽織をもらっていますが、供揃えの日にはその羽織を着て玄関の先に膝をついて、殿様の駕籠に乗るのを待っていました。そして、陸尺〔陸尺は駕籠担専門の折助です〕が駕籠を担ぎ上げると、駕籠の棒鼻に手を掛けることが習わしになっていました。これは船宿の内儀が船の櫓に手を掛けて、ぽんと突くのと同じ格で、一種の挨拶なのです。

で、出入り屋敷を幾軒も持っている者は、早駕籠を飛ばして出入り屋敷を廻っていましたが、登城の時刻が四つ（午前十時）ということになっているので、どこも同じ時にぶつかるのです。それも出入り屋敷の並んでいるところならば、ちっとやそっとの時間のやりくりはつくでしょうが、とびとびになっているところへ、どんなに早駕籠を飛ばしたとてとても間に合うはずはありません。

といって、行列の出る前にその屋敷の紋羽織を着て、ちゃんと玄関の前に膝をついていなければ、すぐに出入り止めを食ってしまうのですが、供頭(ともがしら)の意見一つでどうにでもなることなのですから、そっと供頭の方へ手を廻してうまくその間を縫っていたそうです。

それから折助といえば、一概に悪い者のようにいわれていたのです。しかし、決してそう悪い者ばかりではありません、中には忠実な者も沢山ありましたが、とかく大部屋の折助どもに善くない者がいたので、巻き添えを食ってどれもこれも放蕩無頼(ほうとうぶらい)のようにいわれていたのです。

時の鐘と太鼓

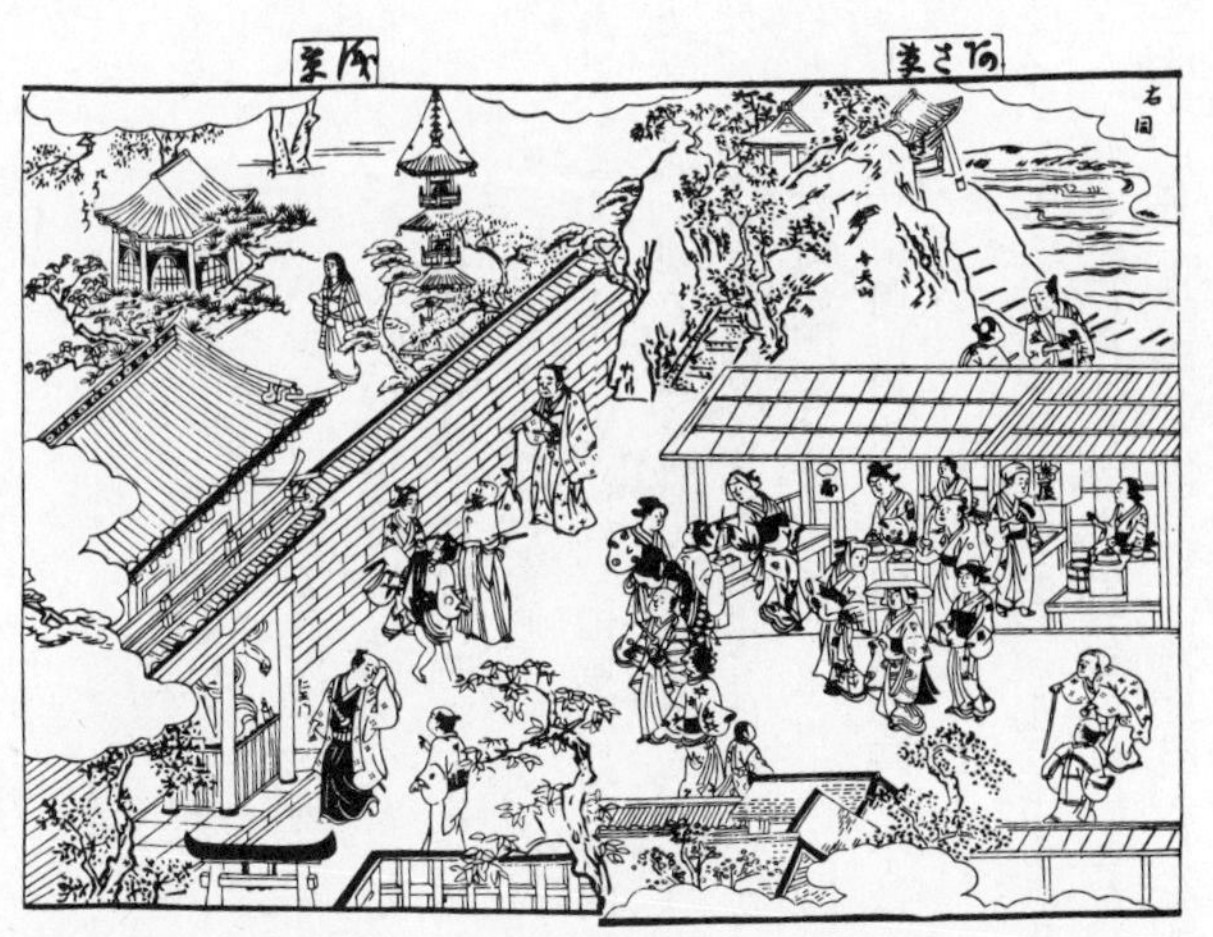

『絵本江戸土産』より「浅草」。右上に弁天山の時の鐘が見える

時の太鼓

時の太鼓というものは、江戸城において昼夜十二刻を打ちましたが、これは現今の午砲[1]のようにすべての標準時になっていたのです。

太鼓を打つ役はお城坊主です。もとはやはり鐘を撞いたそうですが、鐘は騒々しいというので太鼓に代えられたので、石町（いまの中央区日本橋本町四丁目四番）の鐘が江戸城にあった鐘だと言い伝えられています。また一説には、山城伏見の城内にあったものを、鳥居元忠[2]の忠死を記念するために彼の地から引き移したものだといいます。

登城その他、公辺の時間は、すべてこの太鼓によらなければならなかったのです。明六つ（午前六時）の太鼓が鳴ると見附見附の門を開け、夕六つ（午後六時）の太鼓が鳴ると見附見附の門を閉めてしまったのです〔町内の木戸は夜の四つ時―午後十時―に閉めることになっていました〕。

麴町のように見附の内にある町家などは、夕六つの太鼓が鳴るともう出ることも入ることもできなかったので、ひどく不便を感じたそうですが、親の急病とか、もしくは親戚に不幸のある場合などには、住所・氏名・身元等を書付けて特に出入りを許されていました。

それも外濠の方の出入りはいくらか緩やかでしたが、内濠の方は非常に厳重であったということです。どうかすると、桜田見附を入って和田倉門へ抜けようとする者が、その途中で夕六つの太鼓を聞くと、後へ戻ることも先へ行くこともできなくなって、丸の内に閉じ込められてしまうようなことがあります。そこで夕六つの太鼓だけは刻みを入れて打つことになっていました。

刻みを入れるとは、どんと一つ打って、二つ目を打つまでを、どどどどどどどと絞って、またどんと打つのです。夕六つの太鼓に限って、どんどどど、どんどどどどどという　ような打ち方をしたので、六つ打ち切るまでにはかなり長く掛かったそうです。ちょうど夕六つの太鼓がどんと鳴る時に五歳になる子供が桜田見附を入ると、六つを打ち切るまでには鍛冶橋見附まで歩いて行ったそうです。

これは人民の迷惑を思って、ちゃんと時間を見計ってあったのです。

時の鐘の場所

石町の鐘は、石町の鐘撞新道にありました。柿葺きの鐘撞堂で、鐘撞番が二人いただけですが、場所が日本橋の真ん中にあるだけに、江戸では一番有名でありました。

この鐘の聞こえる範囲を四十八ヶ町として、一軒の家から鐘撞料を四文くらいずつ徴収していましたが、石町の鐘も明暦の大火（明暦三―一六五七―年）などに焼けてだんだん鐘の響きなども悪くなっていたそうで、江戸が東京と改称する時分にはもう石町の鐘撞堂も跡形もなくなっていました（現在、中央区日本橋小伝馬町五番、十思公園に保存）。

上野の鐘（いまの台東区上野公園四番、精養軒脇）は、寛文九（一六六九）年にできたもので、鐘の響き内は上野山下八町四方ということになっていました。即ち下谷、浅草の一部分と、外神田、本郷、駒込あたりまででしたが、鐘撞料は町家・武家・大名共に徴収されていました。

上野の鐘の響き内には、前田・藤堂・佐竹・酒井・榊原・立花などの大大名を初め三十軒ばかりの大小名の屋敷がありました。従って鐘撞料も多分に取れたそうです。普通は間口一間につき三文ということが規定になっていましたが、大名は石高によってそれぞれ徴収されていました。加賀の前田などは一年五両くらいであったそうですから、十万石くらいの大名ならば年二分くらいであったろうと思います。

上野には鐘撞番の男が四人いましたが、昼夜交代で二人ずつ鐘楼に詰めていました。どの鐘楼にも必ず鐘撞番といって、ただ鐘を撞くことのみを仕事にしている男があって、僧侶の撞く鐘というものはなかったのです。

鐘の響きは上野の鐘が一番いいといわれていました。上野の二つ鐘といって、時によると、一つの鐘が二つに聞こえることがあったそうです。

浅草の鐘は弁天山（銭亀弁天——いまの台東区浅草二丁目浅草寺の雷門脇）にありましたが、寛永十三（一六三六）年に焼失したのを、三代将軍家光が手ずから二百両を下賜されて再建したと言い伝えられています。それがまた、回禄の災いに遭って元禄五（一六九二）年に再び金を入れることになりましたが、その時には牧野備後守成貞が同じく二百両寄付したということであります。

以上三ヶ所のほかに、芝の切通し（いまの港区芝公園三丁目一番と同虎ノ門三丁目二二番青竜寺の間の道筋）・市谷八幡（いまの新宿区市谷八幡町）・目白不動（いまの文京区関口二丁目二番）・本所の横川（いまの墨田区緑四丁目一〇番）・四谷の天竜寺（いまの新宿区新宿四丁目三番）・赤坂田町の成満寺（いまの港区赤坂三丁目一〇番）とが公認されたる鐘撞所です。

その他、深川八幡（いまの江東区富岡二丁目二〇番）・市谷の月桂寺（新宿区市谷河田町二番）などでも時の鐘を撞いていましたが、これらは公認されているものではなかったのです。が、いずれも維持費として鐘撞料は集めていました。

芝居や浄瑠璃とかに、「三縁山の鐘の声」というような文句をしばしば聞きますが、三縁山増上寺では時の鐘は撞かなかったのです。増上寺の鐘は一日に二度、朝四つ（午前十時）と夕七つ（午後四時）に撞いただけです。この鐘は朝夕の勤行（ごんぎょう）の始まることを、寺内の寺々に知らせるためのもので、時の鐘ではなかったのです。芝の鐘といえば切通しのものをいっていたのです。

時の数え方

時の鐘には必ず捨て鐘というものを三つ撞きました。ですから時の鐘を数えますときには、初めの三つだけは勘定に入れなかったのです。

時の鐘の時間を計るには、大抵水時計を用いていましたが、その時間も日の永いときには昼の一時は長く、夜の一時は短かったので、本当の日永・短夜であったのです。

これは日出・日没を基として明六つ・夕六つと区切り、昼夜を六分して、明六つ・五つ・四つ・九つ・八つ・七つ・夕六つを昼間とし、夕六つから五つ・四つ・九つ・八つ・七つ・明六つまでを夜としてあったので、一時の時間が冬日の二時間に決まっているにもかかわらず、日の永い時には一時が二時間二十分くらいに延びたり、日の短い時には一時が一時間四十分くらいに縮まったりするような不同の時刻ができたのです。

これを現今の時間に換算しますと、九つ〔正午・午前十二時〕・八つ〔午後二時〕・七つ〔午後四時〕・六つ〔午後六時〕・五つ〔午後八時〕・四つ〔午後十時〕となります。それからまた逆戻りして、九つ〔午後十二時〕・八つ〔午前二時〕・七つ〔午前四時〕・六つ〔午前六時〕・五つ〔午前八時〕・四つ〔午前十時〕というように勘定するのです。

またこれを十二支に割当て、正午、つまり午〔昼九つ〕・未〔八つ〕・申〔七つ〕・酉〔夕六つ〕・戌〔五つ〕・亥〔四つ〕・子〔夜九つ〕・丑〔八つ〕・寅〔七つ〕・卯〔明六つ〕・辰〔五つ〕・巳〔四つ〕というように昼夜を十二分したものもあります。また、一時を三分して何の上刻・中刻・下刻と数える場合もあり、あるいは八つ半・八つ七分・八つ三分というように、一時を幾つにも刻んでいう場合もありました。

水時計には四十八の刻みがありました。即ち一昼夜を四十八刻みに分けて、一時を四刻みとしてあったのです。で、その一刻みを一点、又は一つ二つと呼び、寅の一点、丑三つというように称えていました。

なお、時の数が九つから始まるのは、易の陽数の九を取って、それを二倍、三倍して各十位を捨てたということです。

時の知らせ方いろいろ

時の鐘のほかに、時を知らすものに番太郎というものがありました。番太郎は町内に必ず一人はいまして、拍子木(ひょうしぎ)を打ちながら町内を廻って、「七つでござい」「七つ半でござい」といって、時刻を知らせていました。

吉原でも夜三度、各楼内で拍子木を打って廻って時を知らせていました。それは四つ〔ひけ〕・九つ〔中(ちゅう)びけ〕・八つ〔大びけ〕の時で、今も変わりません。

鐘の音色にも種々の調子がありましたが、時の鐘は黄色調(おうしきちょう)（黄鐘調、黄渉調とも書く。十二律の一つ。基音の壱越(いちこつ)より七律高い音）であったそうです。

鐘についての伝説

江戸には鐘について面白い伝説というものはありません。ただ僅かに鐘ヶ淵（隅田川）に沈鐘(ちんしょう)伝説があるだけです。

鐘ヶ淵に鐘の沈んでいるということは、随分古くから言い伝えられていたそうですが、享保年間（一七一六〜三六）八代将軍吉宗が隅田川御成りの時に、水練の達人をしてそれを確かめさせたということです。

なんでも全身に蓑の如きものを着たる怪物が水中に立っているので、だんだん近よって見ると、釣鐘に亀の毛のような藻が一面に生えていたということです。

この鐘は橋場の長昌寺（台東区今戸二丁目三一番）の鐘で、長禄年間（一四五七〜六〇）の洪水に長昌寺の鐘撞堂もろともに押し流されて沈んだものだということです。

私は鐘の銘を読んだことはありませんが、長昌寺の鐘の銘に、以前の鐘は洪水に沈められたから新たに作り替えたということが書いてあるそうです。

月見

『東都歳事記』より「隅田川の月見」

江戸時代の月見は非常に賑わいました。川筋には月見の船も出ました。高台や水に臨んだ料理茶屋も繁昌しました。自分の家へ客を招いて、娘に琴などを弾かせたのもあります。享保（一七一六～三六）の頃までは大川で花火を揚げたといいますが、これも後に廃りました。

十五夜

十五夜の月見には、薄・青柿・芋・枝豆・団子などを供えることは、今と変わりはありません。薄は神酒徳利に挿し、その他の物は三方に載せて外の方へ向け、縁側に置いて月の前に供えたのです。これだけのことは、武家、町家に限らず、どんな裏店のものもしたそうです。

また、月見団子というものもたまには買う家もありましたが、大抵は自分の家で朝早く搗いたものです。その団子と大根の細く切ったものとを入れて、味噌汁をこしらえることが古くからの慣例になっていました。十五夜に糸瓜の水を取るのは、誰も知っていることです。

薄売りは十四、十五の両日に掛けて、町中を売り歩いていましたが、際物というので一握り三十二文くらい取ったということです。が、薄だけではありません。薄の根締めとして、いろいろの秋草をあしらってありました。

十三夜 十三夜の月見も十五夜と同じことですが、十三夜には栗を供えます。

昔はどういうものか、十五夜の月見をして十三夜の月見をしないとか、十三夜の月見をして十五夜の月見をしないとかいうように、いわゆる片月見ということを非常に忌みましたので、いつも月見頃には旅行なども見合わせていたということです。

十五夜は物日（ものび）ですから、吉原も大変に繁昌しました。遊女の部屋にも三方を飾って、普通の家と同じように薄や団子を供えて、この日には遊女から馴染みの客に杯を贈るのが例になっていました。

廓（くるわ）でも片月見をひどく忌むので、十五夜に顔を見せた客は、十三夜にも必ず登楼することになっていました。昔は遊びも義理が堅かったのです。

山王祭

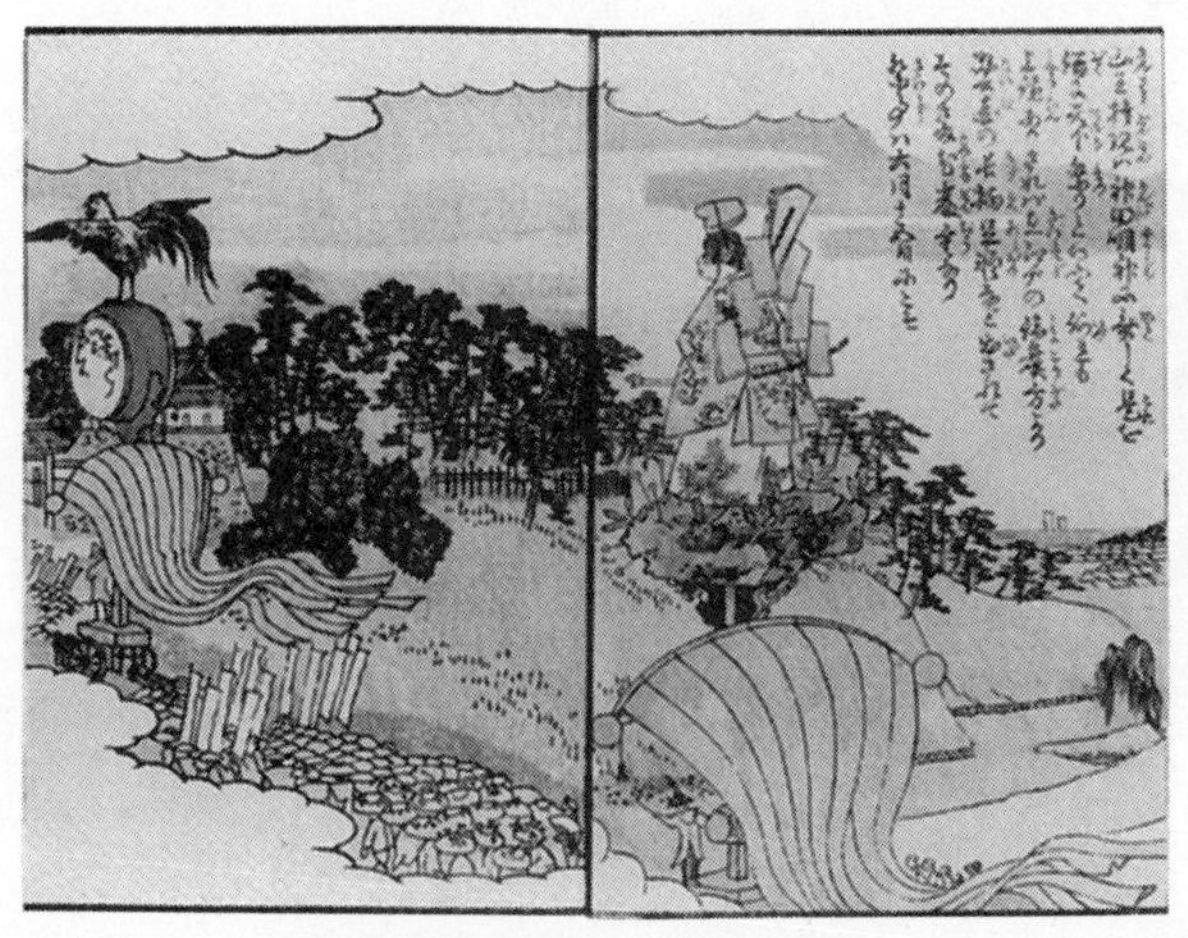

『絵本江戸土産』より「山王祭猿鶏」

将軍の威光を示した山王祭

江戸の三大祭といえば、山王（六月十四、十五日）・神田（九月十四、十五日）・深川八幡（八月十四、十五日）の三つですが、わけて山王祭は、俗に上覧祭、御用祭、または天下祭といって、将軍家の上覧に供えるというので非常に盛大でありました。

この祭礼には政治上の意味が含まれて、つまり江戸繁昌の勢力を諸大名に示す一つの手段であったのです。

日本の三大祭といえば、京の祇園祭、大阪の天満祭、江戸の山王祭ですが、江戸を代表する山王祭が祇園祭、天満祭に劣るようなことがあっては江戸の面目にもかかわり、ひいては将軍家の威光にも関するというので、特に町奉行所などでは、各町の町役人を呼び出して、「本年は山王の本祭であるから盛んに執行するように」と、命令的に言い渡していたのです。彼の慶安（一六四八～五二）の町触れなどには、「盆踊りは踊り申すべく候」と、触れまで出ているような訳です。

そうでなくとも、なにかにつけて遊ぶことのみを目論でいる下級の人達は、お上の申し渡しを楯に取って、いろいろの口実の下に中流以上の町人に向かって祭の費用を強請したのです。

もしも要求に応じないときには、祭の当日、神輿を担ぎ込んで、どさくさまぎれに戸障子などを叩き壊してしまうような乱暴を働いていましたが、それを表向きにしても、祭の費用を出さないで戸障子を壊されるなどは、祭の費用を出さぬ方がよくない、ということになって、お取上げにはならなかったのです。また、家の中に神輿を担ぎ込まれたりしては外聞にもかかわるので、祭の費用は綺麗に出していましたが、その費用は間口によって金額を定めていたのです。

当時の江戸の町人なども、決して今日の人達が想像するように、祭礼というものに趣味を持っていた訳ではありませんが、上と下とからの圧迫を受けて、いやいやながらもお祭騒ぎで多分の金を支出していたのです。で、明治になって祭の廃れた理由として、第一に電車や電線のできたことを挙げますが、それはほんの枝葉の問題であって、実際は金持に対する上下の圧迫のなくなったのに起因するのです。

江戸時代の町人は、祭の費用などを一種の租税とあきらめて、その負担に甘んじていたのです。

本祭の上覧

山王祭は陽年ですが、その間に延期などがあるので、一々ここでその年を挙げる訳もできません。とにかくも本祭の次の年を陰祭と称えて、単に軒提灯を吊るすくらいに過ぎなかったので、俗に提灯祭ともいっていました。

御上覧は吹上に桟敷をこしらえて、御簾の中に将軍が着座して、祭の行列を御覧になりました。

桟敷の下には御目附以下の者が居流れていましたが、御目附が一番難役であったそうです。ちょうど将軍の真下にいるので、身動きすることもできなかった、ということです。しかも炎天に顔を曝したきりで、じっと畏まっているので、そのために日射病になったり、死ぬ者もあったそうですが、ある御目附などは、額に蜂が来て止まったのを追わなかったので、ひどく蜂に刺されて顔一面に脹れ上がって、三日ばかり病み煩って死んだということです。

山車のいろいろ

山車の人形などが反り返ったり迫込（俳優や舞台に飾った大道具などを舞台の切り穴から奈落に下げる装置）になったりしているのは、半蔵門を入るためにそういう拵えをしてあったのです。

また、麹町の象が半蔵門を半分しか入らなかったので、半蔵門という名が起こったというようなことをいう者がありますが、それは無論、牽強付会で、半蔵門という名の起こりは服部半蔵という旗本の士が住んでいたのに因るのであります。

麹町の象の曳物は、象の足一本に人が一人ずつ入って、象を担いで歩くようになっていました。象の前後には唐人の拵えをした者が大勢ついていましたが、これは十年に一度くらいしか出さなかったようです。

山車の順序は、「猿鶏」といって南伝馬町の猿が第一番、大伝馬町の諫鼓鶏が第二番ということになっていましたが、ある年、将軍家の前に於て、猿の持っている御幣が落ちたので、猿は二番に廻されてしまいました。

あとは町順になっていましたが、「番付を売るも祭の勢ひ哉」と、祭の時には必ず「御祭番付」といって、山車、曳物などの順番を瓦版にしたものを売っていました。番付売りは手拭で頬被りをして小風呂敷を背負い、尻を端折り盲縞の股引、草鞋穿きという拵えで、「お祭番付、山王様御祭礼番付」と、呼び歩いていました。

山車には、鉾山車と花山車との二つがありましたが、鉾山車は牛車に勾欄を設け、上に人形を飾り、下の方では笛・太鼓・鉦などを打ち囃していました。山車の周囲はすべて錦繍を以て包んでありましたので、すこぶる綺麗です。上のその人形が精巧を極めているので、いずれも有名になっています。

花山車は一夜作りに拵えて、造花などを飾り、粗末な人形を据え、同じく鉦・太鼓を打ち囃していました。

鉾山車・花山車ともに、すべて牛に曳かせていましたが、その牛が九段下の濠に落ちて死んだので、牛ヶ淵という名が起こったということです。

鉾山車の主なるものは、大伝馬町の諫鼓鶏・南伝馬町の猿・麴町の猿〔女猿・男猿と隔年〕・騎射人形・四番の剣に水車・七番の弁財天・八番の春日龍神・九番の静御前人形・十番の加茂能人形・十一番の浄明一来法師・十七番の漁船・二十一番の龍神・二十二番の熊坂人形・二十三番の分銅に槌の鉾・二十四番の神功皇后人形・二十八番の大鋸・二十九番の茶筅・三十番の鯨船・三十六番の斧に鎌・三十八番の宝船・三十九番の茶臼挽人形・四十番の八乙女人形・四十三番の幣に槌・四十四番の僧正坊牛若人形などですが、以上の山車は祭の年毎に必ず出したものです。

その他に付祭として、花山車・踊屋台・地走(1)・曳物などを出しましたが、年々いろいろの新しい趣向を凝らして、人目を驚かすようなものを拵えていました。

また、御雇祭といって、祭礼区域外の町内へも特に出し物を申し付けられるようなこともありましたが、この費用は町奉行所から下付されていました。

行列のコース

神輿の行列、山車・曳物などが市中を練り歩く道筋は、山下門を入り、日比谷門の濠端に沿って桜田門の前より左の通りを黒田家屋敷の南、番付坂〔ここに祭の番付あり〕を登り、山王社の前より右へ永田町梨の木坂を下り、濠端を通りて半蔵門より内廓へ入り、将軍家上覧所を過ぎ、竹橋門を出で大手前の酒井家屋敷、小笠原家屋敷に沿うて、常盤橋に出たのです。

ここで花山車・曳物は思い思いに散ってしまいましたが、神輿の行列は本町一、二丁目・十軒店・本石町三丁目・鉄砲町・大伝馬町一、二丁目・田所町・堀留一、二丁目・小舟町・小網町を経て湊橋、霊岸橋を渡り、茅場町の御旅所に着き奉幣・神饌を献じ、それより海賊橋を渡り、青物町より通一丁目に出で大通りを尾張町まで、右へ山下町を経て山下門に入り、元の道筋を通りて本社へ帰るのを例としていました。

町の飾りつけと賑わい　山車は一町内に必ず一つはありましたが、一・二・三丁目に一つというところもありました。踊屋台、地走などは各町内の思い思いですが、御神酒所は町内に必ず一ヶ所はありました。

御神酒所というのは、一家の店前を取片付けて軒に幕を張り、屏風を立て、正面に神号を記せる掛物を掛け、傍に獅子頭などを置き、高壇を設けて神酒・鏡餅などを供えてありました。

山車・練り物・踊屋台・地走などは、町内の若い衆の受持で、町内の小若（二十歳ぐらいまでの者）と大若の全部が狩出されて、それぞれ部署についていました。が、不具者とか老人とかでも、御神酒所の番人などになっていたくらいであります。

祭に出る若い衆は、皆「お揃い」を着ていましたが、若い衆以外に町内の娘たちも「お揃い」を着るということが習慣になっていました。この「お揃い」は職人、仕事師などが作って、町内を戸別に売ったものです。が、中流以上の家では、この「お揃い」を着ないまでも、ほとんど義務的に買わされていたのです。

また、町内の娘などが祭の日に「お揃い」を着ていなかったりすると、すぐに復讐をされたものです。西瓜の皮や桃の種を投げつけられたりするのはまだしも、いろいろの難癖をつけて、嫁入りに影響するようなことを言い触らされたのです。

神輿の渡御は町内渡しで、十丁目は十丁目の若い衆が担ぐことになっていましたが、少しでも長く揉もうとして、次の町内へ渡すときにきっと喧嘩を始めて、よく怪我人などもできました。

樽天王、即ち樽神輿も一町内に二つ三つはありました。これは子供の担ぐもので、薦包みの酒樽に笊籬（竹で編んだ籠。ざる）をかぶせ、草鞋を胴にして総楊枝を嘴に、渋団扇を翼に作り鳳凰に象りたるものを付けて神輿に擬えたものです。

これを担ぐ子供の拵えは、お揃いを着て、黄色い麻の襷に起上がり小法師、鈴などの玩具の付いているものを掛け、手拭の鉢巻を締め白足袋を穿き、尻を端折って、「わっしょいわっしょい」と叫びながらに駈け廻るのですが、これも他町の子供とよく喧嘩をしたものです。

踊屋台と踊り子

山車、練り物の警固には、町役人、名望家などが出ていました。これは上下を着け、花笠を被り、草履を穿き、杖をついて山車、練り物の先をついて歩いていたのです。

踊屋台も大抵出していましたが、これは非常に金が掛かるので、金持の娘を踊り子に出してその家で費用の全部を負担してもらっていました。大変な騒ぎの代名詞として、「一人娘をお祭に出すようだ」といわれているくらいで、並大抵ではなかったのです。

踊りの狂言は、踊り子の人数によって踊りの師匠が決まっていましたが、あまり下手な者ばかりでは師匠の外聞にもかかわるので、貧乏人の娘の踊りの上手な者を混ぜて、うまく繕っていました。

いよいよ狂言が決まって稽古を始めてからも約一ヶ月は掛かりましたが、当日はまた、顔をこさえたり、衣裳を着せたりする手伝いの者が大勢楽屋に詰めていたので、その混雑はひと通りでなかったということです。踊りの師匠は、後見として踊り子の世話を焼いていましたが、お礼は十両くらいになったそうです。

囃し方は、踊屋台のうしろに底抜け屋台を拵え、その中に入って歩きながらに打ち囃していました。

唄は清元、長唄の女師匠やその弟子などを頼んでいましたが、紋付に袴を着け、手拭を姉さん被りにして屋台のうしろに付いて行っていました。

踊屋台の警固には、町内の娘、あるいは若者などが手古舞になって出ていましたが、髪を若衆髷に結い、雲龍・竹虎・天狗の羽団扇などの緋縮緬を片肌脱ぎにして、裁着袴を穿き、鉄棒を曳いていました。

俗曲の「三社祭」に、「さきを払わせ、鉄棒は真間の手古奈が手古舞いは、女とも見え、また男とも、見えてやさしき梅柳」という唄もありますが、娘の容貌を自慢にして、無理な借金をして娘を手古舞に出し、祭がすんでからその借金を返せなくて、夜逃げをしたり、娘を女郎に売ったというような、悲惨な滑稽もあったのです。

趣向の凝らし過ぎ　また、祭の時には、新しい趣向、奇抜な思い付きで人を驚かそうとして、髪を剃って坊主になったり、眉を落として女装にしたりして、あとで困っていたというような馬鹿な話もあります。

これは三社祭の時のことですが、町内の者が二十何人共同して、背を並べ一尾のうわばみを彫ったそうです。皆が一列に並んでいるときには見事であったということです。これが一人ずつになると、どうにも仕様がなかったそうです。うわばみの頭に当たっている者はまだいいとして、胴の真ん中などになっている者は、まったく間が抜けていたということです。

祭見物　神輿渡御（みこしとぎょ）の道筋に当たっているところは、往来の真ん中に青竹の埒（らち）（柵（さく））を結って猥（みだ）りに歩行を許さなかったので、山車や踊屋台などを見物する者はその埒の外から見ていたのですが、どうかすると女や子供などは大勢の人に揉（も）まれて埒のところに立ちきりで、身動きもできなかったということです。

それに若い男などは、西瓜の皮や桃の種などを投げつけたりしていろいろ悪戯（いたずら）をするので、若い女などは困っていました。

その頃の諺に、「猿鶏（えんけい）から見た」というようなことを言っていましたが、それは山王祭の山車(だし)の猿・鶏、即ち一番初めから見たということに用いられていたのです。

氏子の町々には、軒並みに七五三縄(しめなわ)をめぐらし、献灯を揚げ、飾り花などを挿して、商家は一般に商売を休み、店前に金屏風を立て毛氈(もうせん)を敷き、生花(いけばな)などを飾り、家の前には青竹の手摺をこしらえ、親戚、知己を招き、お強(こわ)・煮染(にしめ)などを調えて、酒などを飲みながら祭見物をしていました。

また、町内には作り庭をこしらえ、武者絵・景色絵・地口絵[2]などの行灯(あんどん)を掛け、造り物をなし、生花会・盆栽会を開き、囃子台(はやしだい)を設けて、ちゃんちきちゃんちきと打ち囃していました。

いうまでもありませんが、これは町家だけのことで、武家は祭礼に一切無関係で、軒提灯も吊りませんでした。

手習師匠

『江戸府内絵本風俗往来』より「手習師匠へ入門」

上方（かみがた）では手習（てならい）を教えるところを寺子屋と唱えていましたが、江戸では寺子屋とは言いません。単に手習師匠といっていました。

楷書を教えなかった手習師匠

この時代には、手習師匠のところで教える文字は、仮名・草書・行書の三種類だけで、決して楷書（かいしょ）は教えなかったのです。その当時は楷書というものを現今の隷書（れいしょ）のように見なしていたので、普通一般には使用されなかったのです。

むしろ楷書を実用的の字として認めないくらいであったのです。現今の人達が隷書を知らぬといっても少しも恥にならないのと同じように、昔の人達は楷書が書けないといっても、決して恥にはならなかったのです。

公文書、その他の布達なども、必ず草書、即ち御家流（おいえりゅう）が用いられ、出版物には多く行書が使用されていました。従って楷書というものは一種の趣味として習うくらいのもので、別に書家について習わなければなりませんでした。

手習師匠と書家とは、全然別種のものであることはいうまでもありません。

手習師匠にも、武家の師匠と町師匠との二通りありました。武家の師匠は旗本・御家人(ごけにん)などのうちで、文字の上手な者がなっていましたが、文武の師匠には如何なる身分の者がなろうとも、なんらの制限も干渉も受けなかったのです。幕府ではむしろそれを奨励するという意味で、文武の師匠になっている者は上の覚えも目出度かったということです。

手習弟子　手習弟子の数は多くて三百人、少なくとも七、八十人くらいはありました。

稽古場の設備なども、弟子の多寡によってそれぞれ相違もありましたが、大抵どこの稽古場でも、四方は板羽目(いたばめ)になって、縁無し(へりな)の畳を敷いてありました。正面には教え机を置き、その前に師匠が控えて稽古場を一目に見渡せるようにしてありました。

弟子達は天神机（手習机。江戸時代、手習のとき子供たちが使った引出し付きの粗末な机）を三側(さんそく)に並べ、年頃の大中小によって三組に区別されていましたが、師匠一人ではとても大勢の世話が行届かないので、その助手として番頭というものがありました。

番頭は弟子の中から選ばれていましたが、これは相当に年も取って、よくできる者でなければ勤まりませんでした。ただ世話をするといっても、これが師匠に代わって代稽古もしていたのです。そして、番頭一人の受持は大抵三、四十人くらいと決まっていました。

手習師匠に弟子入りする時期というものは、〔現今の四月一日というように〕きちんと決まってはいなかったので、いつから行ってもいいことになっていましたが、多くは七、八歳の三月頃から弟子入りをしていました。

弟子入りの時には必ず女親が連れて行くことになっていましたが、その時に持って行くものには、天神机・硯・草紙十冊がお決まりで、弟子達に分配する煎餅、師匠の方へは束脩（入門する時に納める金銭。二朱くらい）、奥へ砂糖袋（一斤）というのが普通の例になっていました。これらの模様は「寺子屋」の芝居を観ればすぐに判ります。

文字の流儀はいろいろありましたが、御家流・大橋流・溝口流・持明院流などが多かったようです。

教育の順序と手本のいろいろ

初めて教えるものは、いろは、次は一二三の数字です。それから手紙の文ですが、これは本字に仮名まじりです。次は国づくしですが、国づくしは日本六十余州の国名を集めたもので、これも本字に仮名まじりです。それが終わると、江戸方角というものを教えました。

江戸方角は、

「御城外、東者、和田倉・八代洲河岸・龍口・呉服橋・日本橋・堺町・杉森稲荷・鎧渡・霊岸島・新田島・永代八幡・三十三間堂・洲崎弁天・深川霊巌寺・南本所・小名木川・五百羅漢。辰巳之方、日比谷御門・鍛冶橋・八町堀・木挽町・正一位稲荷・鉄砲洲・築地門跡・芝口・金杉・浜御殿・佃島。南者、霞ヶ関・虎御門・江戸見坂・天徳寺・愛宕・西久保八幡・金地院・神明・烏森稲荷・増上寺・三田・春日八幡・魚籃寺・泉岳寺・太子堂・大仏・二本榎・品川・庚申堂・東海寺。未之方、永田馬場・山王・溜池・日ヶ窪・六本木・桜田・長坂・一本松・鷺森稲荷・麻布善福寺・笄橋・白銀・瑞聖寺・目黒不動・池上。申之方、赤坂・氷川明神・薬研坂・青山・千駄ヶ谷・渋谷・金王桜・高井戸。酉者、麴町天神・四谷・桃園・鮫ヶ橋・権田原・大久保。戌之方、市谷八幡・番町・五段長屋・河田窪・原町・早稲田・穴八幡・目白不動・高田馬場。亥之方、田安・飯田町・九段長屋・牛込・神楽坂・筑土明神・赤木明神・小日向・大塚・巣鴨・護国寺・雑司ヶ谷・鬼子母神。北者、竹橋・清水御門・小川町・水道橋・隆慶橋・牛天神・伝通院・小石川・丸山・本妙寺・森川宿・根津・三崎・七面・日暮里・道灌山・駒込・吉祥寺・富士・目赤不動・染井・白山・王子権現・同稲荷・装束榎・飛鳥山碑銘。丑之方、一橋・駿河台・昌平橋・聖堂・桜馬場・神田明神・湯島天神・麟祥院・妻恋稲荷・不忍池・谷中・瑞林寺・感応寺・東叡山・下谷・広徳寺・幡随院・清水寺・誓願寺・東門跡・浅草観音・待乳山・聖天・吉原・浅茅ヶ原・松崎稲荷・牛島・牛御前・三囲稲荷・秋葉・白髭・隅田川・鐘ヶ淵。寅之方、神田橋・常盤橋・柳原・鳥越・閻魔堂・西福寺・駒形・石原・多田薬師・両国橋・回向院・駒止石・業平橋・宰府天神・妙儀・梅屋敷・吾妻森・木下川薬師・布施弁財天・真間継橋・弘法寺。関東道、六町一里而、凡三十里四方之間、六十余州之群集、誠日々富貴而、万歳春、不レ可レ有二際限一候。恐惶謹言」

　というように、字を習わしながら江戸の地名を教えるようにできていました。

次は「龍田詣」です。これは省略しますが、近松門左衛門とその兄岡本一抱との合作になる、龍田詣の手紙文紀行です。よほど美文的になっています。

次は「庭訓往来」ですが、庭訓往来は、

「春の初の御悦、貴方に向て先祝ひ申し候ひ畢ぬ。富貴万福、猶以幸甚幸甚。抑歳の初の朝拝者、朔日元三之次を以、急ぎ申す可き之処、人々子の日の遊に駆催さ被る之間、思ひ乍延引す。谷の鶯檐の花を忘れ、苑の小蝶の日影に遊ぶに似たり。頗本意を背き候ひ畢ぬ。将又、楊弓・雀の小弓の勝負・笠懸・小串之会・草鹿・円物之遊・三三九の手夾・八的等の曲節、近日打続き之を経営す。尋常の射手、馳挽の達者、少少御誘引有て、思食し立給は者本望也。心事多しと雖、参会之次を期せんが為、委く腐毫に能は不。恐惶謹言」

「改年の吉慶、御意に任せら被候ふ之条、先以目出度く覚へ候ふ。自他の嘉幸千万千万。御芳札被見之処、青陽の遊宴、殊に珍重に候ふ。堅凍早く脱け、薄霞忽披く。即拝仕を促す可き之処、自他の故障、不慮之至り也。百手の達者、究竟の上手、一両輩同道せ令む可き也。但し的矢・蟇目等は、無沙汰憚り入り候ふ。一種一瓶者、衆中の課役、賭・引手物者亭主の奔走歟。内内御意得ら被可し。万事物忽之間、一二に及ば不。併面謁之時を期す。恐々謹言」（以上は原文漢文）

という式に、正月から十二月まで十二ヶ月間の往復文なのです。芭蕉の句に、「庭訓の往来誰が文庫より明の春」というのがあります。

それから「東海道往来」という順になっていました。「東海道往来」は、
「都路は五十余りに三つの宿、時得て咲や江戸のはな、浪静なる品川を、頓てこえ来る河崎の、軒端ならぶる神奈川は、はや程谷のほどもなく、くれて戸塚に宿る羅ん。紫匂ふ藤沢の、野も世につづく平塚も、元の哀は大磯か、蛙なくなる小田原は、箱根を越て伊豆の海、三島の里の神垣や、宿は沼津の菰ぐさ、さらでも原のつゆ払ふ、富士の根ちかき吉原と、倶に語らん蒲原や、休らふ由井のやどなるを、思ひ奥津に焼しほの、後は江尻のあさぼらけ、けふは駿河の国府を行。暮に数ある鞠子とは、わたる岡部の蔦のみち、千とせの松の藤枝と、よしや島田の大井川、渡る思ひは金谷とて、照す光りハ日坂に、賑ふ里の掛川と、かけて袋井ふく風の、登る見附の八幡とハ、浜松がえの年久し。時雨し頃も舞坂を、遠近過る荒井の磯、袖に波こす白須賀も、本より名のミ二河や、浦ふく風の吉田こそ、おもひ知れし御油の里、解にしはな裳赤坂の、野田にやまさる藤川を、岡崎の宿いかならん。結ぶ池鯉鮒の仮の夢、覚る浪間の鳴海がた、たゞ爰許に熱田の宮、八十氏わたす桑名の海、道の行衛ハ四日市、誓ひもかたき石薬師、庄野の宿り是ぞとよ、齢ひ久しき亀山と、留る人なき関ならし。賤が屋並ぶ坂の下、誰土山に座をしめん。群たる露茂水口に、濁らぬ末の石部かな。野辺はひとりの草津わけ、実もまもりの大津とは、はなのにしきの九重に、心うきたつミやこぞと、君の寿きいわひたりけり。かしこ」

まず、こういうような文体です。

その次に「商売往来」ですが、この初めは次のとおりです。

「凡商売持扱文字、員数・取遣之日記・証文・注文・請取・質入・算用帳・目録・仕切之覚也。先、両替之金子、大判・小判・壱歩・二朱。金者位・品多。所謂、南鐐上・銀子丁・豆板・灰吹等、考二贋与本手一、貫・目・分・厘・毛・払迄、以二天秤一、分銅無二相違一、割符可レ令二売買一也。雑穀・粳・糯・早稲・晩稲・古米・新米・麦・大豆・小豆・大角豆・蕎麦・粟・黍・稗・胡麻・荏・菜種、廻船数艘積登……」

この往来という言葉は、いろいろのものを集めたという意味なので、「商売往来」といえば商売に関することを種々集めたものです。で、盗賊のことは、「商売往来にない商売だ」と、いうようなことをいわれていました。

以上で一通り卒業することになっていましたが、これだけのものを習うにはどうしても三、四年は掛かりました。これ以上は、好きな者か、余裕のある者かでなければ習わなかったということです。

月謝や教え方

月謝は二百文が普通ということになっていました。その他、盆と暮に二朱と砂糖袋くらいを、五節句にも幾らか持って行きました。それから毎月二十五日に天神講の掛銭が二十四文ずつ要りました。また、夏は畳銭二、三百文、冬は炭銭を二、三百文ずつを徴収されました。

弟子、師匠の関係には、身分を問わなかったのです。で、武家の師匠のところへ町人が弟子入りしても差支えはなかったのです。町人の師匠のところへは、武家の者が弟子入りするということは、滅多になかったようです。それも、特に巧いというような場合には習いに行くこともありましたが、まず普通はないといってもいいくらいです。

武家でも町人でも、必ず男と女とは区別して、女の子には女の番頭というものがありました。

手習の時間は、朝の五つ（午前七時）から昼八つ（午後二時）までということになっていました。で、自分の家の近い者は昼飯を食べに帰っていましたが、家の遠い者は弁当を持って来ました。

お手本は師匠の直筆になったもので、師匠は弟子達が習字をしているところを、ときどき見て歩いて直していました。また、月二度の清書（一日、十五日）も師匠が直していました。

武家の師匠は一体に喧しかったようです。師匠のいうことを聞かない者があると、竹刀などで打ったり、一室に監禁したりしていましたが、どんな酷い体刑を受けても、それについて弟子の親達からは決して苦情などを言わなかったのです。

それに弟子が師匠に手向かいでもしようものなら、重い仕置きを受けなければならなかったので、手習子は師匠を一番怖い者として、よくそのいうことを肯いていました。が、喧しい師匠のことを、俗に雷師匠といっていました。

手習師匠のところでは手習ばかりを教えて、読み方は教えなかったのです。武家の師匠のところでは十露盤を教えたり、教えなかったりで、まちまちでしたが、諸礼式、茶の湯などは随意科として、別に時間を割いて科外教授をしていました。

席書

清書以外に「お席書」といって、毎月二十五日、即ち天神講の日に大きな唐紙へ席書したものを稽古場の四方に貼って、その優劣を批判することになっていました。

また、年に一、二度、天満宮の社殿でお席書をして、それを神社に貼っておいたものです。

当日は、師匠の方から神社に奉納をしたり、弟子一同に弁当を出したり、梅鉢型の紅白の菓子をくれたりしましたので、弟子百人くらいに対して、天神講の日だけで五、六両も掛かったということです。

正月にも席書をやりました。その後、余興に福引をしていろいろの景品をくれたり、歌がるたを取って勝った方へ菓子、蜜柑などをくれたりしました。そうして五目飯、蕎麦などの御馳走もありました。

二月は初午祭をやって、お強を食べさせました。三月の節句には白酒・豆煎り、五月の節句には柏餅の御馳走がありました。七夕には五色の色紙に歌や詩を書くことになっていましたが、上手な者になると、色紙・短冊などに書く者もありました。

煤掃き(すすはき)の日には甘酒の振舞い、餅搗(もちつき)には餅を食わせました。この外に師匠の誕生日とか、心祝いの日、もしくは反対に悪い方の日、例えば命日、祥月(しょうつき)の仏事などに際しても、それぞれ弟子達を饗応していました。

右のような訳で、師匠もなかなか金が掛かりましたが、武家の師匠は生活のためというよりも、むしろ敵本主義(4)に自分の出世を目論見(もくろみ)ていたので、弟子のために収入全部を費す者もあり、概して町人よりも武家の師匠の方がよかったということです。

師匠と弟子の関係　町人の師匠には、町人と浪人との二通りありましたが、多くは下町あたりに住んでいました。

稽古場・天神机の並べ方・男女の区別・男女の番頭など、総じて武家の師匠のところと違いはありませんが、町人の師匠のところでは必ず十露盤を教えていました。

手本は武家も町人も同じものを用いていました。天神講・席書・五節句・月謝なども武家と同じことですが、大体に教え方が丁寧でありました。また、武家ほどに酷い折檻(せっかん)はしなかったようです。

これは、師匠というものを一種の職業として、これによって生活をしていたのですから、あまり厳しくもできなかったのです。従って金を取ることも多かったということです。

手習に行く子供の風俗は、武士は袴(はかま)を着け、幼い者は木刀を一本差していました。町人は前垂(まえだれ)を掛けていました。

弟子と師匠との関係は非常に濃厚でありました。一通りのことを卒業して手習に通わなくなった者でも、盆と暮だけには何か持って、師匠のところへ御機嫌伺いに行っていました。

師匠の方でもその弟子に対して、養子の世話とか、嫁の仲人（なこうど）などをしていましたので、自然に関係も深くなっていました。弟子の父兄たちも師匠を尊敬して、いろいろの場合に師匠を呼んで意見を頼んだり、相談相手にしたりしていました。

こういう訳で、弟子と師匠とは一生交際を続けていて、一に師匠、二に旦那寺（その家が帰依し、墓・過去帳などのある寺。檀那寺とも）といって、珍しい到来物などがあれば分配するというのが例になっていたのです。

旅

『東海道名所図会』より「坂の下の本陣」

大名道中

江戸を中心とした旅といえば、まず五街道、即ち東海道・中仙道・甲州街道・奥州街道・日光街道の旅が多かったのです（五街道の中でも奥州街道と日光街道とは、宇都宮までは同じ道です）。

この時代の道中には、大名道中、御用道中、それに普通の道中との三通りありました。

大名道中は参勤交代です。これはいうまでもありませんが、参勤は本国より江戸へ、交代は江戸から本国へ帰るのを指していったのです。

大名道中は非常に大掛かりですが、きちんと秩序が立っているだけに極く簡単です。特にこれと取立てていう程のこともありませんが、まず諸大名が江戸を立つ時には、将軍家に御暇乞い（おいとまごい）の登城をします。それから泊まり泊まりは必ず宿（しゅく）の本陣に泊まって、表には「松平何某守（なにがしのかみ）」といったような宿札（やどふだ）を立てることになっていました。

東海道の道中では大井川の渡しが難所です。大名の乗物は大名の乗ったまま輦台（れんだい）に乗せて、水練に達した家来の幾人かが丸裸になり、刀を背負い、輦台に沿うて立泳ぎをしながら乗物を護衛していたそうですが、これはなかなか難役であったそうです。

また、北国筋の大名、即ち前田侯などは親不知（おやしらず）の難所には非常になやまされたようです。ぐずぐずしていると浪にさらわれるので、浪の打寄せない間をくぐっては駈け出し駈け出ししていたということです。それがために乗物一挺（いっちょう）に何十人もの人夫を要したそうですが、まったく人間の覆いで乗物の浪を避（さ）けていたのです。この方面の大名たちは、参勤交代の時に、親不知を通るだけでも随分金が掛かったということです。

御用道中

御用道中は、徳川家の武士が御用を帯びて出張する道中です。これもその者の身分によっていろいろ相違もありましたが、宿はやはり本陣に決まっていました。たまには普通の宿屋に泊まることもありましたが、何も事のないときはそれでよいとしても、もしも盗賊に遭うとか、そのほか種々の事件が起こったときに本陣に泊まっていないと、その者の落度になりますので、大抵は本陣に泊まっていました。

本陣の汚さといえば、実際お話になりませんでしたが、大名でも旗本でも、よく我慢をしていたものです。その代わりに宿料も安いことは安かったのです。普通の宿屋ならば一人の宿料が百五十文から二百文くらい要りましたが、本陣では武士一人が百文くらいに決まっていました。

御用道中では、鎧櫃（よろいびつ）だけはいかに重くとも無賃で取扱ってくれたので、鎧が入っていると称して、鎧櫃の中へ種々の物を入れて持って行きました。また帰途には、土産などをその中へ入れて来たものです。

東海道の道中では、御用道中に限らず普通の旅人なども、山祝い・水祝いということをやりました。山祝いは箱根を無事に越した祝いですが、江戸からならば三島、上方からならば小田原です。水祝いは大井川を越した祝いで、島田か金谷です。水祝い・山祝いともに、主人から家来に御祝儀をやることになっていました。

それから箱根を越すときには、必ず家来が一人二人増えたものです。これは関所の手形を持っていない者が、御用道中ということを見込んで、その若党、仲間などに頼んで、一分から一両くらいの金を出して急拵えの家来にしてもらうのです。

もっとも若党、仲間の独断で許す訳にはいきませんが、親戚の者とか、知己の者とかいって主人に断わるのです。主人の方でもそれを承知の上で黙許していたのです。

しかし、手形面には主従何人ということを明記してあるので、関所役人の方でも一応は咎めますが、箱根山にかかって荷物が重いために臨時に雇い入れたということにして、あまり喧しく論議もせずに通行を許されていました。こういうことが、御用道中における仲間などの役得になっていたのです。

が、これが兇状持ちなどであっては大変です。そういうことが知れると、主人は切腹でもしなければなりませんが、盗賊やお尋ね者などになると、気転も利いていたので、いつまでも愚図愚図くっ付いてはいなかったそうです。関所でも越してしまうと、すばしこく駈け抜けて決して迷惑の掛かるようなことはしなかったようです。

また、仲間などの儲けとして、自分の乗っている駕籠屋を強請るということも、ほとんど公然の秘密になっていました。

御用道中のときには、必ず問屋場（街道の宿駅で人馬の継立などの事務を掌った所）にかかって馬、駕籠などを雇ったものですが、問屋場の駕籠舁きの中にも助郷[1]といって、近在の百姓などが臨時に駕籠を担いだり、馬を曳いたりしている者がありました。こういう者に対して、駕籠に乗っている仲間などが、しきりに身体を揺すったのです。まったく、身体を揺すられると駕籠を担げません。駕籠屋の方ではいまいましいと思っても、御用を笠に着ているのでどうすることもできません。

仕方なしに駕籠屋の方から五十文出すから身体を揺すらないようにしてくれ、と頼みますと、仲間の方では「五十文くらいで身体を揺すらずにおれるものか。しかしせっかくだから一里くらいは我慢してやろう」といって、五十文もらって一里くらいはおとなしくしていますが、またそろそろ揺すり始めるので、駕籠屋は随分酷い目に遭わされたそうです。甚だしいのになると、江戸から京まで行く間に、五両も八両も強請ったということです。申すまでもありませんが、強請を「ゆすり」というのはこれから始まったのです。

芝居や講談などでは、無闇に駕籠屋が旅人を強請っていますが、決して左様なことはなかったのです。正式に問屋場にかかって馬や駕籠を雇えば、ちゃんと一定の賃金のもとに次の宿まで安全に送り届けられたのです。問屋場は一種の町役場で、町役人が詰めていて駕籠、馬などの世話をしていたのですが、問屋場では旅人の住所・氏名・年齢・行先などを明細に調べられるので、駈落、持逃げなどのように後ろ暗い者は、直ぐに足がつく恐れがあるので、わざと問屋場にかからないで、宿の棒鼻（街道の宿の境界に榜示杭があったところから、宿の両端をいう）に出ている者とか、流して歩いている駕籠を雇っているのです。駕籠屋の方でも足許に付込んで強請ったものですが、これは十人が九人まで強請られる方が悪いのです。

武士の旅拵えは、多く半纏に打裂羽織(2)を着ていました〔芝居などでは、見た目が悪いので武士は袴を着けていますが、実際は袴などは着けなかったようです〕。それに手甲・脚絆、大小には柄袋を掛け、菅笠を被っていました。

普通の道中

普通の道中では、決して本陣へは泊まらなかったようです。が、本陣に泊まれなかった訳でもないのです。本陣の暇な時には、普通の者を泊めても差支えはなかったのですが、本陣へ泊まる者は少なかったようです。

普通の宿屋でも、宿の入口のところへ客引きを出していました。また、店の前には出女〔白粉などをこてこてとつけた若い女〕が立っていて、旅の若い男の笠を取ったり、荷物を取ったりして、無理無体に引摺り込んでいたのです。

その頃の宿屋といえば、いずれも合宿勝手次第で、夜具は汚く、食物なども酷い物を食わしていたのです。「旅は憂いもの」といったのも無理のないことです。ひどい宿屋になると、客の笠を質に入れて米などを買っていたのですが、質屋の方でもそれを承知の上で、笠一つについて宿料百五十文の半額、即ち七十五文くらいは貸したそうです。翌朝、客の勘定をもらって、その笠の質受けをしていたそうです。

　ですから、運悪くこういうような宿屋にでも泊まろうものなら、どんな待遇をされたかは、実に想像以上であったのです。

　こんな街道筋にも困りますが、東海道には箱根と新居の両関所があって往来の者を調べており、なかなか厄介でした。

　関所は明六つ（午前六時）から夕六つ（午後六時）までですが、入り鉄砲に出女といって、江戸方面から出る女を非常にやかましく取調べたそうです。つまり大名の奥方や娘〔一種の人質〕などが、そっと身をやつして江戸を立退くこともあろうかとの懸念からです。入り鉄砲は、将軍家の膝元へその道具などを持込んでは、如何なる危険が出来しようも図られぬので、これも厳重に取締まっていたのです。

　関所には必ず裏道というものがありました。どこの関所の裏道はどこということを一般の人が認めていたので、関所の裏道を通った者は沢山あったようですが、関所破りの罪に問われた者は至って少なかったようです。関所破りは磔に処せられたのですが、国定忠治のように公然と関所の正面から白刃を閃かして関所を破った者は別として、たとい関所の裏道をこっそり通った者でも、関所を破ったことになるのです。が、大抵は大目に見ていたようです。それも盗賊とか胡麻の灰とかいう悪者ですと、直ぐに関所破りの罪に問われたのです。

それから、関所のほかに番所というものがありました。番所もやはり通行の人を調べる所ですが、これは関所の小さいようなものです。番所は至る所にありました。中仙道にも横川の番所(3)がありましたが、旅慣れた者になると、横川の番所を通らずに妙義を抜けて追分へ出ていました。

江戸を立って東海道を行くには、その夜は神奈川泊まりというのが普通です。神奈川の飯盛は七百文が決まりでした。その他はどこでも六百文です。飯盛というのは即ち遊女のことですが、三府（江戸・京・大阪）を除いては遊女の表向きの呼び名を飯盛といっていたのです。が、普通一般には、三島女郎とか、岡崎女郎とかいっていました。

江戸の人達が養生、参詣、または遊山などのために泊まり掛けの旅といえば、草津・伊香保・箱根・熱海・江の島・鎌倉・金沢（いまの横浜市金沢区）・成田・香取・鹿島・日光・富士登山・大山詣りなどです。

江戸から江の島へ行って来るにも、ちょうど五日くらいは掛かりましたが、その費用も二分くらい要ったそうです。馬琴の息子は江の島の弁天を信仰して、毎年一度ずつ参詣をしたそうですが、その往復の費用を必ず一分で済ましたということで、さすがの馬琴も感心していたと、言い伝えられています。

どこへも旅をしたことのない者に対って、「あいつは大山へしか行ったことがない」といわれているくらいで、大山へは町人・職人が多く登ったようです。初山のときには、両国の垢離場で垢離を取ることになっていました。

まったく昔の人達は旅ということを大変億劫がっていたのです。彼の馬琴なども、大阪までは一度行ったことがあるようですが、『八犬伝』を書くのに二十八年も掛かっていながら、僅か三日路か四日路の房州へさえも行かなかったそうで、伏姫の籠った富山をその土地では「トミサン」と呼んでいるのに、「トヤマ」と読ませていました。また、伏姫が滝田の城を出て富山へ行くにも、よほど道程があるように書いてありますが、富山は滝田の城の外廓をなしているくらいで、実に目と鼻との間にある山です。

江戸時代に、女の旅をするということは滅多にありませんでしたが、それでもたまには成田とか江の島詣りをする者もありました。女の旅姿といえば、単衣の上っ張・杖・結付草履・菅笠という旅装です。

男の旅装は、合羽・笠・手甲・脚絆という拵えですが、道中差を差している者は、よほど旅慣れた者か、さもなくば遊び人風情の者に限られていたようです。常に刀などを差したことのない者には、とても刀を差して道中はできなかったそうです。

江戸時代の人達は滅多に旅というものをしませんでしたが、旅をすれば必ず旅日記をつけました。絵心のある者はスケッチなどをしたりしましたが、まるで文筆のたたない者でも、道程・宿料・駕籠賃・馬賃などの諸費用くらいはつけて置きました。これがまた、大変に重宝になったのです。川柳にも「名物を食ふが無筆の旅日記」とあります。

江戸の火事

『江戸府内絵本風俗往来』より「加賀鳶」

明暦の大火事

江戸の時代には、「火事は江戸の花」といわれたくらいに頻々としてほとんど毎日のようにありましたが、その中でも代表的の大火事といえば、まず明暦三（一六五七）年正月十八日の火事と、明和九（一七七二）年二月二十九日の火事とです。

明暦の火事は例の有名な振袖火事ですが、世に言い伝えられている振袖火事の謂というものは、浅草諏訪町（いまの台東区駒形一丁目四・七、同二丁目五・六番）の大増屋十右衛門という商人の娘に、おきくという十六歳になる美人がありました。

ある日、おきくは上野へ花見にいこうとして紫縮緬の振袖を着て出掛けると、ちょうど山下のあたりで美しい若衆に逢って、それを見初めたのがもとで、ふと病気になりとうとう死んでしまいました。

その葬式をしましたのが明暦元（一六五五）年正月十六日。彼の紫縮緬の振袖を棺の上にかけて、菩提寺の本郷丸山本妙寺（当時はいまの文京区本郷五丁目一六番あたり。明治四十四年に豊島区巣鴨五丁目三五番に移転）へ送りました。

　ところが、本郷元町（いまの文京区本郷二丁目七番あたり）に麴屋吉兵衛という商人の娘に、お花といって当年十六歳になる美人がありました。あるとき近辺の古着屋に紫縮緬の振袖のあるのを見て、親達にせがんで買ってもらうと、これから間もなくお花は病気になり、明暦二年正月十六日に死んで、これも本妙寺へ送られ、彼の紫縮緬の振袖は同じく棺の上に掛けられてありました。

　ちょうどその日は大増屋十右衛門の娘おきくの一周忌に当たるので、大増屋夫婦の者も寺参りに来ていました。が、自分の娘と同じ年の十六歳になる娘の葬式と聞いて、なんとなく不憫に思い、そっと本堂に行って見ると、棺の上に掛けてある振袖がおきくの棺に掛けてあったものと同じ物なので、不審に思っていたそうです。

　それからまた、中橋（いまの中央区京橋一丁目一・一〇番あたり）の伊勢屋五兵衛という質屋におたつといって十六歳になる美しい娘がありましたが、自分の家の質の流れに紫縮緬の振袖があったのを妙に欲しく思って、それを自分の物にしてもらいました。すると、おたつもそれから病気づいて、終に果敢なくなったので、明暦三年正月十六日、葬式の棺の上に彼の紫縮緬の振袖を掛け、丸山本妙寺へ送りました。

　当日は大増屋十右衛門の娘の三回忌、麴屋吉兵衛の娘の一周忌に相当するので、両家とも寺参りの折柄に、あたかも伊勢屋五兵衛の娘の葬式に出逢ったのです。で、いずれも同じ年の十六の娘を亡くしたということと、同寺同日という因縁を嘆き、共に回向をしようといって、大増屋・麴屋の夫婦どもは期せずして本堂に集まったのです。

ところが、棺の上に掛けてある紫縮緬の振袖は互いに見覚えのあるものなので、ますます嘆き悲しみ、果ては不思議の運命を恐れていろいろ相談の上、施餓鬼（せがき）をして彼の振袖を焼き捨てることにしました。

その日を正月十八日と決めて、本妙寺の本堂の前で和尚、所化（しょけ）三十人ばかりが法華経を読みながら彼の振袖を火の中へ投入れると、忽ち一時に西北の風が吹き起こって、火のついた振袖はひらひらと空に舞い上がって本堂の箱棟[1]に燃えつき、とうとう江戸中を焼き払ってしまうような大火になったということです。

この火事のために焼き尽した町数は、五百余町とも八百余町ともいいますが、江戸城、徳川頼房・松平綱重・松平綱吉の邸を始め、大小名の邸だけでも五百軒から焼けたのです。

また、この火事のために焼け死んだ者が、実に十万二千人からありました。それがそこここに打重なって真っ黒に焼け焦げているのです。その死骸どもを掻分け（かきわ）掻分け、もしや身寄りの者は、と尋ね求める様は、なんとも形容のしようもない痛ましい哀れさであったそうです。

中には、自分の母の死骸と思い詰めて、家に持ち帰り葬式の拵えなどしているところへ、ひょっくりと真の母が帰って来たというような、悲惨な滑稽が随所に演ぜられたそうです。

両国の回向院（墨田区両国二丁目一〇番）は、この火災のために焼け死んだ者を一所に埋葬して、彼等の菩提を弔うために建てられたのは、誰も知るところです。

これから始まった牢払

伝馬町の牢払ということも、この火災によって新例を作られたのです。その時の牢奉行は石出帯刀という者が勤めておりましたが、だんだん牢屋に火が近づいて来たので、町奉行の命を待たずに独断を以て囚人全部を切り放ってしまったのです。

その際に、「火災が鎮まらば必ず下谷の善慶寺（いまの台東区元浅草四丁目六番）へ集まるべし。此儀を違えずに参りたらんには死罪の者も命を申助くべし。若し又、この約束を違えて参らざる者は、草を分けても尋ね出し、其身のことは申すに及ばず、一門までも重き罪科に行なうべし」と、いうことを申し渡したそうですが、囚人どもも堅く義理を守って、火事の鎮まると同時に一人も残らず指定された寺へ集まって来たということです。

それが例となって、伝馬町付近の大火の際はいつも牢払が行なわれたのですが、牢払があると町人達は表戸を下ろしてその乱暴を避けていたものです。牢払の囚人達は隊を組んで、自ら「天下の囚人」と称して悪口、強奪を擅にし、または彼の高野長英などのように、牢払の際に姿を隠してしまった者も往々ありましたが、これは重い罪科に行なわれたのです。

明和の大火事

明和九（一七七二）年は「明和九」の語呂がわるいと言って、縁起をかつぐ江戸の人達は非常に嫌がっていましたが、二月二十九日午の上刻〔正午〕目黒の大円寺（いまの目黒区下目黒一丁目八番）というお寺へ長五郎坊主真秀(しんしゅう)という悪者が火をつけたのです。

その日は西南の風が烈しく吹いていたので、火は見る見るうちに拡がって、麻布・芝・麴町(こうじまち)・京橋・日本橋・神田・本郷・下谷・浅草の各町に延焼して、その余焰(よえん)は千住にまでも達したのです。

この火事のために焼けた町は幅一里、長さ四、五里に及び、死傷者も数千人ありましたが、実に江戸の三分の一強を灰燼に付してしまったのです。

彼の長五郎坊主真秀という者は、既に十四、五歳の頃から付火(つけび)をしては火事場泥棒を働き、追剝(おいはぎ)・追落(おいおとし)（追いかけて奪うこと）などの悪事をしていたのですが、目黒の大円寺へ放火したのも火事場泥棒を目論(もくろ)んでのことです。この悪坊主真秀の捕らえられたについて、ちょっと面白い話があります。

それは火事後のことですが、彼は見事なる袈裟衣(けさごろも)をまとい、一ヶ寺の和尚とも見ゆるような扮装(いでたち)をして町を歩いていたそうですが、足の踵(くびす)にひびの切れているのを怪しまれて、町方同心の手に召捕られたということです。初めは病気かどうかと見えて溜(ため)に入っていたようですが、六月二十日入牢して、翌二十一日には町中引廻しの上、浅草に於て火罪(かざい)に処せられたのです。

大火になり易い江戸の火事

このように江戸時代の火事といえば、必ず大火になったものです。明暦・明和の火事は別として、ひっきりなしにある火事ですから、少なくとも三町、五町くらいずつは焼けたものです。

で、江戸の人達は非常に火事を恐れていたのです。「火を見れば火事と思え」というくらいに神経が過敏になっていたようですが、あまり火を恐れる結果、火を防ぐということよりも、まず家財、道具を取片づけて、我先にと避難をしていたのです。

ですから火はますます大きくなるばかりです。皆の者が一致協力して火を防いだならば直ちに消し止めることのできるものも、臆病風に吹きまくられて、みるみる大火にしてしまったのです。

万治二（一六五九）年などは、正月二日から三月二十四日までの間に百五度からの火事がありましたが、火付犯人として召捕られた者には、下田金平・松田一郎兵衛・小豆大介・押詰十介・二日酔善右衛門・一文字太兵衛・張合権平・ナラヒ風之介・所ハ久兵衛・煙火之介・村付四郎兵衛・御存知角和・夢ノ虫蔵・遠山遠之介・木良山六兵衛・御礼勘兵衛の十六人ですが、これを訴人した者は天窓六兵衛という町六方[2]です。

江戸時代には付火を取押さえた者、もしくは訴人をした者には、いずれも褒美を与えられたのですが、たとい付火の同類といえども訴人をした者は、その罪を許されたばかりでなく、褒美までも与えられたのです。

また、武家などで家来の者が付火をした場合には、いかなる理由があるにしても、勝手に成敗を許さなかったのです。必ず公儀の手に委ねなければならなかったのです。

定火消

火消には、定火消・大名火消・町火消、それに有馬、前田家などのように、お抱えの火消を置いてある藩もありました。

定火消、即ち武家火消は若年寄の支配に属し、与力六騎、同心三十人と、大勢の火消人足がちゃんとおりました。

火消屋敷は、八代洲河岸・赤坂門外・半蔵門外・駿河台・飯田町・四谷門外・市谷左内坂等にありましたが、火消屋敷の玄関には、馬簾のない纏〔銀地に黒漆を以て主人の定紋、あるいは桐印を書きたるもの〕を立て、門の地覆〔敷居〕を取除いてありました。

火消屋敷の火の見には大きな太鼓を吊るしてありました。火の見には、いつも二人の臥煙が詰めて、夜昼ともに警戒をしておりました。火事の場合には第一にこの太鼓を打つことになっていましたが、火の遠近・方角によって、合図の太鼓の打ち方がありました。

火消屋敷で太鼓を打たない先には、どんなことがあっても板木や半鐘を打つことはできなかったので、町の火の見や大名の火の見番の者などが、すぐそこに火のあがるのを見ても、じっとかの太鼓の鳴るのを待たなければならなかったのです。が、火消屋敷の太鼓がどんと響くと、諸藩邸の火の見では板木を打ち、町々の半鐘も一時に鳴り響きました。

定火消を俗に十人火消ともいっていました。昔は十人（十ヶ所）あったものです。それが漸次に減らされて、八人となり、六人となり、維新の際にはもう二、三人となっていました。

定火消の火事装束は、裏金陣笠・羅紗羽織、繻子、もしくは緞子の野袴を着けていましたが、昔は兜頭巾の錣を翻して馬を躍らせたものだといいます。

大名火消　大名火消を方角火消ともいって、上野・増上寺・聖堂などの警固を申付かっていたのですが、火事の場合に際しても主人は滅多に出張するようなことはなかったようです。

大名火消の火事頭巾〔鉢は金、あるいは木に漆を塗りたるもの〕は、長さ三尺の羅紗の錣を付け、定紋、または龍頭を付けたるものを頂き、黒・黄・紫・白・茶などの羅紗〔鳥頭、天狗の面などの刺繍をなしたるもの〕の火事羽織を着、野袴〔緞子、羅紗、繻子など〕をつけ、大小を差し、馬上に采配を持った様は実に立派でありました。それに金銀の纏、猩々緋の馬簾などが火に映じて、燦爛として輝いたものです。

加賀鳶　加州家抱えの火消人足を加賀鳶、またはお手古ともいっていましたが、その頭を目代〔頭役をいう〕と称して、雲に大稲妻の色差半纏の上に鼠色の革羽織を重ね、蒲色の脚絆、白紐の紺足袋、草履を穿き、小刀を帯し、手鉤を携えていました。お手古も雲に大稲妻の色差半纏、蒲色の脚絆、白紐の黒足袋、草履穿きの足固めで、五尺ばかりの鳶口を持っていましたが、いずれも身の丈六尺三寸以上の顔色たくましい大男揃いです。

加賀鳶には一番手・二番手・三番手の三組がありましたが、一組二十人の人数を二列に並べて、真っ先に目代、次に纏持、手代わり共四人。纏は金銀の箔が置いてあります。一つは太鼓に剣、一つは太鼓に扇の地紙です。これは豊太閤からの拝領物というので、警固の武士が付いております。

次は騎馬の武士〔馬脇の武士が従う〕、次は槍・梯子・水桶・龍吐水の物持仲間を一組としてありました。

が、お手古は皆、六方ぶりで歩いていました。それに髷も加賀鳶髷といって、他に類のない一流の束ね方をしていました。

町火消

町火消は、いろは四十八組〔へ・ら・ひ・京の四文字を忌んで、百・千・万・本の四文字に代う〕と本所・深川の十六組とを総称したものです。

火事装束は、腹掛、股引、刺子の長半纏、同じく半纏手袋、下頭巾の上に猫頭巾を被り、厚く重ねて刺した足袋、草鞋穿きです。

このように火掛かり専門の火消というものができたのは、自然の必要からでもあったでしょうが、昔は日用座という一種の日雇請負業があって、ここから人足を出していました。が、一町内ごとに十五人というものが定めでした。また、町々では火消頭を置き、その人足を指揮させて、消防のことに従わしていたのです。

が、享保年間（五年—一七二〇）、町奉行大岡越前守の考案によって町火消という消防組織となり、いろは四十八組の持場なども定められたのです。

町火消には、人足（土手組と称し、火消の数に加わらざる者）・平人（鳶口を持つ者）・梯子持・纏持・組頭・頭取の六階級がありましたが、中でも纏持が一番難役であったそうです。

従って仕事師仲間でも纏持を代表的の者として、「芝で生まれて神田で育ち、今じゃ火消の纏持」という江戸っ子の意気を唄ったものもあるくらいです。そうして火事の場合には、自分の上っている家の焼け落ちるまで纏を引くことはできなかったのです。で、頭が纏持に対って、「さがれ」という声を掛けますと、纏持は次の家の屋根へ飛退くことになっていましたが、頭が「さがれ」と声を掛けて暫くすると、必ずその家は焼け落ちてしまったということです。

町火消は初め武家の屋上へ纏を置くことを禁ぜられていましたが、いつとはなく武家火消と打ち交って、どこでも消防することになりました。また出火場所以外の組合は名主・町役人付添い、現場へ駈付けて人数を揃え、上役人の指揮を待つということが法でした。

纏について

そこで火事の時に纏を持出す起源というものはまったく不明ですが、これは大名の馬印から転化したものでしょう。初めは将棋の駒に「いろは」を書いて、組々の目標としてあったのが、だんだん種々の形に変じたのです。

纏を作る家というのは、江戸中にたった一軒しかなかったのです。それは神田竪大工町（いまの千代田区内神田三丁目一三・一四・一七・一八・二二・二三番）の石田治郎右衛門、屋号はやはり纏屋ですが、竪大工町の角に住んでいたので、俗に角治といっていました。これが江戸四十八組の纏を一手に請負って、先祖以来代々石田治郎右衛門を名乗っていました。

先祖の治郎右衛門は、西神田の槍屋〔これは諸大名の槍、その他の道具など造る店ですが、維新前の西神田にはこの槍屋が軒を並べていました〕の奉公人でしたが、ちょうど二十一歳の時に年季を勤め果せて、当時の竪大工町の店を開いたのですが、なんでも江戸で一人という職人になりたいと思い立って、神田明神へ日参し、寒三十日の間、毎夜必ず水垢離をとって一心不乱に祈願を籠めたそうです。

その一心が貫いたのでしょう。果して初一念の如く江戸一人という職に取り付いたので、彼が七十八歳の寿を終わるまで、神田明神へ日参と水垢離とをかつて怠ったことがなかったということです。

享保以前には纏屋と称する専門の商売はなかったので、例の槍屋の店で本職の槍を拵える傍、諸大名の纏、両奉行所の纏、及び「出火の節、御道具」と唱うる黒白の槍、その他のものを拵えていたのです。

単に纏屋と称する独立専門の営業は、初めて石田治郎右衛門から起こったのです。

その頃の纏には馬簾というものは付いていなかったのです。また、纏の標も現今のように白塗りでなく、一般に銀箔を施したものでしたが、中には金箔を置いたものもありました。

然るに享保五（一七二〇）年八月、町火消の纏には、その組々の方角を記してある吹流し〔長さ七尺〕を下げることになりましたが、同十五（一七三〇）年の正月、江戸の町火消の組々を改正すると同時に纏の吹流しを止められて、彼の馬簾を付けることになり、各組の標はいずれも将棋の駒と定められたのです。この際に石田治郎右衛門は町奉行所へ呼出されて、大岡越前守から、「今後、江戸町火消の纏は、其方一手にて製作いたすべき事」というありがたい御沙汰を蒙ったのです。

もちろんこれは町火消の纏だけに限られていることで、他の諸大名、または町奉行の纏などは依然、彼の槍屋の手に製せられて、幕府瓦解に至るまでその習慣を崩さなかったのですが、維新後は槍屋なるものは滅び尽して、ただこの纏屋のみが僅かに昔の俤を止めているに過ぎないのです。

纏の形は組々によっていろいろ異なっていますが、その目標たる頭の形はしばらく措き、彼の馬簾を取付けてある円い所を「座」といい、これに長さ三尺の馬簾を四十八枚付けてあります。

柄は松で、長さ五尺です。頭も座も桐を台にして、紙の上に胡粉を塗り重ねたものです。

馬簾も同じく紙を重ねて、その上を幾度も胡粉で塗り固めたのですが、単に胡粉ばかりでは容易に剝落する恐れがあるので、これに或る種の薬を混合してあるそうです。この薬は石田家一子相伝の秘薬で、主人自ら調合するを例とし、現に纏の製作に従事する職人すらも、そのなんたるかを知らぬということです。纏一本を仕上げるには晴天七日を要し、昔は一本の価一両二、三分で、二両も掛けると上等なものができたそうです。

火事と喧嘩

それから火事と喧嘩は付き物のようになっていて、火事ある度ごとに定火消（臥煙）・加賀鳶・町火消などが三つ巴になって、きっと喧嘩を始めたものです。

また、町火消同士でも必ず二組や三組の喧嘩はできたのです。つねに遺恨を持っている同士は別として、互いに消し口を取ろうとして、容易に消し止められそうなところへ集まるので、つい争いが起こるのですが、仕事師仲間には仕事師仲間の礼というものがあって、その土地の火消に消し口を譲るということになっていたのです。

が、なんとかかんとかいって、よく喧嘩をしたものです。で、自然に消防の方を疎かにするので、火は見る見るうちに柿葺（檜、または槙を薄く剝いだ板で屋根を葺くこと）の屋根から屋根へ燃え拡がって、五軒か六軒で訳なく消し止められるものを、十軒も二十軒も焼いてしまうようなことがあったそうです。

火事場

　火事場の取締りも非常にやかましかったのです。或る区域内は非常線を張って、火元の親類縁者のほかは立入ることを許されなかったのですが、火事場泥棒を働こうとしていろいろ嘘を言って非常線をくぐろうとした者もあったので、一々それを取調べ、曖昧な者はみな取押さえていたということです。

　それから火災に際して荷物を運び出すには、大八・地車（低い車台に四輪を着け、重い荷を運ぶ車）・長持車などの車類はすべて禁ぜられていたので、大抵の荷物は手かき（荷物の運搬などに用いる柄付の鉤。手鉤）か、背負って出していました。これは混雑の中で怪我人などができる恐れがあったからです。また、切物の鞘を外すことも、絶対にいけなかったのです。

　大名の奥方、侍女などが他の屋敷に立ち退く時の火事装束は、羅紗の錣の付いた烏帽子を被り、着物の上に上っ張りを着て、足袋、草履を穿き、小刀を一本差して、羅紗の鞘入りの長刀を各自に持っていました。

　大奥の女中達の立ち退きも同じ拵えですが、明暦の大火の時に本丸へ火がかかりました。その時に大奥の女中達は、出口を失って非常に狼狽をしていたそうです。ところが、かの知恵伊豆といわれた松平伊豆守が早速の気転を利かして、大広間の畳を一枚ずつ揚げ、それを裏返しにして道をつけたということです。

江戸時代に火事の多かったということは、例の放火なども沢山ありましたが、いわゆる独身者の多かったせいもあるのです。

独身者への注意

独身者――即ち一人で世帯を持って裏店(うらだな)などに住んでいた者ですが、この者がいつも火を疎かにして、外出をするときにも火鉢にある火などをそのままにしておくので、それから火を出すようなことが度々あったということです。で、奉行所からの達しで、独身者の外出する時にはその大屋へ鍵を預けさせ、大屋をして留守中に二、三度ずつ見廻らすことにしたそうです。また、湯屋(ゆや)からも火を出すことが多かったといいます。

財産の保全

こういうように始終火事があるので、町人などは自分の財産の安定ということは得られなかったのです。いつも火災のために脅かされ通しで、おちおち落ちついて眠ることもできなかったそうですが、大店(おおだな)などになると、穴蔵をこさえて、そこへ貴重な物をしまっておいたので、比較的安全でありました。

普通の町家では、上野の寛永寺、芝の増上寺などへ金を預けていました。これには百両につき年一分くらいの利子を付けてくれましたが、安全第一というので、多くの人が預けていたということです。

御救小屋

火災に遭って避難所のない者のために、御救所(おすくいしょ)というものをこしらえて、そこへ収容していました。

御救小屋は、鎌倉河岸・数寄屋河岸・土橋外・松屋町河岸（いまの中央区八丁堀三丁目あたり）・両国広小路というように、大抵は河岸端に建てられましたが、いずれも丸太に葭簀（よしず）張（ば）りという粗末なもので、屋根を苫葺（とまぶき）（苫は菅や茅で編んだ薦（こも）。それで屋根を葺くこと）にして、床には大竹の簀（す）の子を張り、その上に荒莚を敷いてありました。

小屋の大きさは四間に十五間ないし二十間くらいのものですが、周りを薦（こも）張りにして囲ってありました。一小屋の収容人員は、およそ二百人くらいでした。

小屋の費用はすべて吉原に負担を命ぜられ、いろいろの雑役、炊出の手伝いなどは深川・湯島等の岡場所（公に認められた吉原以外に、私娼のいた遊里）、または夜鷹（夜間、道端で客を引く私娼）などへ課せられていました。御救米の炊出は一人前三合ずつで、梅干三つと味噌若干を半紙に包んで添えてありました。これは生まれたばかりの小児でも一人前をもらうことができたのです。

それに方々から種々の寄付などもありました。大抵は一人頭に半紙一帖、手拭一筋、銭ならば百文から三百文くらいまででしたが、文政の大火のときに、麴町の岩城桝屋(3)という呉服屋は、一人に一朱ずつの金を寄付しました。

御救小屋に入っている者達の出入りは、ひどく厳重に取締っていました。が、各自（てんで）の稼業に行くことは許されていました。

ところが、御救小屋に入っているような者はいつもそうですが、ぶらぶらと怠けていて、恩に馴れ、慈悲に甘え、果ては貧乏人の権利を主張して、ふしだらなことをしたり、風俗を乱したりして、その取締りにも困ったということです。

心中の処分

『心中天の網島』辻番付（国立劇場蔵）

書置を必要とした心中

徳川時代に於ける心中についての制裁というものは、享保年間（一七一六〜三六）、即ち八代将軍吉宗の時に設けられたのです。それ以前の貞享・元禄時代（一六八四〜一七〇四）にも心中は沢山ありましたが、それに対する一定の制裁というものはなかったのです。

ただ適宜に処分をしていたのですが、八代将軍吉宗の時代になって、どうも心中などをするような者を、そのままにしておくのは社会風教上よろしくない、というので、当時の町奉行大岡越前守に命じて心中に関する法律を制定したのです。そして、心中という名の美しい──つまり心中立（相手に対する信義を守り通すこと）をする──ために、多くの心中者を出すということがいかにも不都合だとあって、徳川の法制には相対死という名を付けたのです。

心中には、町家の心中と廓の心中との二つがありましたが、いずれも表面は死骸は取捨てになって、犬や鳥の餌食にするということになっています。が、実際は身寄りの者に引取られていたのです。

しかし、それが確かに心中と知れている場合には、その葬式を出すことができなかったのです。のみならず、心中ということが知れるといろいろ迷惑を蒙ることがあるので、何一つ証拠となるべき物品も残さずに二人とも死んでしまった時には、みすみす心中ということが知れていても、「相対死らしく思え候えども、書置もなく云々」という口実で、大抵は普通の変死ということにして、検視の役人（与力）を買収していたのです。

現今では認定裁判をやりますが、この時代には認定裁判ということは絶対にしなかったのです。どんなに事実が明白であっても、それに対する証拠がなくてはどうすることもできなかったのです。ですからずぶとい罪人などには、酷い拷問の責苦で自白と拇印ということを強要したのです。

が、ここに認定裁判の例が一つあります。たしか天保七（一八三六）年でした。大阪無宿の長五郎という悪党が、あくまでも強情を張り通して、被害者との対決をさせてさえもすべてを否認するばかりか、二十三度からの拷問にも堪えてどうしても白状をしないので、とうとう認定裁判を受けて死罪に処せられました。が、これなどは本当に珍しい例です。で、心中が普通の変死と決まりますと、検視の費用、その他一切の入費が町内の負担ということになって、町内（村であれば村内）の者が迷惑を蒙らなければなりません。

また、これが吉原などですと、男の方の遺族の迷惑になるのです。つまり変死ということになりますと、男が女を殺害して自らも命を絶ったものと看做されるので、相手によっては女の抱え主から損害の賠償を請求されるのです。それも勘当か義絶されている者については別に問題にもなりませんが、ただ勘当義絶をされているというだけではいけません。その事が久離帳(1)に載っている者に限られるのです。

こういうように後々に迷惑を掛けることがありますので、相対死をしようとする人たちには、それが相対死であるという証明を立てる義務もあったのです。

たとい金釘流の書置でも、書置さえあれば理屈なしに心中ということに決まって、心中の扱いを受けるのですから、親兄弟の者に宛てた一くだりか二くだりの詫び言でもいいのです。この書置がないと、いかに心中という事実が顕著でも心中とは認められなかったのです。

片方が死んだ時の生残りは?

以上は男女とも死んでしまった場合ですが、もし片方の生き残った時、即ち心中を仕損じた場合にはどうするかといいますと、男が死んで女の方が生き残った場合には、女は非人にされるのです。反対に女が死んで男が生き残った場合には、男は下手人(げしゅにん)になるのです。なんだか男の方の割が悪いように聞こえますが、心中の動機というものは、多く男の方から働き掛けるばかりではありません。大抵は男が女を殺害して自殺するものとされていたのです。

もっとも表面は、「心中の片相手は死罪」ということに決まっていたのですが、「これには手心があるべき事」という趣旨で、女は助けられていたのです。

この下手人といいますのは、多くは過失殺傷罪の類いなのですが、徳川時代には皆、死罪に処せられました。現今では自動車が人を轢き殺しても罰金くらいで済みますが、昔は自分の軒に立て掛けてあった材木などが倒れたために人を死に至らしめたような場合でも、やはりその家の主人は下手人に問われたのです。

で、下手人の処分は首を切られることになっていたのですが、首を切るということにも二通りありました。即ち死罪と下手人です。死罪は破廉恥罪を犯したもので、下手人は酒に酔って人を殺傷したり、心中の片相手というような種類のものです。

与力の難役――心中の検視と引廻し

その頃の与力の難役としては、心中の検視と、引廻しの後について行くことだったそうですが、心中の方はまだ役得などもあって、いくらか埋合わせがつきましたが、引廻しの後に従って行くには弱らされたそうです。諺にも「引かれ者の小唄」とか言いまして、引廻しの罪人は平気――というよりも、むしろ悪度胸を据えていろいろ勝手なことを言い出すのです。

それは「死刑囚にはなるべく本人の望みを叶えさせてやる」という方針になっていたので、市中を引廻しているうちにも、やれ蕎麦が食べたいとか、水が飲みたいとか言い出すのです。初めは一々その要求に応じてやったそうですが、いつであったか、小石川の商家の前を引廻しが通った時に、ちょうど店先で若い細君が小児（こども）に乳を飲ませているのを見て、その乳を飲みたいとか言い出しました。

これには困ったそうですが、それを叶えてやらない訳にもいかぬので、とうとう乳を飲ませたそうです。これが原因になって、その後は引廻しの途中では彼等の要求を一切聞かなくなったといいます。

また、その頃は引廻しとか、引廻しの幟（のぼり）を預けられるということは、非常な不浄事と思われていたのですが、わけて商家などはどんな大きい屋台を張っていても、そういうことが起こるときっと破産をしたものです。

なお、引廻しの幟を預けられるということは、召仕（めしつかい）の者が主人を殺傷して、加害者が死罪に処せられた時などに多いのです。

徳川時代の制度として、仮りにも主と名の付く者には、いかなる場合に於ても手向かうなどということを酷く重大視していたので、たとい針一本刺しても直ぐに死罪になったのです。が、その犯罪の動機、または原因について、被害者たる主人側にあっても当然の責を免れないという時に、引廻しに用いた幟を預けられるのです。

これは一種の制裁という意味ですが、単に幟を預けられるというばかりではありません。毎年一度ずつ幟調べというのがあります。それは罪人の出た日の朝六つ（午前六時）から夕六つ（午後六時）までの間ということになっていますが、いつ与力が調べに来るか判らないので、それ以前にちゃんと軒に立てて置かなければなりません。後には立てることを廃したそうですが、いずれにしても幟を預けられた家は随分困るそうです。

引廻しの幟を預けられている家の前は、出産前の若い女などは決して通らないというくらいに忌み嫌われていたのです。

心中の生き残り

こんどは主従で心中をした場合〔某伯爵の若夫人と自動車運転手との如き関係〕に、主人側〔男女を問わず〕の者が生き残った時には、皆非人にされるのです。あべこべに家来の方が生き残った時には、男女ともに下手人にされるのです。これは階級制度のむずかしいその時代の約束のもとに、主従の関係を非常に重く見ていたからです。

それから双方ともに生き残った場合には、日本橋で三日間晒(さら)された上、男女とも非人にされたのです。が、徳川の中世以後は晒さなかったそうです。

ただ破戒坊主〔女犯を犯したる僧侶は寺を開かれたる上に、やはり三日間晒されたそうです〕と、重罪の犯人だけは、慶応（一八六五〜六八）の頃まで差し掛け屋根の下に縛られたまま晒されていたということです。

また、非人に渡されるということも、ほとんど有名無実であったそうです。それは形式上、心中を仕損(しそこ)ねた者は非人頭の車善七に渡され、非人の群に入って非人小屋に寝起きをしなければならなかったのですが、非人は足洗金というものを出せば、いつでも普通の人間に戻ることができたのですから、その者の親戚や知人などが先廻りをして、車善七の手許に足洗金を出して途中から引取っていたので、実際は非人の手に渡らずにすんだそうです。

この足洗金は別に幾らと金額は決まっていません。なんでも相手の身分に応じて、多少の差があったということです。そして足洗金はすっかり車善七の所得になるのです。これは引取人のある場合ですが、引取人のない時には、否応なしに非人の群に入らなければならなかったのです。

吉原の心中

吉原で心中をして死骸の引取人のないときには、男は寺へ投込み、女は素裸にして、荒菰(あらごも)に包んだ上を縄でぐるぐると縛って、三の輪の浄閑寺(じょうかんじ)(いまの荒川区南千住二丁目一番)、或いは道哲(2)に葬ったそうです。

これはまた、甚だ惨酷のようですが、この社会の一種の迷信から来ているのです。もし女を人間並みに葬っては、後で祟られるようなことがあってはならぬというので、犬猫を葬るようにして畜生道に墜してしまえば、もう人間には祟ることができぬと思っていたのです。

また、心中のあった座敷の物品は皆不浄品といって、障子・畳に至るまでも非人に持って行かれて、彼等の所得にされてしまったのですが、それでは持って行かれる方で困ることがありますので、後には以前にいくらいくらした、と仕切りをつけて、金で済ましていたそうです。

心中を仕損ねた女郎は、一般の例によって非人に渡されることになるのですが、まだ働ける女とか、容貌の好い女とかは、抱え主の方から足洗金を出して引取ったそうです。そして他へ住替えをさせて、その中で幾らかの埋合わせをつけたのです。

大阪では、寛政年間（一七八九〜一八〇一）まで心中をした者の死骸を、千日寺の後ろの灰山という所に晒してありました。

この死骸を晒すということは、本来ならばその現場に晒すべきものですが、それでは迷惑を蒙る者が多いので、或る一定の場所に決められたのです。まったく死者に恥辱を与えるようなものですが、これが心中者に対する一種の刑罰ですから仕方がありません。

そして死体の晒しは現場のままに置かれるということです。ですから、衣服の乱れている者もそのままにしてあったと見えます。ちょうど寛政年間でしたが、心中をした女の死骸を晒しました。ところが、その女は毛深いとかいうのが評判になって、毎日見物人の山を築いたそうで、これでは刑罰の目的が達せられないばかりでなく、社会の風教上にも悪影響を及ぼしますので、それ限りに死体を晒すということはよしたそうです。

江戸の町人

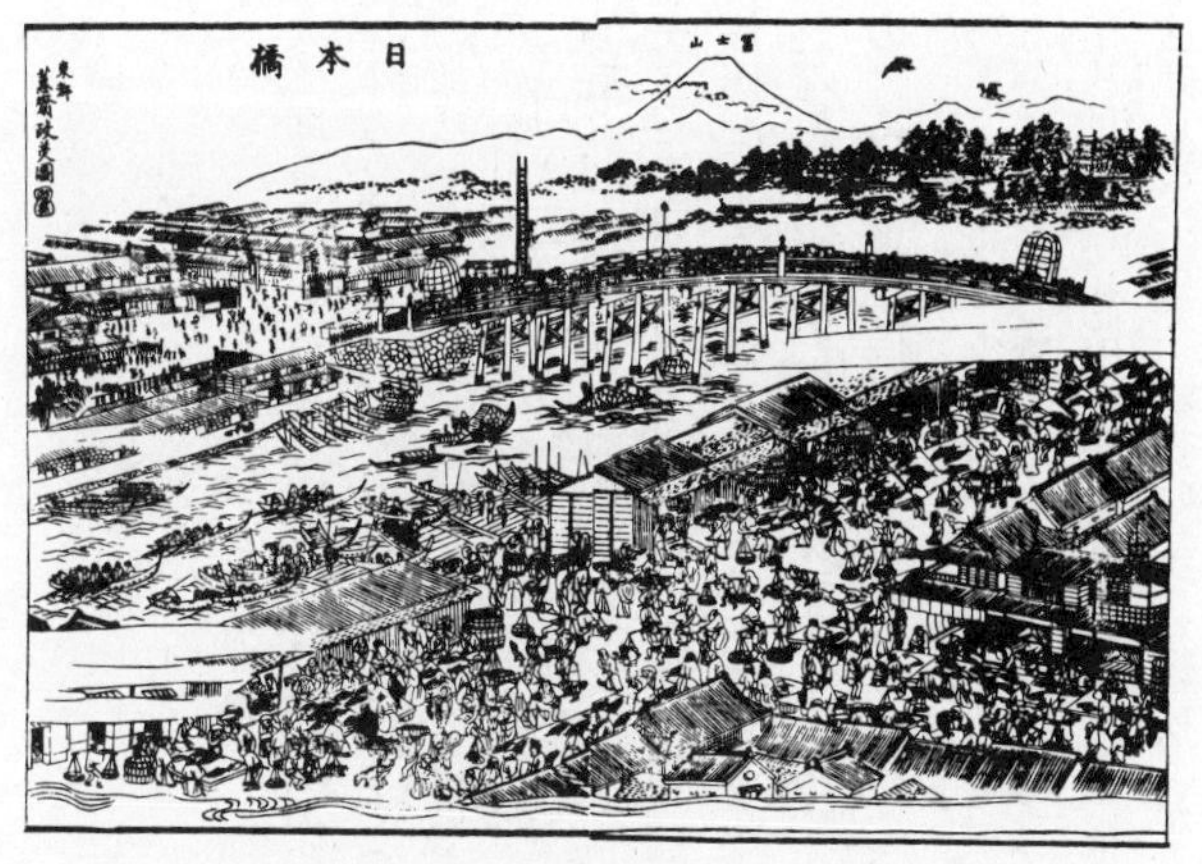

『東海道名所図会』より「日本橋」

江戸っ児の誕生

江戸の町人、即ち江戸っ児というものは、諸国の移住者によって一種の気風を作られ、それがだんだん純化されたもので、一々元を洗い正せば真の江戸っ児というものはほとんど一人もいないだろうと思います。

徳川家康の入府以前には、江戸の城下もろくに人家というものもなく、ただ野水荻洲の間を縫って僅かに漁家、農家が点在していたに過ぎなかったのです。当時の村の名には、竹平町（いまの千代田区一ッ橋一丁目二番あたり）付近に平川村、霞ヶ関（いまの千代田区霞が関二丁目あたり）付近に桜田門、本芝（いまの港区芝四丁目）付近に柴村、三田に三田村、大手町あたりに神田郷芝崎村、小石川（いまの文京区小石川一〜五丁目あたり）に小石川村、湯島・本郷（いまの文京区湯島と同本郷）に湯島本郷村、下谷（上野の台地を除く旧下谷区）に下谷村などが見えますが、いずれも蘆や萱原の中にある淋しい村なので、ほとんど人家という人家もないくらいに荒寥たるものであったそうです。

それが天正十八（一五九〇）年八月朔日、徳川家康の入府と共に市街の開拓に着手し、諸国の商人を勧誘して江戸に移住せしめたので、蘆荻いたずらに秋ふかく、そぞろに行く人をして江上の都鳥に哀れを催さしめた隅田川の畔も、漸次に繁華な都会となり、享保年間（一七一六〜三六）には人返し〔帰農〕の令を出して、市街の拡大を制限するまでに発達したのです。

移住者の最も多い地方は、伊勢・三河・近江・京都・堺などですが、各自に自分の生国を屋号として、店前の暖簾に「伊勢屋」の三字を染め出したものが、ほとんど全市の半分以上もあったということで、「伊勢屋、稲荷に犬の糞」という諺までできたのです。伊勢屋に次いで多いのが、近江屋、三河屋などでした。

このように江戸へ諸国の町人が集まって来た理由というのは、単に移住を勧誘し、移住者を優待したというだけではありません。江戸の商売は非常に利益が多かったのです。由来、徳川家康が天下を取ったのは、一つには金の力ですが、江戸の金、即ち徳川で鋳造の金は正目（正味と同じ。入れ物を除いたほんとうの内容）がよく、同じ一両の小判でも他では一両一分くらいに通用するので、ただその金を他国へ持って行って両替しても儲かったということです。

そこで利害の打算に敏なる上方者は、蟻の甘きにつくように江戸に集中したものですが、初めはまったく一時的のつもりで少しも土着の意志などはなかったらしいのです。それが知らず知らずの間に土着して、江戸っ児という或る気風をつくるようになったのです。

今でこそ、上方贅六などといって、上方者を嘲罵していますが、それを悪くいう江戸っ児の祖先という者の多くは上方出身であったのです。上方贅六でも、近江商人でも、伊勢者でも、江戸に三代続いておれば立派に江戸っ児の資格ができたのです。

江戸の町人が諸国の寄合であるということは、江戸の町名を見れば直ちに判ります。

町名のいろいろ

居住者の生国を町名としたものには、「長崎町・小田原町・室町・伊勢町・堺町・難波町・大坂町・駿河町」などがあります。駿河町は真正面に富士が見えるのでかく名付けたと、言い伝えられていますが、実は駿河の者によって開かれた町なのです。方角による町名には、麻布善福寺の西にある「西町」、浅草三社の西にある「西町」などがあり、職業による町名は、「桶町・大工町・鍛冶町・畳町・紺屋町・大鋸町・弓町・具足町・鞘町・木挽町」などの類です。

商品によるものは、「炭町・塩町・油町・簞笥町・肴町・竹町・石町・材木町」などで、役名によるものには、「納戸町・払方町・大番町・徒町・鷹匠町・隼町・二十騎町・同心町・代官町」というようなものがあります。

名主名によるものには、

「宗十郎町・五郎兵衛町・源助町」

の類いがあります。

地形によるものには、

「浜町・田町・谷町・坂町」、
など。所在の樹木の名によるものには、

「柳町・榎町」

などがあります。

土地の開拓者、または居住の大小名、旗本、著名の人士の姓氏によるものには、

「飯田町・佐柄木町・右京町・左門町・内藤町・安針町」

などがあり、社寺の称によるものは、

「天神町・八幡町・聖天町・西応寺町」

など。旧地名を用いしものには、

「平川町・日比谷町・三田町」

などがあります。

その他は町割の時における役夫の国名、即ち慶長八（一六〇三）年三月三日、幕府は三万石以上の諸大名に命じ、神田山（駿河台）を切り崩して浜町以南、新橋辺りに至る入海

を埋めさせたのですが、その時における役夫は、すべて千石につき一人ずつを課せられたので、俗に千石夫とも名付けていました。京橋の「加賀町・尾張町・出雲町」などは、加賀、尾張、出雲の役夫だけによって埋立てられたので、それを町名にしたということです。

また、嘉名を選びたるものには、

「高砂町・末広町・二葉町」

などがありますが、いずれも他国の集合団体であるということは一目瞭然としています。かの「弓町・具足町」などのように、家康の入国に従って必然的に移されたものもありますが、多くは武家の使用のために商工業者が集まって来たものです。

古町町人　江戸の町人の中でも、古町町人という者は大変に幅が利いたそうです。これは徳川の初代、二代に掛けて移住した者で、江戸市中に五千人くらいあったということです。

江戸の古町と称するのは、芝口から筋違見附（いまの千代田区神田淡路町二丁目一二番神田郵便局前あたり）の間、日本橋の浜町、深川の一部でしたが、古町町人はいろいろの特権を与えられ、特殊の扱いを受けていました。

また、古町の中でも角屋敷[1]に住んでいる町人を俗に御目見屋敷といって、年賀、将軍宣下、将軍家の婚礼、誕生というような御慶事のあった時には、将軍家に拝謁を許されたのです。

昔は江戸市中の家持商人は、ことごとく拝謁を許されていたそうですが、どしどし新開町ができて、漸次に町の数も増えましたので、角屋敷町人だけに限られてしまったのです。天保十四（一八四三）年の調べには、角屋敷四十一軒とあります。

町年寄

江戸の自治機関として、町年寄・名主・五人組・月行事・家主というものがありました。

町年寄には樽・舘・喜多村の三氏がありました。樽氏は初め樽屋と号し、代々藤右衛門と称していましたが、寛政二（一七九〇）年四月、猿屋町会所掛[2]の勤労によって姓を称することを許されました。

舘氏は奈良屋と号し、世々彦右衛門、または彦兵衛と称していましたが、天保五（一八三四）年十一月に多年の勤労を以て姓を許されたということです。

喜多村氏は初めから姓を名乗っていました。

これを江戸の三年寄といって、天正十八（一五九〇）年の任命以来、ずっと世襲していました。

町年寄は町人の総支配、つまり江戸の市長という格で市中一切の事を司り、各月番を以て種々の達しを出したり、諸々の運上（税）を納めたり、名主を進退させたりするような権能を持っていたのです。

名主

町年寄の下に名主というものがありました。

名主は一町に一人、または二、三町にまたがっている者もありました。が、享保七（一七二二）年四月、新たに名主を置くことを禁ぜられ、同八年に名主組合を設けて、江戸市中に二百六十四人、新吉原に四人と決められたのです。

名主は町年寄の指揮に従い支配内の公務を取扱っていましたが、大抵の民事訴訟などは、名主の玄関に於て裁きをつけていました。名主の判決に不服の場合には、町奉行所へ訴え出るより外はなかったのですが、まったくよくよくの事でなければ、それを表沙汰にしようと思ってもすることのできぬまでに、厳密な自治制度になっていたのです。

ある事件を町奉行所へ請願するにしても、名主・町役人の加判がなければお取上げにならなかったので、名主の裁判に服さぬといったところが、どうにも訴訟の起こしようがなかったのです。たまには駈込訴えをする者もありましたが、大抵はお取上げにならなかったということです。

ですから、名主の勢力は大したものでありました。夏目漱石氏の家も名主であったそうですが、『喜遊笑覧』や『江戸名所図会』の作者も名主であったのです。

名主の玄関〔普通は単に玄関という〕には、式台に高張（提灯）を立て、棒・刺叉などを掛けてありました。

名主は世襲になっていましたが、代替わりなどの時には、家持〔居付家主〕の中から公選していました。

また、名主は類別をつけて、草分名主(3)・古町名主・平名主・門前名主などといっていました。

草分名主は二十九人あったということですが、幕末の際には六人に減っていました。古町名主は七十九人あったのが、後には四人しかありませんでした。草分・古町の名主は、名主の中でも特に権威を持っていました。年賀、大礼の時には、将軍家の拝謁を賜わっていたのです。平名主は新町の名主で、門前名主は社寺の門前を支配している者をいうのです。

五人組

名主の下に五人組というものがありました。これは一町内の家主の組合で、家主の中から定めていたのです。五人組は月行事を勤め、町内の家持・借地・店借の者などから差出す訴願に連署し、その者の奉行所へ出る場合には付添うて行かなければならなかったのです。

また、月行事は、五人組の中にて月番を勤める者を指していうので、町内訴願の加印、検視見分の立会い、囚人の願い、町内の路修繕などが主なる役目なのですが、名主のない町では名主代をも勤めていました。

家主

家主には家持家主というものがありました。これは土地・家屋とも所有する者で、普通に居付家主といっていました。居付家主は五人組、月行事などを勤め、公用の一部を預かっていたのですが、大商人とか、大地主とかになりますと、別に家主〔現今の差配のことで、俗に大家といっていました〕を立て、悉皆のことを任せてありました。江戸の時代に家主と称する者は、多くは差配であったのです。

江戸の自治は、以上の組織によってそれぞれ取捌かれていましたが、名主・月行事・五人組・家主等を町役人といって、すべて町奉行の管轄に属していたのです。

江戸の商人　江戸時代には町の保護上、一町内に同商売は許されなかったので、地商売（自分の住んでいるところで商売すること）をしていても安全に渡世ができましたが、表通りの商人は地面・家屋とも兼有している居付家主が多かったようです。また大商人になりますと、控え家の寮というものを持っていました。寮には商売に関係のない家族・隠居・病人などの如き者を住まわしてありました。

商人の男の子は、七、八歳くらいから手習師匠へ上がって、十二、三歳くらいまで通っていました。それから商売の見習をしていましたが、相当の年頃になると、二、三男は養子にやられるか、もしくは暖簾を分けてもらっていました。

どういう商売でも武士を相手にしないというものはありませんが、特に武士のみを相手にする商売に、御用達商人と札差[4]町人とがありました。

御用達商人にも、実際に幕府の御用を勤めて、菓子大久保、呉服後藤などのように菓子商、呉服商を営んでいる者もありましたが、大概の御用達商人というものは大名を相手に金貸をしていたのです。

徳川時代の大名というものは、まったく想像以上の貧乏世帯で、御用達商人から金を借りていない者はほとんどなかったようです。が、大名の収入といえば、ちゃんと一定していて、少しも余計な収入というものがなかったので、その借金はいつになっても返せなかったということです。大名の借金は永代据置のようになっていたそうですが、いつまでもいつまでも返さないでおく訳にもいかないので、ついには苦しまぎれの一策として、御用達商人に扶持をやり、武士分にしていたのです。たとい僅かの扶持でも、それをもらっている以上は、もう主従という関係が成立って、無闇に借金の催促などもできなくなってしまいます。大名の方でも、借りたものを払わぬという意志ではないのですが、本当に払うことができなかったので、ただ利分だけを払っていたということです。

札差町人

札差町人は、徳川の家来、即ち旗本、御家人などを相手に商売をしていたのです。徳川氏の制として、知行所を持っていない者には、取高の全部を御米蔵の正米でくれることになっていましたが、百石、二百石という嵩の米をもらっても、第一に置く所もなし、処分にも困るというので、それを札差の手に引渡して金に替えていたのです。

札差は一種の仲買のようなもので、初めは便宜のためにできたものが、享保年間（九年一七二四）になって公然公認されたのです。

徳川の米蔵は浅草（蔵前）にありましたが、その米蔵の前に札差の住居があったので、俗に蔵宿（くらやど）ともいっていました。札差の数は約二百軒もありましたが、先祖代々出入りの屋敷というものは定まっていました。

普通の決めでは、総取高の三分の一を正米で渡し、後の三分の二を金に換算して渡すことになっていたのです。従って米の価が安いと武士は困ったそうですが、反対の方は儲かったのです。

徳川幕府の定めでは、冬十月に一年の禄を一度にくれることになっていましたが、それでは困難する者があるので、御借米（おかりまい）と称え（となえ）、禄高の半分を春、夏の二度に分けてくれることになっていました。

春夏の御借米というに対して、冬の分を御切米（おきりまい）といい、また玉落（たま）ちともいっていました。玉落ちとは、御切米を受取る者の名前を書いてある紙片を丸めて箱に入れ、これを振り出して順番を定めることによるのです。

御借米、もしくは御切米の代金を前借するには、武士と札差の掛合い次第ですが、まず百石について七、八十両というところでした。それも役付、出世の見込みある者には、多分に金を貸していましたが、前借の多い者、小普請（こぶしん）(5)入りの者などは、随分虐待された上に高い利子を取られていたのです。

札差から蔵米取り旗本、御家人などへの貸付けの金というものは、多くは何代も滞っていたので、利息に利息を重ねてなかなか巨額になっていたそうです。これが順押しになって、前借を余儀なくせられていたので、大抵の武士は困っていたのです。酷いのになると、二、三年後の分まで前借をしている者もあったということですが、いくら前借があるからといっても、その者の家庭全部を差押さえるということはできなかったのです。必ず三分の一の米だけは渡さなければならなかったのです。

三分の一の米があれば、食べる分だけはあったそうですが、そういう者に渡す米に限って、ぽんぽち米（長く貯えていたため赤黄色に変色、炊いても粘り気のない米）という米を渡していたのです。これは熊谷あたりの産だそうですが、真赤で、満足に米の形をしたものは一粒もなく、まずいといっても、ぽんぽち米の飯ほどまずいものはなかったそうです。それも自分の家内だけは仕方なしに我慢をして食べていましたが、来客などのあった時にはとても出すことはできなかったので、わざわざ良い米を買って来て炊いていたということです。

小普請入りの者とか、前借の多い者には、いつもぽんぽち米をあてがわれていましたが、役付の者、羽振りのいい者、出世の見込みある者などには、上等の肥後米を渡すようなことをしていたのです。

また、札差の番頭というものは、なかなか目が利いていたので、今度は何某が役付になり、何某が小普請入りになるというようなことをよく知っていました。この番頭が威張りながら下手に出て、相手を侮辱するような態度を取って、本当に憎らしかったということですが、金を貸す者と借りる者との位置にあるので、なるべく武士の方でも我慢をしていたのです。

札差の主人という者は、少しも店にたずさわらないで、十八大通(6)など称して花柳の巷に豪奢を極めていましたが、その尤なる者には大口屋暁雨、大和屋文魚などいう者がありました。

札差は御借米、御切米の処分、つまり禄高の米を引受け、それを金に換えて知行主の旗本、御家人などへ渡していたのですが、表向きの手数料は百石について一分ということになっていたのです。

いくらか大袈裟でしょうが、旗本八万騎と称していたので、俵取り・石取り（三百俵の者も、三百石の者も同様ですが、徳川の俵は三斗五升俵です）をひっくるめて、かなりの石高になります。

その大部分は知行所を持っていなくて、いわゆる蔵米取りであったのですが、その者等の取り高を抵当にして高利の金を貸し付けた上に、ぽんぽち米などを渡して手数料を取っていたのですから、札差という者は酷い儲けをしていたということです。

II

風俗 明治東京物語

凡例

一　本書は、岡本綺堂がその生前に雑誌・新聞等に発表した、明治時代の各種東京風俗に関わる多くの随筆・談話のうちから、単行本にまだ収められていないものを中心としてまとめた。その初出の雑誌・新聞等については、掲載年月とともに、巻末の「初出掲載誌（紙）」の項を参照されたい。

一　現代人に読みやすくするために、長過ぎる本文については適宜に改行、また小見出しをつけて、旧仮名づかいは現代仮名づかいに改めた。もっともその文章のうちで明らかに間違いと判るものについては、私の責任において訂正した。

一　各項に明治時代の町名が数多く登場するが、これらについては特に「まち」とふり仮名したもの以外は、すべて「ちょう」と読む。

一　また、昭和の初めという時点においてはごく普通に使われていたであろうが、現在では一般に判りにくくなっている言葉も多く、さらに明らかに綺堂の思い違いと思われる個所も幾つかある。そこで、これらについては私の気づいた範囲で解説、「註」として巻末に付しておいた。なお、簡単な註は本文中に（　）で示し、綺堂自身による註は〔　〕で表わした。

一　本文中の簡単な註（　）のうち、劇場・寄席・神社等の所在地を示したものについて、（いまの○○区○○町○丁○番）と記したものは、当時はそこにあったものの現在では失われたか、他へ移ったことを示す。「いまの……」を付けないものは、現在もそこにあることを表わした。

（校註者）

東京風俗十題

国松画『東京第一等之劇場新富座繁栄之図』（国立劇場蔵）

これは明治三十四（一九〇一）年の冬に起稿したもので、今から振返ると三十年の昔になる。したがって、その当時の東京は現代の東京でなく、「旧東京」とも題すべきものである。殊にかの大震災（大正十二年―一九二三―九月一日）以後、東京の外観も風俗も習慣も大いに変化して、この記事と相違の点も少なくないが、私はなんらの訂正を加えずに、原文のままを掲げることにした。明治時代の東京を研究するに就いて、何かの参考ともならば幸いである。

（昭和六年）

湯屋

湯屋（ゆや）を風呂屋という人が此頃だんだんに増えてきたのを見ても、東京の湯屋の変遷が窺い知られた。

湯屋の変遷

勿論、遠い昔には丹前風呂(1)などの名があって、その頃は江戸でも風呂屋と呼んでいたらしいが、風呂屋の名はいつか廃（すた）れて、僅かに三馬(2)の『浮世風呂』にその名残りを留めているに過ぎず、江戸の人は一般に湯屋とか銭湯とか呼び慣わしていた。それが東京に伝わって、東京の人もやはり湯屋とか銭湯とか呼ぶを普通とし、たまに風呂屋などという者があれば、田舎者として笑われたのであるが、この七、八年来は風呂屋という人がなかなか多くなった。やがては髪結床も床屋（とこや）、湯屋を風呂屋と呼ぶのが普通になるであろう。

湯屋の種類と造り

東京の湯屋(3)は白湯（さゆ）を主とすること勿論であるが、近年は温泉・鉱泉・葉湯・蒸風呂などの種類が増えた。そのほかに江戸以来のひば湯(4)というのもある。

大体の構造は今も昔も変わらぬが、警察の命令によって釜前は石造、または煉瓦造りとなったので、出火の憂いがすこぶる減少したのは嬉しい。江戸時代には湯屋から出火した例が甚だ多く、大風の日には臨時休業の札をかけたそうであるが、今はまずそんな心配はないと言ってよい。

浴槽は高く造られて、踏み段を越えて這入るのが習いで、その前には柘榴口(5)というものが立っているから、浴客は柘榴口をくぐり、更に踏み段を越えて浴槽に這入るのである。柘榴口には山水・花鳥・人物など、思い思いの彩色絵が描いてあって、子供たちを喜ばせたものであるが、何分にもこの柘榴口が邪魔をするので、浴槽の内は昼でも薄暗く、殊に夜間などは燈光の不十分と湯気とのために、隣にいる人の顔さえもよくは見え分かね、うっかりと他人の陰口などをきいていて、案外にもその噂の主がうしろで聴いていたというような滑稽を演ずることもしばしばあった。

しかし、明治二十一、二年頃から今日のように浴槽を低く造ることが行なわれ、まず下町から始まって山の手に及んだ。それにつれて、無用の柘榴口も自然に取払われ、場末か郡部の旧式の湯屋でなければ、昔ながらの柘榴口を見ることはできなくなった。

湯銭と朝湯

湯銭は八厘から一銭、一銭五厘、二銭とだんだんに騰貴して、現在では二銭五厘に踏みとどまっているが、場末では二銭というのもある。

但し「留め湯」とか「月留め」とかいう制度があって、毎日必ず入浴する人に対しては、一ヶ月前金五十銭ぐらいに割引する。また、朝夕二回入浴する人に限って朝湯は一ヶ月十銭ぐらいに割引するのが普通であるから、職人などは勿論、入浴好きの人々は朝と夕とに二回の入浴をするのが多い。

朝湯はたいてい午前七時頃から開くのであるが、場所によっては六時頃から始めるのもある。それを待ち兼ねて、楊枝（ようじ）をくわえながら湯屋の前にたたずみ、格子を開けるのを待っているのもある。

男湯に比べると女湯は遅く、午前九時か十時にならなければ格子を開けぬ。勿論、花柳界などに近い場所は格別、普通の土地では早天に朝湯へ行く女客は少ない。

菖蒲湯や柚湯

五月の節句〔四日、五日の両日〕に菖蒲湯（しょうぶゆ）を焚き、夏の土用半ばに桃湯を焚き、十二月の冬至に柚湯（ゆずゆ）を焚くのが習いであるが、そのなかで桃湯は早く廃れた。暑中に桃の葉を沸かした湯に這入ると、虫に食われぬとかいうのであるが、客に喜ばれぬのか、湯屋の方で割に合わぬのか、いつとはなしに止められて、今の若い人は桃湯の名も知らぬようである。

菖蒲湯、または柚湯の日には、湯屋の番台に白木の三方（さんぼう）を据えてあって、客の方では「おひねり」と唱え、湯銭を半紙にひねって三方の上に置いてゆく。即ち菖蒲や柚の費用に充てたために規定の湯銭よりも余計の銭を包むのであるが、近来はその三方を無視して、当日にも普通の湯銭しか置かない客が随分あるので、湯屋でも自然に菖蒲や柚を倹約するようになって、ほんの型ばかりになってしまったから、それもやがては止むであろう。昔の俳句によって、僅かに菖蒲湯・柚湯の名を知るという時代の来るのも、遠くはあるまいと思われる。

湯屋の二階　『浮世風呂』などにも湯屋の二階のことが書いてあるが、その時代の二階番は男が多かったらしい。ところが、江戸末期から若い女を置くようになって、その遺風は東京に及び、明治の初年にはたいていの湯屋に二階があって、そこには白粉臭い女が控えていて、二階に上がった客はそこで新聞を読み、将棋を指し、ラムネを飲み、麦湯を飲み、菓子を食ったりしていたのである。

しかし、風紀取締りの上から面白くない実例が往々発見されるので、明治十七、八年頃から禁止されてしまった。矢場や銘酒屋を許可しながら、湯屋の二階だけを禁止するのは不公平だという議論もあったようであるが、湯屋が本業である以上、副業の二階を禁じられたのも已むを得ないかも知れぬ。

留桶と三助　毎年十月の候になると、流し場の壁や羽目に「例年の通り留桶新調仕候」というビラが掛けられる。これは留桶、即ち三助に背中を洗わせる客に限って使用させる小判形の桶を新調するというのである。単に新調するというのではなく、「その桶を新調するに付き、幾分の寄付をしろ」と、いうのである。

留桶を平生使用している客は、それに対して五十銭、一円、あるいは二、三円を寄付するが習いで、湯屋の方ではその人名と金額とを紙に書いて貼り出すことになっているから、客の方でも自分の面目上、忌でも相当の寄付をしなければならぬ。

これは悪い習慣であると批難する人もあるが、留桶を新調するのは三助の全部負担で、湯屋の主人は一切関係せぬことになっているのであるから、三助も寄付金を募らねば遣り切れないという理屈にもなる。花柳界に近い場所や、下町の盛り場にある湯屋では、浴客にみな相応の見栄があるから、こういう時には案外の寄付金が集まって、三助の収入もすこぶる多い。

留桶新調のほかに、留桶を毎日使用している客は、盆暮の二季に幾らかの祝儀を三助に遣るのが習いである。こんなわけで、辛抱人の三助は金を貯めることができる。

まだそのほかに、三助〔東京では普通、番頭という〕には貰い湯というものがある。正月と盆の十六日には「三助の貰い湯」と称して、焚物の実費だけを主人に支払い、入浴料はすべて自分の所得となるのが定めで、当日は三助自身が番台に坐り、やはり白木の三方を控えて、「おひねり」の湯銭を受取るのである。

菖蒲湯、柚湯、盆と正月の貰い湯、留桶新調、それらのほかに正月の三ヶ日間は番台に例の三方を置いて、おひねりを受取る。これは湯屋の所得である。こういう風に数えてくると、なんのかのと名をつけて、普通の湯銭以外のものを随分徴収されるようであるが、「一年三百六十五日の長い間に、そのくらいのことは仕方がない」と覚悟して、別に苦情をいう者もないらしい。

湯屋の盗難

近年著しく目立ってきたのは、美服を着て湯屋へ行く人の多くなったことである。女客は格別、男客は普段着のままで出かけるのが普通で、湯屋へ良い着物を着て行くと盗難に遭う虞れがあるともいい、十人が十人、木綿物を着て行くを例としていたが、この頃は銘仙はおろか、大島紬、一楽織（綾織にした精巧な絹織物）の着物や羽織をぞろりと着て、手拭をぶら下げて行く人も珍しくない。「一般の風俗が華美に流れて来たことは、これを見ても知られる」と、窃かに嘆息する老人もある。

それを付け目でもあるまいが、まったく湯屋には盗難が多い。昔から「板の間稼ぎ」という専門の名称さえあるくらいで、湯屋の盗難は今に始まったことでもあるまいが、警察からしばしば注意するにもかかわらず、依然として男湯にも女湯にも板の間稼ぎが跋扈する。それを防ぐために、夜間は脱衣場に番人を置くことになっているが、たいていは形式的に十四、五歳の小娘を置くに過ぎないのであるから、夜が更けると居眠りなどをしているのが多く、これらの番人はまず案山子同様と心得て、浴客自身が警戒するのほかはない。湯屋で盗難にかかった場合は、その被害者に対して営業者が弁償の責を負うという規定であるが、それもほとんど有名無実で、しょせんは被害者の泣寝入に終わるのが普通であるから、なかなか油断はできない。

お世辞湯お断り

昔から名物の湯屋浄瑠璃、湯屋都々逸の類いは今も絶えない。義太夫・清元・常磐津・新内・端歌・仮声・落語・浪花節、たいていの音曲は皆ここで聴くことができるが、滅多に上手なのがないのも昔からのお定まりである。それでも柘榴口が取払われて、浴槽の中が明るくなったせいか、昔に比べると浴槽内の演芸会もだんだんに衰えてゆくらしい。

女湯には「お世辞湯お断り申候」というビラを掛けて置く湯屋がある。さなきだに、女客は湯の使い方が激しい上に、自分の知人が来るとお世辞に上がり湯を二杯も三杯も汲んでやる。それがまた、上がり湯濫用の弊を生ずるので、湯屋でもそれを防止するために「お世辞湯お断り」の警告を発するのであるが、依然として利目がないらしく、女湯は男湯よりも三倍の水量を要するということである。殊に男客に比べると、女客は入浴時間も非常に長いから、湯屋にとってはあまり有難いお客様ではない。板の間稼ぎの被害も女湯に多い。

江戸時代には自宅に風呂を設けている家は少なかった。武家でも旗本屋敷は格別、普通の武士は町の湯屋へ行く。殊に下町のような人家稠密の場所では、火事の用心から自宅の風呂を禁じられていたので、大家といわれるほどの商家の主人でも、たいていは湯屋へ出て行く。

明治以来、その禁制も解かれ、かつは地方の人が多くなったために、一時は自宅の風呂がすこぶる流行したが、近来はまたもやそれが廃れて、たいていの人は町の湯屋へ行くようになった。それがまたどう変わるか知らぬが、現在のところでは湯屋全盛、銭湯繁昌の時代である。

相撲

本場所と番付

相撲好きの間には、「晴天十日の場所を十二日見物する」という諺（ことわざ）がある。即ち初日の前日に小屋掛けを見物に行き、千秋楽の翌日に小屋の取毀しを見物に行くというのである。

明治の今日、相撲は封建時代の遺物だとか蛮風だとかいって、一概に排斥されそうなものであるが、実際はなかなかそうでなく、むしろ年一年に隆盛に赴くという有様で、十日の場所を十二日見物する連中が跡を絶たない。殊に今日の交際場裡に立つ者は、演劇と相撲は話の種で、「どうでも一度は見物せねばならぬ」という風になっているから、回向院（えこういん）（墨田区両国二丁目八番）の本場所の如きは興行ごとに大入り大繁昌。嘘と思わば一度行って御覧あれ、実に胆を潰（つぶ）すばかりである。

いわゆる本場所なるものは、毎年一月と五月の二回興行で、場所は昔から向う両国の回向院境内。一月を春場所といい、五月を夏場所と唱えて、これが東京の大相撲、好角家は一と月も前から力瘤を入れて待ち設けているのである。その初日は年によって多少の遅速はあるも、たいていはその月八日頃と決まっていて、いうまでもなく晴天十日間の興行である。

当時は東京大相撲協会なるものが組織されているから、同協会よりその年の勧進元、即ち興行人の名義を以て二月以前から警視庁へ興行の願書を差出し、さてそれが認可となっていよいよ開場期日が切迫すると、その数日前に番付を発表する。

番付はいざ発表という鍔際まで極めて秘密に付しておいて、力士自身らもよくは知らぬくらいであるから、いわんや素人に解ろうはずはないので、いずれもいい加減な予想まちまちで、番付の出るのを今日か翌日かと首を伸ばして待っている。番付は午前四時を以て発表するのが規定で、各力士はとりあえず我が贔屓客のところへ配る。相撲茶屋もそれぞれの客筋へ配る。辻番付が市中の辻々へ出る。こうなると、東京中がにわかに人気立って、湯屋、髪結床その他の盛り場では、寄れば触れば相撲の噂で持ち切っている。

さて、いよいよ初日となると、その前日に太鼓を廻す。即ち、大きな太鼓を叩いて「明日初日」ということを市中に触れて歩くので、常得意の家の前では初日の取組番付を一々披露に及ぶ。また、その家では幾らかの祝儀を出すことに決まっている。この太鼓は初日前に限らず、雨天などで休場の後、いよいよ明日より開場するという節には、その披露として市中を廻る。どういうものか、この大相撲はとかくに雨天勝ちで、相撲の太鼓が廻ると、その翌日は不思議に雨が降る。「お江戸はえらい所だ。雨の降るのを太鼓で知らせて歩く」といって、田舎者がオッ魂消(たまげ)たという昔噺(ばなし)も、あながちに嘘ではない。

　そこで、いよいよ番付が出る、初日が決まる、太鼓が廻るということになると、両国橋界隈の繁昌は驚くばかりで、各贔屓客、または花柳社会等から力士へ贈る幟(のぼり)の数、およそ何百本だか何千本だか解らず、向う両国から回向院まで隙間もなく林立して、川風にひるがえるも勇ましく、ただ何がなしにその界隈が雑踏してくる。

　初日には早朝から櫓(やぐら)太鼓を打つ。この太鼓の音が遠く両国の川水に響いて、一種の景気を添えて聞こえる。真の面白い取組は午後二時頃からであるが、いわゆる好角家なる者は午前からドシドシ押出して、木戸口に犇々(ひしひし)と詰掛ける。前以て買切りとか、付込み（予約）とかいう人はともあれ、さもない者は遅く行けば場所がないから、いずれも競って早朝から出掛けるので、午前と午後は相撲見物の客の往来繁く、さしもに長き両国橋もほとんど車止め往来止めともいうべき有様である。

　相撲客　場内の景気は更に素晴らしいもので、いずこの興行物も大入りとあれば混雑騒擾(そうじょう)は免れ難いが、取分けて相撲は物が物だけに、見物もおのずから人気が暴(あら)い。殊に劇場や寄席と違って、一年に二度限りというのであるから、ますます人気が引立って、その勢いすこぶる猛烈である。

好角家連中は晴天十日の間はほとんど我が職業も手につかず、日々詰掛けて見物する。

近年は桟敷等に諸華族、紳士も多く見受けるが、その七分通りは商人、職人で、劇場の観客のように尋常に構えている者はない。肌をぬぐ、鉢巻をする、あぐらをかく、実に無作法極まる有様である。贔屓の力士が土俵へ上がるか、但しは今日の呼び物という好取組になると、満場の観客みな熱狂して、思い思いに贔屓の力士の名を呼ぶ、手を拍(たた)く。「勝ってくれ」、「シッカリ頼むぞ」、「負けるな」、「おれが付いている」と、四方八方からワッワッと怒鳴るから、たいていの者は逆上して気が遠くなってしまうくらいである。

まして勝負が決まったら大変、またもや八方からワッワッと騒ぎ立てて、土俵を目がけて羽織を投げる、帽子を投げる、これが累々(るいるい)積んで山をなすこと更に珍しくない。これを弟子の小力士が拾い集めて、それぞれに元の主へ送り届け、その物品と引替えに相当の祝儀を貰う。それであるから、呼び物という取組に勝った力士が一日に数百金の祝儀を貰う例は往々ある。特別に贔屓の客は、打出し後にその力士を酒楼へ招いて酒肴(しゅこう)を饗し、多分の祝儀を遣るなど、随分思い切った散財をする。

昔は大相撲に限って女客禁制。千秋楽、即ち十日目の幕下取組の日の外は、いかなる人といえども女たる者は一切入場を許さぬことになっていたが、(1)高砂浦五郎の発議で明治五年（一八七二）からこの禁を解いたので、今日では女の見物もあり、女で木戸御免という豪傑も現われた。しかし、それでも女は十分の一、それも多くは芸者、または待合の女将(おかみ)といったような人種で、良家の細君や娘の相撲見物は極めて少ないようである。

総じて相撲見物の客は、老若を問わず褒めていえば元気の好い、悪くいえば殺伐な粗暴な気風を帯びているから、場内で売る飲食物も劇場その他とは大いに違って、口取だの照焼きだのといったような贅沢な食い物は決してない。まず冷酒に焼鯣（やきするめ）という色気のない好みで、向う鉢巻、片肌脱ぎの先生達がこの冷酒をガブガブ、焼鯣をムシャムシャ囓（かじ）りながら、手には汗、頭には湯気を立てて、「負けるな」、「頼んだぞ」などと、肩を張って一心不乱に見物するのであるから、色気のないこと、実におびただしい。

しかし、この色気のない、嫌味のない、いかにも天真爛漫たるところが相撲の特色で、「かの金ピカ紳士とかいう連中が白粉臭い女どもを引率して、大きな面（つら）で桟敷などに陣取っているのを見ると、僕は大いに癪（しゃく）にさわる」と憤慨する者もある。「いわんや天下の力士たる者がその桟敷へ挨拶に廻って、その女どもに世辞や愛嬌を売っているのを見ると、いよいよ癪にさわってたまらない」と、慷慨（こうがい）悲憤する者もある。

賭

次にいうべきは、相撲における一種の賭（かけ）である。つまりかの競馬、その他における勝負の賭と同じことで、あらかじめその取組の顔触れを見て、どっちが勝つとか思い思いに賭をする。これは身分ある紳士連中にも随分盛んに行なわれることで、一度に四、五百円、多きは三、四千円を賭けるのもあるから、その日の勝負如何によって、案外の勝利を得るもあり、案外の痛手を負うのもある。

殊にこの種の賭は兜町、または蠣殻町[2]の株式・米穀の仲買連に多く、晴天十日の間に莫大の損害を醸すのもあるが、やはり一種の賭博であるから、勝っても負けても容易に止められぬものと見える。

まだこの外に賭師と唱える者があって、普通の客とおなじく場内に入り込み、誰彼嫌わずにその場でその日の勝負を賭けるのもある。

相撲小屋と入場料　相撲場はいうまでもなく、小屋掛けの仮普請で、まず三千人を入るるに足るが、大入りの節にはほとんど立錐の余地なく、容易に身動きさえも叶わぬくらいである。

木戸は大人が二十銭、小児が十銭、正面桟敷は一間六人詰めで六円、三方桟敷は一間五円。なおその他にも特別席・一等席・二等席・三等席などと区別してあるが、桟敷その他はその時次第でほとんど値段は一定せず、相手次第、取組次第で、随分ひどい高価を貪ることもあるようである。しかし、「きょうの取組を見物しなければ親の死に目に逢われぬも同然だ」といったような意気込みで、好角家は値を論ぜずに犇々と詰めかけるから、茶屋は大喜び、勧進元は万歳、実に昨今は相撲全盛の時代であろう。

飲食物　相撲に限らず、興行場の飲食物はみな比較的に高価であるが、ここで売る品々も随分廉い方ではない。まず正宗の壜詰四合入りが四十銭、一合入り七、八銭、鯣が一枚三銭から十銭という相場で、品は悪く、値段は高いが、その売れることおびただしい。なお、そのほかに鮨屋・菓子屋・煮込み屋・煙草屋などの床店（屋台店）も出ている。普通の弁当は上が二十五銭、並が十五銭で、随分食えた物ではないが、前にもいう通り、食い物などには頓着をせぬ連中ばかりであるから、旨いも不味いも一切かまわぬ。

まだこのほかに中売りという者があって、やはりかの鮨・壜詰正宗・ゆで玉子・煙草・麵麭・大福餅の類いを売りに来るが、これも四銭の巻煙草ピンヘットを五銭に売るといったような格で、すべてがすこぶる割高である上に、混雑の中へこの商人らが掻き分け押し分けて出入りするのは実にうるさいものである。昨年の五月以来、中売りは大入り場に限ることに定めたが、やはり依然として何処までも遠慮なしに押し込んで来るのは驚く。

もっとも客の方でも近来はなかなか利口になって、酒肴御持参という連中が随分ある。またそれを狙って、本所緑町（いまの墨田区緑一丁目東部から同二、三丁目と同亀沢一〜三丁目南部あたり）・相生町（いまの同区両国四丁目と緑一丁目西部あたり）・両国広小路（いまの同区両国一丁目一番あたり）あたりの商店、または露店では、壜詰正宗その他に正札をつけて盛んに売っているという始末であるから、よほどかの中売りにも影響の及ぼすであろう。

繁昌する回向院周辺

晴天十日間の見物人は、昨年の春場所（明治三十三年）が大人二万六千五百五十六人、小児二千二十九人、夏場所が大人二万五千五百六十五人、小児千五百四十一人、即ち一日平均二千七、八百人である。この人数が西より東より回向院へ群集するのであるから、その界隈の飲食店、煙草店、その他の商店はすこぶる繁昌で、僅かに一年に二度ではあるが、この大相撲のために土地の潤うこと驚くべきほどである。かの名代の坊主軍鶏(3)の如きは、ほとんど力士と見物人のために繁昌しているくらいであるから、実に両国界隈の商人にとっては相撲大明神と崇めてもよかろう。

劇場と同じく相撲にも茶屋があって、桟敷その他へ案内し、また客の註文に応じて飲食物をも持ち運ぶが、これが回向院門前に高砂・武蔵屋、境内に大和屋・紀国屋ほか五軒ある。近来は紳士連の観客が著しく増えてきたから、たとい芝居茶屋ほどではなくとも、毎興行に相応の収人があるらしい。

相撲勝負付と新聞社の速報

一日の相撲はたいてい午後五時頃に終わるが、それが終わるとすぐに勝負付を印刷して、「本日の相撲勝負付」と怒鳴って数名の若い者が市中を売歩き、相撲好きの連中は争ってそれを買う。また各新聞社では白紙へ墨黒々と今日の勝負を認(したた)めて、仰山らしく門口に貼り出すと、見る者いずこにも山をなし、中には丁寧に手帳などを取出して一々に鉛筆や矢立で写し取っている人もある。その中には自分の贔屓力士が負けたのを口惜しがって、乱暴にもその貼紙を引裂く奴がある。やれ誰が勝った、それ誰が負けた、というので、わあわあがあがあ騒ぎたてる有様は、実にお話にならぬくらい。これで好角家が東京に多いことも解るであろう。

花相撲　本場所の模様はまずこのくらいとして、次に花相撲[4]についていささかいえば、昔はたいてい神社仏閣の境内で催したそうであるが、今は必ずそうとも限らぬようである。

勿論、本場所のように場所や期日は一定せず、日限もまた一定せぬが、ほとんど本場所同様に両大関の顔の揃うのは、麴町九段坂の牛ヶ渕（いまの千代田区九段南一丁目六番九段会館北部のあたり）、同じく内山下町（いまの同区日比谷公園内日比谷公会堂のあたり）、芝神明社（港区芝大門二丁目一二番）内くらいのもので、これらは五日、もしくは一週間の興行である。その他は深川八幡（江東区富岡一丁目二〇番）、浅草公園、蠣殼町（いまの中央区日本橋蛎殻町一、二丁目、同人形町一丁目東部、同二丁目北部・東部）、三崎町（いまの千代田区三崎町一〜三丁目あたり）等であるが、これには大関の出ることはほとんど絶無で、二段目力士ぐらいが関の山であるから、取立てていうほどのこともない。

東京力士は本場所を終わると、まず横浜へ行き、次に横須賀へ廻り、さらに帰京して花相撲を一度興行し、それから東西幾組にも分かれて、思い思いに地方巡業ということになるのである。したがって、春から夏までは相撲界すこぶる賑やかであるが、夏から冬までは甚だ寂しく、ただ僅かに新聞紙上で地方巡業先の消息を伝えるぐらいに過ぎない。何はあれ、一年に二度、僅かに二十日間の興行で、かくまでに満都の人気を沸騰させるものは恐らく相撲のほかにはあるまい。

稽古所

稽古所の造りと種類

　場所は横町の新道(しんみち)、間口は二間で、一間が出窓、一間が格子。入口の障子をあければ六畳か八畳。その一方に床(とこ)（床の間の略）があって、その下が板戸の戸棚、これに稽古用の諸道具が入れてある。さて正面には燈明かがやく延喜棚(えんぎだな)があって、その傍(かたわら)に家元からいただいた芸名の木札が掛かっている。延喜棚の飾付けは例によって例の如くで、その祭れる御本尊は成田の不動、柴又の帝釈(たいしゃく)、羽田の穴守、或はお祖師様、鬼子母神様など神仏混淆(こんこう)、千差万別という光景。これが稽古所の舞台の道具立てで、稽古唄にて幕明くというべきところである。世の流行につれてその流儀に盛衰はあるが、およそ弟子を取って遊芸を教えるもの、たとえば義太夫・長唄・清元・常磐津・一中節(1)・河東節(2)・薗八節(3)・新内・端唄を初めとして、踊・琴・月琴・尺八の類いに至るまで、皆これ遊芸の稽古所に相違ない。しかし、東京の習慣として一口に稽古所といえば、まず喉を主にする浄瑠璃の指南所を意味するように聞こえる。また、その中でもその流儀流派によって種々の特色もあり相違もあるが、一々これを説明してはあまりに長くなるから、ここでは稽古所、即ち浄瑠璃指南所の一斑について語ることにする。

東京では師匠の六分が女

まず東京で稽古のお師匠さんと称する者は、女六分、男四分という割合で、有名の太夫は別として、普通に遊芸の師匠といえば女に限っているように思う者もあるくらいである。

殊に男の師匠は稽古一方で暮らす者は少なく、たいていは劇場か寄席へ出勤して、その内職に弟子を取るのであるが、女の師匠は弟子一点張りで、その月謝を以て屋根代や米代はいうに及ばず、白粉代や糸代まで一切を賄うのであるから、その内輪へ入ってみるといずれもなかなかの大世話場、「どうも遣り切れません」と愚痴をこぼしているのが多い。それでもその師匠なる者が、年に月に増加の傾向があるとは、実に不可思議といわざるを得ない。

稽古の費用

「近来は学校が流行(はや)るので、お弟子さんは総別に減りました」とは、一般の師匠の口癖であるが、それでも「せめては糸道だけでも明けておいてやりたい」という昔気質の親もあって、学校の往復に長唄、清元それぞれの稽古所へわが娘を通わせるのもあるから、一人の師匠に就いて多いのは五、六十人、少ないのは十二、三人の弟子を取っている。

師匠にもよるが、普通は下町あたりで一ヶ月の月謝が五十銭、山の手、または場末で三十銭。右のほかに毎月一回ずつ月浚(つきざら)いというものを開いて、その都度に二十銭ないし三十銭を徴収するから、いずこの師匠も弟子一人に就いて一ヶ月五、六十銭から七、八十銭の所得がある。

なおそのほかに春は三味線の張替え、夏は畳銭、冬は炭銭と称して、その都度に弟子から三十銭ないし五十銭の寄付を募る。まだまだそのほかにも四季の大浚(おおざら)いというものを催す。四季とはいうがたいてい春秋二季に定まっていて、自宅で催すもあり、貸席、または料理店で開くもあり、時と場所は人によって一定せぬが、この際は弟子のみに限らず、日頃自分が交際する同業の各師匠も幾人かの弟子を引き連れて出席する。またその返礼として先方の大浚いの節には、こっちでも幾人かの弟子を連れて出張する。勿論その都度に幾らかの義理を持参するが、それは総て弟子たちの負担と定まっている。

そのほかにも、毎年夏向きになれば、家元から揃いの浴衣(ゆかた)を出す。その弟子分たる名取りの師匠は義理にも二、三十反を引受けて、さらにこれを自分の弟子たちに売り付ける。

こういうわけであるから、師匠の方では月謝のほかに種々の責め道具を以て、何かにつけて弟子たちから絞り取ろうとする。弟子の方でも従来の習慣と覚悟して、敢て不服も苦情もいわぬことになっているから、独りの娘に遊芸を仕込もうとするには、親も相応に懐を痛めねばならぬ。しかも我が娘に遊芸でも仕込もうとする親たちは、自分も遊芸が好きであるから、金がかかるのも世話が焼けるのもさのみ頓着せず、その当人よりもむしろ親たちの方が熱心に騒ぎ立てるという傾向がある。

ましで大浚いなどの晴れの場所で、娘が独り唄いでもするという時には、その親たちは一肌ぬいで、当日の弁当は自分一手で引受けるとか、出席者一同に揃いの花簪を配るとか、それはそれは案外な散財をする。

この風は近来ようやく衰えたようではあるが、山の手はともあれ、下町の娑婆ッ気の多い場所柄では今もなお、互いに相競って金を使っている。師匠もまた、こういう弟子があるので息がつけるのであるから、陰に陽にこれを煽動しているらしく、この風は容易に絶えまいと思う。

男の弟子

義太夫・清元・常磐津・端唄の師匠には、女子供のほかに男の弟子を取る者もある。もっともそれで飯を食う目的の者は、名ある男の太夫に就いて真面目に稽古するが、ほんの道楽半分に稽古する者は十人が九人まで女の師匠の格子をくぐる。

その種類は一定せぬが、まず勇み肌の職人が大多数を占め、次が生粋な商家の息子、または雇人で、昼はめいめいの職業があるから、たいていは夜の七、八時頃から詰めかけて、十二時頃まで俗に銅鑼声、親不孝声、狼の遠吼えなどという種々な声を放って近所合壁の安眠を妨害する。

ましてその師匠が独身で、しかも小綺麗な新造か、仇ッぽい年増であれば、お稽古以外に一種の野心を抱く徒もあって、芸の巧拙などは問わず、あの師匠は愛嬌があるとか、如才がないとかいって、四方八方からその門に集まる。俗にこれを狼連、または経師屋連[4]という。勿論、この連中は稽古は二の次、ただ何がなしに師匠の家を一種の倶楽部と心得て、毎晩入り浸っているのであるが、その親や親方も他の道楽とも違うので、まず大目に見ているのが多い。

師匠の方でも、女の弟子と違ってとにかくに相手が男一匹であるから、それ相応に取扱って、稽古のかたわら四方八方へ等分にお世辞を振りまく、愛嬌を売る。またその代わりには女子供と違って多少の融通もきくところから、彼らのうちには自腹を切って鮨を買う、菓子や蕎麦を奢る、寄席へ誘う、芝居へ連れて行くなど、臨時の散財をする者もあるから、師匠もこれを余禄として精々その御機嫌を取り結んでいるのである。

しかし、だんだんに彼らも狡猾になって、あわよくば師匠の方からおあまり銭を取っていこうという横着者も大分増えてきたから、師匠も「実に立切れない」と愚痴をこぼしているそうである。

出稽古

紳士、資産家、また商家でも大家という向きでは、娘を稽古所へ通わせず、月六斎（月に六日）と定めて師匠の方から本人の自宅へ出張する。これを出稽古と唱えて、師匠にとってはよい弟子であるが、それは長唄といったふうな品のよい、相手のよいものに多く、清元や常磐津などには少ないらしい。

また、山の手に住む高等官や軍人が自宅で饗宴を開く場合などに、女中や小間使の給仕では少しく不便、さりとて芸者を招くも如何という節には、芸妓代わりに近所の師匠を招くが近来の習慣で、そういう師匠は本芸のほかに端唄や都々逸くらいはたいてい心得ている。

また、その中で運の好いのか悪いのか知らぬが、若い小綺麗な師匠には、それ相応の旦那というものが付いて、その米櫃を受持つのもあるから、内々はそんなことを目的に遊芸師匠の鑑札を受けているのもある。

という以上は、いずれも家元から公然と名を取った師匠のことで、いわゆるモグリという無鑑札の素人師匠も随分ある。これは年老いて芸が身を助けるほどの不仕合わせの人か、さなくば旦那持ちの外妾などが、暇潰しの道楽半分に弟子を取るという類いであるから、別に語るほどの事もない。

江戸生粋は清元　東京で昨今最も流行するのは義太夫で、相応に身分のある人も、髭面を皺めて「そりゃ聞こえませせぬ伝兵衛さん」などと唸っていること、かの謡曲と同様である。

次は長唄で、これは比較的に品が好いので堅気な家庭の娘が習うのと、長唄が地であれば他の浄瑠璃を習うのに都合がよいために、芸妓屋の下地ッ子、その他の芸人が習うのとで、昔から一般的に行なわれる。

しかし、江戸生粋というのは清元、これに次ぐのが常磐津で、いやしくも粋とか通とかいう手合はまずこれに取りかかることに決まっているようである。さらに河東節、一中節などとくると、これは通人のうちでもある一派が特別に賞翫することで、とても世間一般には通用せぬ。

能楽

「抑々これは桓武天皇九代の後胤、平の知盛幽霊なり」などと、薄気味の悪い濁声をあげて、近所隣家を怯えさせる素人謡の連中が近頃おびただしく増えてきて、日暮れて山の手の屋敷町を通行すると、此処の格子や彼処の窓を洩れてしばしばこの怪しげな声を聞く。

再興した能楽

したがって維新以来ほとんど中絶ともいうべき有様であった能楽が、かの日清戦争頃（明治二十七～二十八〈一八九四～九五〉年）からにわかに再興して、昨今はなかなかの流行。勿論、芝居その他の演芸物のように外見は派手やかにいかぬが、内部の景気はすこぶる熾んなもので、いずこの能会も大入り大繁昌である。

東京現在の能舞台は、宝生会・観世会・梅若及び能楽堂の四ヶ所で、宝生会は宝生九郎、観世会は観世清廉、梅若は梅若実・同万三郎・同六郎があずかっているが、能楽堂は五流なんでもござれという風で、主に金剛・金春・喜多の三流が毎月催しているようである。

宝生会は神田猿楽町二丁目（いまの千代田区猿楽町二丁目一、二番のあたり）、観世会は牛込新小川町二丁目（いまの新宿区新小川町六番）、梅若会は浅草厩橋（いまの台東区蔵前二丁目一〇番）、能楽堂は芝公園（いまの港区芝公園四丁目二番、東京タワーの南あたり）にあって、梅若と能楽堂とは純然たる営業的、宝生と観世は会員組織であるが、これとて当日押し掛けて行けば何人にも見物を許すことは勿論である。いずかたも平日は決して開会せず、必ず毎月の日曜、または大祭日に限っているのは、要するに観客の都合で、平日には閑暇のない人が多いせいでもあろう。

大衆に拡がった能楽趣味

旧幕府の頃には武士はいざ知らず、平民の町人はかの御能拝見(1)のほかには能などを観ることもできず、また強いて見ようとも思わず、芝居と違って一種高尚なものとなっていた。

しかし、当時は入場料さえ払えば誰でもお客様、威張って見物ができるのであるから、中には案外の客種もまじっている。といって、芝居の土間や大向うで成田屋ァ、音羽屋ァを極める連中は少なく、十に八、九は華族・紳士・官吏・銀行・会社員という中以上の人物で、商人は甚だ少ない。たとい商人があるにもせよ、おおかたは士族上がりの商人で、自分でも「高砂や」ぐらいは唸る連中に相違なく、東京生え抜きの商人で能楽が好き、謡曲が好きという者は千人に一人、ほとんど稀である。

もっとも生意地という空気で充満している当世であるから、絹のハンカチーフを頸に巻いて、白縮緬の兵児帯を腰に巻くという一種異体の商家のハイカラ息子などは、「もう浄瑠璃や踊りの時代は過ぎやした。能や謡は高尚で面白いです。第一に謡をやると衛生のために宜しいです」などと、何も解らぬ癖に巻莨をふかしながら通をいう手合がおいおいに出現、近来はいずこの能会にもチラホラとこの連中の姿を見受けるようになったとは、流行ほど怖しいものはない。

能の見物料　能の見物料はどこでもたいてい一人五十銭と決まっていて、能見物にでも行く者に手弁当という人は皆無である。普通が弁当代二十五銭、いわんや能楽堂のごときは菓子でも鮨でも鰻飯でもお好み次第というのであるから、一日神妙に見物しても一人前七十五銭、少し贅をいえば一円ぐらいはすぐにかかる。

それでもどこも開会ごとに大入りで、その最も繁昌する能楽堂の如きは一日に八百人ないし千人の客を入れるから、その収入も少なからず、昨今は能楽関係者万歳というべき時節であろう。もっとも毎日曜日に開会ということはなく、たいてい一ヶ月に二回、多くとも三回に止まり、当日は午前八時から開会、午後四時頃打止めというのが通例で、夜中の開会は絶無である。

一日の番数は能が五、六番、狂言四、五番というのが普通で、間には仕舞を挟むこともある。その番組も四季同じことを繰り返しているが、その中でも望月・石橋・道成寺・鉢の木・松風などが当時の呼び物と聞こえて、能狂の連中は何を措いても当日は早朝から犇々（ひしひし）と詰掛けるのである。

見物人の種類

見物人の種類は、諸華族・紳士・軍人・官吏・銀行員等が十に八、九を占め、商人、書生は比較的に少ないが、ここに特筆すべきは近来婦人や小児の見物が多いことで、時によっては老幼男女等分という有様である。

元来、能を見物するというのは、髭面（ひげづら）の武骨男子か、白髪の老翁に限るように思われるが、さて実際について観察すると、実に思いきやというの外なく、美（うる）わしい高島田に紋所の小袖というお嬢様、可愛らしい稚児髷（ちごまげ）に紫の被布[2]という姫様が、ここに一群、かしこに一群相集まって、げにも時ならぬ花紅葉、舞台における能衣装の綾羅錦繍（りょうらきんしゅう）と相映じて、げに一層の色彩を添えて見られるのは、これはこれはと驚かるるばかりである。

もっともこれらはいずれも華族や紳士の令嬢達で、終日膝も崩さず、神妙に見物している行儀のよさ、実に恐れ入ったものといわねばなるまい。総じて今も昔も能を見物するほどの者は、男女に限らずいずれも行儀よく膝に手を置いて、無駄口をきかず瞬（まばたき）もせず、ただ一心に舞台を見つめているのは、さすがに芝居などの上下雑駁と違って、いかにも尋常に奥ゆかしく見られるが、「繁昌につれて種々の客種が混じて来るから、だんだんにこの風が廃（すた）れて来ねばよいが――」とひそかにその前途を危ぶんでいる者もある。近来の見物人のうちに折々西洋人を見受けることもあり、また稀には物好きに謡を稽古する西洋人もあるという。

能役者の活計

能役者の給料及び生活に就いて記すべきこともあるが、それらはしばらく略して、彼ら社会の活計の七、八分は素人弟子の月謝と、華族そのほか大家のお座敷で支えている。華族、または上流社会では、婚礼その他の祝儀及び饗宴の節に能役者を招き、一番舞わせるということが昨今すこぶる流行で、一夜のお座敷に少なからぬ目録（進物として包んで贈る金銭）を頂戴するから、こんなお座敷が月に二、三度もあれば、役者はいうまでもなく、これに連なる囃方までが優に生活を繋いでいられる。

また、素人で能を稽古する者は極めて少なく、十人に九人までは素謡であるが、金のある人々の道楽として、往々みずから高価の衣装を調製し、能役者について本行（本式）を学ぶ者もある。なかんずく、かの三井一家、華族の前田家などは最も有名である。

なおまた、昨今は素人で狂言を稽古する者が随分ある。これは銀行・会社員、または商人のチョビ連（ちょび髭連中）に多く、ちょいと酒宴の席で座興に立ち上がり、棚の達磨を転がして、「だるまいぞだるまいぞ」と洒落るくらいが関の山であるが、それがだんだんに昂じて来て、「おれは大蔵流だ」とか「鷺流だ」とか、ないしは「和泉流だ」とか勝手な熱を吹いて、同気相求むる仲間を語らい、昔の月次（月ごと）茶番の格で所々に集会して、月次の素人狂言を催す。

これが昨今なかなか流行するから、そのお師匠番たる狂言師も相応に収入があるという。

何芸にも素人の道楽者が現われるから、玄人も商売以外の小遣取りができるというものである。

前にもいう如く、昨今は謡の流行すること不思議で、ここにもそこにも知盛の幽霊が現われるから怖しい。

近所への聞こえもよい謡曲趣味

一時は謡というもの大いに廃れて、落語家の悪口ではないが、「高砂や」は豆腐屋の仮声と一概に冷評するほどであった。しかし、さて流行となるとその勢力侮るべからざるもので、旧幕以来の老人は姑らくおいて、昨今新米の謡曲練習者は府下にほとんど二万人はあろうという。もっともこれは極めて大摑の計算であるから、実地について細密に調べたならば、確かに二万以上に達するであろう。

なぜかくの如くに流行するかというと、一つは自然の流行で、別にこうという直接の原因もないようであるが、すべて人にはそれぞれ道楽心があって、「暇には何か道楽をやってみたい」という。そこで、あまり金がかからずして品のよいものを求めると、まず俳句か詩か、碁か謡かということになって、第一衛生のためにもよい、というので、往々この謡曲の稽古に取りかかるのであろう。たとい胴間声にもせよ、豆腐屋の仮声にもせよ、謡となれば妻子の手前に遠慮もなく、近所へ聞こえても恥ずかしくないから、新内や端唄の稽古と違って、まずまず無事な方であろうか。

この素人謡の連中は、直接に観世や梅若へ入門するものは少なく、別に謡の指南だけで生活を立てている師匠の許へ通うか、但しは出稽古を頼むというのが一般の慣習で、謡曲の師匠なるものは別に門戸を張って、これも相応に繁昌する。但し、「本式に謡を稽古しようという者は、やはり能役者について学ばねば本当でない」とかいって、高い月謝を持って宝生や梅若の門に入るもあるから、どこもかしこもなかなかの繁昌。しかし、この繁昌が長く続けばよいが——といったら、「船中にて左様なことは申さぬものにて候——」と、叱られるであろう。

劇場

大劇場と小劇場

堺町（いまの中央区日本橋人形町三丁目三、四、六、七番あたり）・葺屋町（同三番地北部、二、五番あたり）の昔は知らぬが、明治の今日においては諸興行物のうちで第一の繁昌を極めているのは劇場であろう。上は桟敷八円余の歌舞伎座から、下は木戸六銭の小劇場に至るまで、時によって入り不入りはあるが、とにかくに一年中興行して相応に景気づいているのは豪いものである。しかし、昔の江戸ッ子曰く、「どんな時でも閑でございますというのは廓者の癖で、どんな時でも大入りでございますというのは芝居者の癖だ」と。してみると、劇場の大入りもあまり当てにはならず、その内証には随分苦しい切ない大世話場もあろう。そんな詮索はしばらくおいて、いま単に東京の劇場というものに就いて、その景況の一斑を記すことにする。

昔は俗に呼んで芝居小屋、今では高尚ぶって劇場という。そんなことはどちらでもよし、普通一般には単に芝居という。その小屋も、以前は大歌舞伎を檜舞台と尊み、小芝居を緞帳芝居(2)と卑しめ、ほとんど金襖の御殿と破れ障子の裏長屋ぐらいの差別待遇をしていた。しかし、近来は大小劇場合同ということになって、名義こそ大劇場・小劇場と区別はしているものの、事実においてはなんの相違もない。小劇場といえども花道を作り、廻り舞台を設け、さすがに團十郎・菊五郎・左團次こそ出勤せぬが、その外の名題俳優はほとんど総出という有様である。

したがって、大劇場は比較的に小屋が大きく、小劇場は舞台が狭いというに過ぎないといったらば、大劇場の連中は、「いや、それだから素人には困る。大と小では第一に衣装も違えば道具も違い、その他万事万端の仕込みが違いやす」と、反身になって啖呵を切るであろうが、それは楽屋の内幕の事。ただ外見からいえば、はたして大小の区別はいずこにありや、と申したいぐらいである。

いわゆる大劇場は木挽町（いまの中央区銀座四丁目一二番）の歌舞伎座、久松町（いまの中央区日本橋浜町二丁目一〇番）の明治座を第一とし、神田（いまの千代田区三崎町三丁目一番）の東京座、下谷（いまの台東区台東一丁目五番）の市村座、京橋（いまの中央区新富二丁目六番）の新富座、本郷（いまの文京区本郷三丁目一四番）の春木座、これに次ぐ。神田（いまの千代田区神田三崎町二丁目一〇番）の改良座も自ら大劇場と称しているが、これは新俳優の常小屋で一種の別物となっている。

その他にも前記の次第で、大小の区別が曖昧になってきたものもあるが、一般に小劇場と認められているものは、演伎座（いまの港区赤坂二丁目三番）、末広座（いまの新宿区荒木町八番あたり）、三崎座（いまの千代田区三崎町二丁目一一番）、浅草座（いまの台東区寿三丁目五番）、常盤座（いまの同区浅草一丁目二六番）、宮戸座（いまの同区浅草三丁目二二番）、栄座（不明）、柳盛座（いまの台東区浅草橋五丁目二一番）、開盛座（いまの同区元浅草一丁目八番）、真砂座（いまの中央区日本橋中洲四、五番西端）、深川座（いまの江東区門前仲町一丁目一三番）、寿座（いまの墨田区緑二丁目一三番）等の十二ヶ所で、この中で三崎座は女俳優の常小屋、常盤座は新俳優の常舞台となっている。

場代

その場代は、もちろんその興行によって違うから、一定の標準は立たぬが、まず普通は歌舞伎座の團菊顔合わせという興行で、桟敷一間（四人詰）が七、八円、土間（四人詰）が四、五円、大入り場が一名三、四十銭で、一幕覗きは幕によって五銭、十銭、或いは十五銭という相場である。

小劇場に至っては乱高下で甚だ一致せぬが、まず高価の芝居が桟敷一間（四人詰）二円より三円、木戸銭一名十銭、安価の芝居が桟敷一間七、八十銭から一円、木戸銭一名五、六銭というところで、物価騰貴と営業税増加の影響是非なしとはいいながら、大小劇場ともに年に月に場代を引き上げる傾向がある。

但し、場代を高くすると、営業税もまた従って騰るというところから、いずこの劇場でも場代はそのままに据え置いて、別に一間、もしくは一名につき手数料、または通し札、或いは小物などと唱えて、二十五銭ないし四十五銭、甚だしきは一円、二円を貪るのもある。

客種

芝居見物の客種は、大小劇場によって幾分か上等、下等の別があるばかりで、ほとんど千差万別、東京府下にありとあらゆる人種が寄り集まるのであるから、何処がどうといって一定の類別はない。

殊に近来は小劇場にも大歌舞伎の立派な名題俳優が出勤するから、小劇場といえども侮るべからず、見物にも立派な紳士や奥様も来る、芸妓も来る、ハイカラ息子も来る。落語家の前座の文句ではないが、殿方の道楽はお女郎買い、お女中の道楽はお芝居と、昔から相場が決まっていたようであるが、お女郎買いは知らず、お芝居の方も近来は殿方に株を取られて、いずこの劇場、殊に大劇場では男の見物が七分を占めている。

近年一般の流行で、いやしくも紳士といわるるもの、或いは銀行・会社員及び商人など、すべて交際を主とする或る会社の人々は、「今度の歌舞伎がよい」とか、「このあいだの明治を観た」とか言わぬと、どうも幅がきかぬような風になって来たので、最初は必要のために余儀なく見る。そのうちには自分も釣り込まれて真の芝居好きとなるというわけで、誰も彼も替わり目ごとに万障差し繰って見物に行く。

ましてやお馴染の芸妓や待合の女将に「今度の歌舞伎を是非ねえ貴方」と否応なしに責

め立てられるから、鼻の下の短からぬ先生は「むむ好しよし」と頷いて、たとい高利の金を借りても必ず当日の約束を果たす。かつは芸妓同伴で平土間（ひらどま）の割り込みという訳にもいかぬので、否でも桟敷か高土間を一間、二間買切って、大きな面（つら）で紳士然と構えて見物する。

こういう連中がだんだんに増えてくるから、芝居見物というものが贅沢（ぜいたく）になって、桟敷一間買切って見物する以上は、茶屋の祝儀を合算すると、どう倹約しても二十円以上、ちょっと好い子になろうと思ったが最後、三十や四十の金は煙の如しである。もっともこれは大劇場のことで、小劇場の最も安価なるものは、土間へ這入って菓子に弁当に鮨（すし）を食って、御一名様五、六十銭というのもある。

芝居熱の強い女性

それでは芝居見物は男性の道楽となって、女性は芝居と縁が切れたかというと、なかなかそんな次第ではなく、比較的に女の方が芝居熱が強いようである。

いずこも変わらぬ人情であるが、東京の女は芝居を見るというよりも、むしろ俳優を見に行くというほうであるから、いずれも俳優崇拝家で、舞台で見るばかりでは堪能せず、一度はその素顔を拝みたいというのが多く、いずこの劇場の楽屋口にも娘子供の群れが必ず屯集（とんしゅう）して、親の仇でも狙うかのように俳優の出入りを窺っている。その他、芝居茶屋（3）で稽古があればその店先に集まり、俳優の送葬があればその道筋に山を築くという有様。これに連れて種々の弊害が起こるのは当然で、大家の後家さまが伜のような生若い俳優に血道をあげ、身分ある人のお嬢様が名も知れぬ下級俳優と道行を極めて、新聞紙上に恥や浮名を晒すこと、さらに珍しくない。

しかし、昔より今日に至るまで浮気稼業の者はともあれ、堅気の良家では女房や娘が俳優を贔屓にするとか、俳優の品評をするとかいうことは、内証は知らず、表面はなるべくこれを慎むという風習が存していて、「この点についてはさすがに大阪に優っている」と、ある人はいったが、はたしてどうであろうか、保証はできぬ。芸妓、さては女芸人、その他の浮気稼業の女と俳優との関係は、いわゆる猫に鰹節で、いずこも変わらぬ事、今更らしくいうだけ野暮であろう。

増えた見連

近年は見連というものが夥しく増えた。これはいうまでもなく一種の見物団体で、一名、もしくは二、三名の幹事を択み、興行ごとにその幹事が見物の費用及び期日等を定め、それを連中の人々に通知する。もっとも連中以外の者でも、当日その会費さえ持参すれば入場を許す組織になっているのが多い。とにかくに二円なり三円なりの会費を投げ込めば、一日自由に見物ができるので、比較的に安値でもあり、また軽便でもあるところから、この見連に加入する者がだんだんに増えてきて、二十年以前には僅かに六二連、(4)水魚連、その他二、三に過ぎなかったのが、一年ごとにその数を増してきて、近来は何々連と称するもの無慮数十種に上るであろう。

この連中の大なるものは百余人の連員を有し、小なるも二、三十人を有しているから、この見連なるものは芝居にとっては唯一のお客様で、見物の半分、少なくともその二分三分はこの見連で持ち切っている。しかし、元来が安値と軽便から割出したものであるから、飲食物にも贅沢をいわず、茶代祝儀もたくさんはくれず、茶屋や出方などにとってはあまりありがたいお客ではないそうである。

また、この見連とは別物であるが、東京の芝居には魚河岸[5]・青物市[6]・吉原[7]・兜町（株式）・蠣殻町（米穀）という有力の大連が控えている。これらの連中はいずれも派手を競い、顔を売る稼業であるから、芝居や相撲には大いに肩を入れて、引幕を贈る、積み物をする、総見物（総見）を催すなど、何かにつけて景気を添えてくれるから、たいていの劇場ではこの連中の機嫌を損じぬようにと気を配り、殊に初登り（京・大阪等からの初めての上京）の俳優・諸芸人は必ずその土地へ挨拶に廻ることになっている。

見巧者の少ない見物客

東京の見物は比較的に静粛で、幕間はともあれ、幕の明いている間は物も食わず、煙草も喫わず、ただ一心に舞台を見つめているのが多い。殊に少しく身柄のよい人は場内では一切飲食せず、食事の時間になれば芝居茶屋へ帰って飲食することになっている。

ただ騒がしいのは、俗に大向うと称する一幕覗きの立見連中で、お定まりの「成田屋ァ」「音羽屋ァ」くらいならばまだよいが、その間には手を拍つ、怒鳴る、悪口をいう、冷評するというので、これがためには見物も俳優も随分迷惑することがある。殊に小劇場では、この連中が跋扈するようである。しかし、土間や桟敷の観客が狂言中に俳優を褒め、または冷評するようなことは滅多になく、いずれも神妙に見物している。

近来は男女ともに大めかしで芝居見物に出かけることが流行で、殊に婦人などは一世一度の晴れの場所と心得ているらしく、さながら婚礼の見合にでも行くように、紋付の三枚襲などの素晴らしい扮装で押出すのが往々ある。これも流行とあれば論はないが、芝居の方では「こんな客に限って芝居の解らぬ田舎者だ、百姓だ」といって軽蔑しているからおかしい。

もっとも芝居見物にかこつけて、実際は見合をするという例も東京にはしばしばあるから、局外者の眼で一概に悪くはいえぬが、総じて男女ともに黒魚子(8)や黒縮緬の羽織をひらつかせ、金時計や金の指環を閃かしている客に、いわゆる見巧者なる者は決してない。したがって、「狂言の善悪や俳優の巧拙が解るものではない」と、劇場関係者は罵倒しているが、今日ではそういう観客が七、八分を占めているのであるから、致し方もなく、演劇革新の前途は遠い。

演劇革新は名ばかり

演劇革新、または改良の声も久しいものであるが、今にはかばかしい改良も進歩も見えず、警視庁でも興行時間を九時間と定め、また一方には淫猥殺伐の狂言を差止めるという方針を採っているが、高尚優美の狂言ばかりが必ずしもよい狂言とはいえない。さりとて知識階級に喜ばれるような狂言では、一般の観客が来ない。したがって、昔ながらのお家騒動や白浪物でお茶を濁している始末で、たまには新狂言も上場されるが、あまり思わしい作物が見出されないようである。

十年ほど以前（明治二十四年）から書生芝居というものが流行り出して、歌舞伎座、明治座すらも彼らに蹂躙され、昨今はやや下火になったようではあるが、今もなお新俳優と称して旧俳優と相対峙しているのは、実に偉いといわねばならぬ。しかし、彼らもとかくに詐欺・殺人・放火などというような、同じ狂言のみ繰り返しているのは嘆かわしい。

また、少年芝居というものが三、四年前から流行り出して、一時はなかなかの繁昌であったが、少年もだんだんに大人びてくるといっこうに面白くないというので、昨今はこれもやや寝入り気味である。勿論、これは無邪気だとか、愛嬌があるとかいうだけのことで、劇としては真面目に見物する者は少なかろう。

客が拡めた悪習慣

その他、俳優の生活や芝居茶屋の内幕に就いても記すべき事はたくさんあるが、あまり長くなるし、また一々にあばき立てぬ方がかえって花かも知れない。

ただここに記すべきは、近来この芝居茶屋へ遣る茶代、案内の若い者に呉れる祝儀などの相場が次第に騰貴して、以前は一人の客が五十銭か一円ぐらいであったが、昨今そんな事では相手の方で碌な顔をしない。まず普通は二円、さらに三円、五円、少し綺羅を張って高土間か桟敷の一間も買切ると、十円、二十円の茶代はなんでもないのである。

要するに、これは客の方から斯かる悪い習慣を作ったので、ただ何がなしに、俺は偉かろう、紳士だろう、金満家だろう、といったような、愚にもつかぬ見得を張って、大きな面をしたがるから、自然に法外の茶代も奮発し、余計な散財をするようになったので、彼らの自業自得ともいうべきである。しかし、それが次第に習慣となって、他の真面目な観客にまで影響するのは、実に迷惑千万といわなければならぬ。

何はともあれ、今日の東京人のように、劇場は俳優を見物に行く場所、劇場は贅沢を競いに行く場所と心得ているようでは、演劇の革新も改良もとうてい思いも寄らぬことで、今の分ではしょせん療治はとどかぬと名医も匙を投げる始末である。これは東京ばかりでなく、いずこの浦もそうであろうから愚痴も悪口ももういい加減にして、ここらで目出たく打出しといたそうか。

寄席

百軒以上もあった寄席

東京の人は一口に「芝居に寄席」といって、これを普通の保養場所と心得ている。寄席は各区内に少なくも三、四軒あって、その主なるものは五、六十軒。これに浪花節の寄席や場末の寄席を合算すれば、まず百軒以上であろう。その中でも本郷（いまの文京区本郷二丁目一二番あたり）の若竹（若竹亭）、日本橋（いまの中央区日本橋茅場町一丁目七番あたり）の宮松（宮松亭）を以て第一と定めている。但し、府下で最も古い席は麹町区山元町（いまの千代田区麹町一丁目七番東端）の万長亭であるという。

とにかくに右百軒余の席亭が年中休みなしに興行し、中には昼夜二回興行するものもあって、時に入りと不入りはあるが、まず大なるものは一夜に四、五百人、小なるものも百や二百の客を引いて、絶えず興行しているのを見れば、東京にも有閑人が多いように思われる。

その木戸銭も以前は三銭五厘、廉いのは二銭五厘などというのもあったが、この八、九年来は次第に騰貴して、四銭が五銭、五銭が六銭、騰っては八銭、十銭などというのもできて、これに煎餅のような座蒲団、蛍のような煙草の火、中入（途中の休憩）に買う番茶の代を合わせると、まず一人前十五銭ぐらいはどうしても逃れられない。であるから、一家四、五人も連れ立って行って、帰り途に蕎麦の一杯も食えば、総計一円や一円五十銭はかかる。それでは客の方でも毎晩は続かぬはずであるが、寄席道楽の連中は根気よく毎晩続けて行く。これらは定連と唱えて、木戸銭のほかに、盆暮には下足番や茶番に幾らかの祝儀を遣る。

女義太夫の流行

以前は寄席といえば「色物」[1]、即ち落語・人情噺・手品・仮声・物真似・写し絵・音曲等すべて合併で、これらの芸人が代わるがわる高座に現われる事になっており、そのなかで講談だけが別派となり、講談席と色物席の二種に分かれていた。

しかし、十四、五年前（明治二十年頃）から義太夫、なかんずく女義太夫なるものが大いに流行して、芸の善悪などは問う所にあらず、ただ何がなしに若い女が白粉ベタベタの厚化粧極彩色で、緑なす大島田に紅い花簪、萌黄の肩衣に黒の紋付で見台の前にかしこまり、「今頃は半七さん」とドス声を振り立てて、折々に客の方へ秋波を送れば、いたるところで大喝采の大人気、毎夜客止めという凄じい景気であるから、従来の落語家、その他の男芸人は顔色なしである。

席亭の方でも営業上どうしても女義太夫を掛けねば損であるというので、どこでも一人の太夫を引張り凧の姿。それでも東京在来の太夫だけでは需要を充たすべくもないので、わざわざ大阪や名古屋までも手を廻して、なるべく年の若そうな、容貌のよさそうなのを買い込んで来る。また、その景気を聞き伝えて、京阪はいうまでもなく、阿波や土佐からも続々上って来る。上手でも下手でもなんでもかまわない。初登りとか初御目見得とか看板をあげて、その御面相が小綺麗でさえあればよい。見物〔聴衆とはいえまい〕の方では無我夢中で押掛けて来るから、相変わらず毎晩の客止めである。

したがって席亭の方でも在来の色物などは見も返らぬようになって、ここに義太夫席という義太夫専門の席亭ができたが、それも次第に増加して、当時はほとんど府下席亭の三分の一以上を占めている。その中に睦派と新睦派という両派があって、つまらぬことから互いに反目しているようである。

浪花節の発展

講談専門というべき席亭はまず四十軒ばかりで、その他はすべて色物であるが、席亭によっては昼は講談をかけ、夜は落語、または義太夫をかけ、いわばなんでもござれという主義で営業しているのも随分あるから、落語席は何軒、講談席は何軒と一定していない。

落語・講談・義太夫の外に、浪花節というものが近来すこぶる流行で、これも侮るべからざる勢力を有している。その聴衆は下等社会に多く、以前は場末の席に逼塞していたが、近来はおおいに羽を伸ばして中央区（ここでは中心部の区部の意）にも侵入し、相当の席亭でも「御座敷浄瑠璃、浪花節」のビラを掛けるようになったものの、市内屈指の席亭では今でもこれを排斥しているらしい。

源氏節芝居(2)というものも、一、二年チラホラ色めいてきて、これもおおいに下町へ蔓延しそうな景色に見えるのは、なんでも変わり物や珍しい物を好む人気に投じたのであろう。その他にも大阪仁和賀(3)、改良剣舞(4)などというものまでが、次第次第に手を拡げてきたから、従来の芸人はいよいよ世を狭められて、東京の根城没落という悲惨の境界に陥り、余儀なく一座を組んで旅廻りと出かけるのも多い。

しかし、その乱軍のうちに立って、たとい四、五年前ほどではないにせよ、依然その位置と勢力とを維持しているのは、かの女義太夫で、現時の寄席はほとんど女義太夫と講談とに支配されているといってもよかろう。

中売りと下足番

各席亭には中売り、または下足番がある。中売りは客に対して座蒲団・火鉢・茶などを周旋する者で、血気の若い者もあれば女もあり、小児もあれば老人もあり、席によって一定せぬが、とにかくに大なる席では七、八人、小なる席でも二、三人を雇って置く。

彼らは中入の時、菓子箱や茶瓶を携えて、「お茶はよしか、お菓子はよしか」と売りに来る。まだその他にも時節によって鮨・果物・氷・ラムネ等を売るが、何がさて、大入りという席では、演場立錐の地もなきまでに詰込まれて、客と客との膝が突き合うほどに押合う中を、この中売り連中が大きな箱などを担ぎ廻って歩くのであるから、足で煙草盆を蹴る、膝で人の肩を突く、甚だしきは汚い足で鮨・菓子を踏みにじるなど、実に無法千万、随分驚き入った次第である。しかし、客の方でも馴れて怪しまず、いつもこんなものだと諦めているのである。

下足番は読んで字の如く、客の下足を扱う者で、これは無論壮年の男に限っているが、夜席であれば客の寄り合う潮時はまず午後六時過ぎから七時前後で、このとき入口に立って「入らっしゃい、入らっしゃい」と景気よく客を呼ぶ。それに大層上手下手があるそうで、運動かたがた何心なく木戸の前を通った者も、この「入らっしゃい」に釣り込まれて、思わずフラフラと這入る気になるのもある。

また、席が終わった時の下足場の混雑、殊に大入りの場合には数百人の客がわれ先にと押合い揉み合い、手に下足札を差出すのを、下足番が一々受取って下足を揃える。それにも大いに上手下手があって、下手な下足番に出合ったならば幾多の客は入口に立往生。「早く早く」と喚いても叱っても追いつかず、あとの方の客はそんな事とは気がつかぬから、これも「早く早く」と押して来るので、前の方の客は雪崩をついて跣足のままで土間へ飛び降りる。女は怒る、子供は泣くという小さな修羅場を演ずることがしばしばある。

但し巧者な下足番は馴れたもので、四方八方から「早く早く」と下足札を突き付けられても慌てず騒がず、瞬くひまに五足十足の下足を揃えて、先客からズンズン逐い出してしまう。これがなかなかむずかしい仕事であるという。

客種　寄席の客種は、場所によって幾分の相違があることはいうまでもないが、まず山の手は官吏・書生が多く、下町は商人・職人が七、八分を占めている。したがって、山の手は客の頭数が比較的に少なく、かつ静粛で、下町の客は多く、かつ騒々しいのは是非もない。

また、その席によって客種が違う。即ち女義太夫の席には書生が九分を占め、講談の席には職人が多い。なかんずく、この女義太夫における書生諸君の人気は非常なもので、一名ドウスル連といえば、「ムムあの義太夫狂か」とすぐに首肯さるるくらいである。ドウスル連の名は、浄瑠璃の妙所に至った時、「ドウスルドウスル」と奇声を発して拍手喝采するに起因することは、改めて註するにも及ぶまい。

この連中の腐敗堕落、不体裁不仕埒があまりに増長してきたので、警視庁でも大いにその取締りを厳にし、各席亭に向かっても厳重なる諭達があったので、席亭でも恐れ畏み、以来は「出方芸人の外、一切楽屋に入るを禁ず」と、公然その貼紙を出した席もあった。そこで当座こそ火の手も少しく鎮まったけれど、やはり月日の経つに従って楽屋の取締りも次第に弛んで来て、客と楽屋との鮨、または菓子の贈答、或いは客が便所へ行く振りをして、そっと楽屋へ這入り込むなどは今も絶えぬという。

しかし、それは席亭内の事。さらにその以外における彼らの行動は実にいうに忍びない。楽屋口に大勢たたずんで贔屓（ひいき）の太夫の帰るを待ち受け、遠方御苦労にもその自宅まで送り届けるなど、そんなことの秘密を逐一ならべ立てたらほとんど際限なく、総てが狂気の沙汰といえば足りる。

但し、それも世間の攻撃がだんだんに烈しくなって来たので、さすがのドウスル連も昨今いささか恐縮の体、二、三年前に比すればやや謹慎のように見受けられるのは、まずまず殊勝の事というべく、第一こんな狂人がどこの席にも数十ないし数百人も跋扈（ばっこ）して、「ドウスルドウスル」などと一種奇怪な叫びを連発して、無関係なる他の聴衆に妨害を与えることが近年少しく歇（や）んだのは、席亭にとっても聴衆にとっても大いに喜ぶべきことであろう。

講談席浪花節

講談の席はたいてい昼夜二回興行で、その客は職人や魚屋などの兄（あに）い連が九分であるから、雨天の日などには昼の方がむしろ繁昌する。すべて講談に限らず、昼席へ這入るというのはよほどの閑人（ひまじん）か、さもなくば正業のない人、または雨天その他のために仕事場へ出られぬ職人の類いで、女子供は皆無であるから、その無作法なること実に驚くばかりで、暑中などは羅漢のように肌を脱ぐ、河岸の鮪（まぐろ）のようにゴロゴロ寝転ぶ。また席亭の方でもかねて覚悟している事とて、客が寝転べばすぐに木枕を持って来るという風であるから、実際に講談を聴きに来るのか、但しは広い場所を選んで昼寝に来るのか、さらにその了簡が解らぬ。もっともその六、七分は、「ただ自宅に燻っていても詰まらねえから、昼席へでも行ってみようか」という連中で、つまり日暮らしにここへ来るのであるから、自然の結果、こうなるのも已むを得ないかも知れぬ。

講談席の聴衆も、勿論そんな不熱心家ばかりではない。真の熱心家となると、またその熱心驚くべきもので、日々欠かさずに詰め掛けて一心に耳を傾け、講釈師が見て来たような嘘をつく修羅場の大合戦、ノンノンズイズイと繰り出す一段になると、われも手に汗を握って聴問しているのも不思議議である。

浪花節の定連はさらに下等で、これは例の熊公八公以上には歓迎されず、職人・車夫・馬丁のような客種に限られていたが、だんだんその勢いの振るうに連れて、此頃では相応な商人も往き、髭の生えた旦那も往き、黒縮緬のお羽織を召した御新造も往き、高島田のお嬢様も往くという有様。ただ何がなしに大入りとは、東京人の趣味の雑駁を明らかに語っているではないか。

色物席

色物の席はさすがに八方睨みで、中流社会の上等客も往き、裏店の貧乏人も往き、女も往き、子供も往き、まず一番平穏無事で、比較的に品の好い方であるが、なにぶんにも第一は義太夫、第二は浪花節、源氏節などのために圧倒されて、とかくに萎靡振るわざる有様。殊に他の芸人のために席を奪われて、当時は色物の定席がだんだんに減じて来たので、落語家連中は青息吐息、余儀なく一ヶ所の席に十人も十五人も鼻を揃えて、「どうも酷いこってげす」と悄気ているのもいささか気の毒なことである。

それでも江戸ッ子を以て誇る魚河岸、青物市場、その他の東京生え抜きの商人らが最も肩を入れるのは、この色物席の芸人、殊に落語家に限っていて、よんどころない義理でもあれば格別、さもなくば女義太夫や浪花節はまず振り向いても見ぬという風であるから、落語家連もこの御贔屓を後楯に五分の強味を持っている。

定連　また、落語といわず、講談といわず、かの浪花節に至るまで、総て何処の席にも定連というものがある。

定連のことは前にもいったが、これは落語、講談そのものに付属しているというよりも、むしろその席亭に付属している一種の客で、たいていはその町内、または近傍の商人、或いは職人の類いに限っている。

彼らは毎晩必ずその席へ聴きに往くので、その都度に木戸銭、または茶代等を支払わず、一ヶ月幾らと約束して、その月初めに前納しておくのであるから、毎晩大手を振って木戸へ這入る。席亭の方でも定連席なるものを設けて優待する。

客のうちでもこの連中が一番幅ききで、盆暮には席亭、または茶番、下足番に祝儀として二円、三円、五円と奮発し、正月には天幕、またはビラを贈って景気を付けるなど、なかなかの散財仕事である。しかし、それが定連の最も得意として誇るところで、湯帰りの手拭を下げてブラリと木戸へ這入ると、席亭の主人を初め下足番までが、「へい、今晩は」と鄭重に頭を下げて歓迎するのである。

勢力を持つ五厘

寄席芸人も、男女の義太夫・落語・講談・手品・清元・常磐津・幻燈・独楽(こま)廻し・糝粉(しんこ)細工(5)・剣舞・浪花節・源氏節など種々様々で、一々その生活や楽屋の内幕を記したらば、実に数十枚を費してもまだ足らぬくらいであるから、ここには一切省くことにするが、その芸人のうちで、眼色と毛色の変わっているのを売り物にしているのは、英国人ジョンベールと石井ブラックの二人であろう。

色物席は十五日、講談席は十五日、或いは二十日を以て出演者の顔触を替えるのを例とするが、その芸人周旋業者を称して五厘といい、その社会に一種の勢力を有している。即ち五厘に憎まれた席亭へはよい芸人を周旋せず、芸人も五厘に憎まれると上等の席亭へ出勤することができない。したがってその間に種々の故障悶着(もんちゃく)を引き起こすこと珍しくないが、さりとてこの五厘を廃しては不便とみえて、依然として仲介業者の手を経て毎月の顔触れを決定しているのである。

祭礼

廃れ始めた江戸の祭

「今時の若いお方は御存知あるまいが、昔の山王祭は天下祭と唱えて実に豪勢なものさ。氏子の町内が百六十ヶ町、祭礼番組が四十五番。第一番が大伝馬町（いまの中央区日本橋本町三丁目二、四、一〇、一二番、同二丁目四、六番、同日本橋大伝馬町一～六番）の諫鼓鶏で、二番が南伝馬町（いまの中央区京橋一～三丁目間の国道一五号線両側の部分）の猿、それから順を追って四十五番まで、鉾もあり、花山車もあり、それが六月十五日未明に永田町の山王様（千代田区永田町二丁目一〇番、日枝神社）の前に集まって、警固手古舞華やかに、木遣音頭で半蔵門から御本丸御廓内へ練り込む。何がさて将軍家御上覧というのだから大したもので、十四日が宵宮、十五日が本祭、この二日の間は山の手も下町も、まるで気違のような騒動さ。それに比べると、今日のお祭の景気は昔の半分というも愚か、まるで陰祭ぐらいのものさ」と、壁に腰貼（壁等の腰に紙等を貼ること）のお祭番付を眺めて、文政・天保（一八一

八〜四四）年度の老人が江戸自慢の昔話。嘘か本当かよくは解らぬが、ただ煙に巻かれて聞いている傍から、

「わたしが新造の時分に、南伝馬町の大通り[1]へお祭を見物に出たらば、山車や曳物がちょうど常盤橋御門を出て京橋の方へ来るところで、あの近所は押返されぬ混雑。私たちは右へ押され左へ揉まれてウロウロしているうちに、誰が放ったか西瓜の皮が四方から飛んで来て私の顔へピシャリ、頭へポカリ、結い立ての髪も白粉も滅茶滅茶にされて、そのまま泣いて帰ったことがある」

と、これもお婆さんの昔話。とにかく、今に比ぶれば山車も曳物も多く、人出も多く、したがって悪戯者も多かったのは事実らしく、その繁昌混雑の光景が眼に泛かぶようである。

なにさま明治以来、江戸の勢いという祭礼も年々に廃れて、年々歳々花山車の花相似たれど、歳々年々人出同じからず。京の祇園会・大阪の天満祭・江戸の山王祭、これを日本の三大祭と誇り顔に吹聴した昔に比べると、実に鉾山車と花山車、本祭と陰祭ぐらいの相違があるかも知れぬ。

京阪の大祭は昔ながらに賑わうようであるが、東京の祭礼は一年ごとに質素になり、殊にこの七、八年はいよいよさびれて来たのは、「ヘン、お祭に騒ぐほどの馬鹿じゃあねえ」といったような一種のえらい人物が増えたに相違なく、まことに結構な次第で、義理にも

嘆息や愚痴をこぼすべきはずではない。しかし、「多寡が二年に一遍か、三年に一度のお祭だ。思い切って威勢よく遣っ付けるがいいじゃあねえか。何事も質素とか静粛とか号して、ブラブラの軒提灯ぐらいですますぐらいならば、いっそお祭なんぞは止めてしまえ」と、昔の江戸ッ子は癪を言う。

これにはどちらへも団扇を揚げ兼ねるが、とにかく、近来の東京の祭礼は、誉めて言えば質素静粛、悪く言えば陰気で寝入って、人間に娑婆ッ気が薄くなったようでもある。とはいうものの、さすがに東京、いざ本祭の当年と来れば、一肌脱いで運動する向う鉢巻の篤志家も少なからず。氏子の各町内から山車も出る、踊屋台も出る、曳物も出る、地走も出る、御神酒所もできる、飾り物もできる、縁日商人も出る、見物人も出るというわけで、土地相応に賑わしく、掏摸や喧嘩の警戒で警官もなかなか忙しいように見受けられる。

絶え間ない東京の祭礼

東京の祭礼も春夏秋冬絶え間なく、一々数え立てては際限もないが、まず麹町永田町の日枝神社、即ちかの山王様（祭日は六月十四、十五の両日）を第一とし、これに次ぐは神田明神（千代田区外神田二丁目一六番）（以前は九月なりしが、当時は五月十四、十五の両日行なう）、深川八幡（江東区富岡一丁目二〇番、富岡八幡宮）（八月十四、十五の両日）で、これを江戸以来の三大祭と称して、各氏子中が負けず劣らずに趣向を凝らす。

その次が京橋区中橋の天王(2)（六月七日）、赤坂の氷川神社（港区赤坂六丁目一九番）（六月三、四の両日）、芝神明の太神宮（港区芝大門一丁目一二番、芝大神宮）（九月十一日より二十一日まで）、品川の天王(3)（六月八日）、王子権現（北区王子本町一丁目一番）（八月十三日）、牛込築土八幡（新宿区筑土八幡町七番、筑土八幡神社）（九月十五日）、浅草三社権現（台東区浅草二丁目浅草寺境内、浅草神社）（以前は三月なりしが、当時は五月十七、十八の両日）、下谷根岸の三島神社（台東区根岸一丁目七番、元三島神社）（五月十五日）、芝烏森の烏森神社（港区新橋二丁目九番）（五月五日）、四谷須賀町の天王（新宿区須賀町五番、須賀神社）（六月十八日）、魚河岸の水神祭(4)（九月五、六、七の三日）、千住の天王（荒川区南千住六丁目七〇番、素盞雄神社）（八月三日）等で、その他は枚挙に遑あらず、と略してしまっては氏子連いささか不満かも知れぬが、まずこのくらいで御免を蒙って、さらに都下祭礼一般の風俗と、そのうちで儀式習慣の他に異なるものの二、三を紹介する。

幅をきかした若い衆

山王様といわず、八幡様といわず、いずれの神々の祭礼も本祭と陰祭を隔年に執行するのが古来の慣例で、本祭の当日に神輿の渡御は勿論である。これを従来は「神輿を揉む」と唱えて、各町内の若い衆なる者が揃いの浴衣の腰に渋団扇を挿み、捻鉢巻の肌脱ぎでワッショイワッショイの掛け声すさまじく、数十人が前後左右から神輿を揉み立て振り立てて、かの叡山の山法師が京洛中を暴れ廻った格で、大道狭しと渦巻いて歩く。

殊に平生その若い衆連から憎まれている家や、祭礼入費を清く出さぬ商店などは、「きょうぞ日頃の意趣ばらし」とあって、わざとその門口や店先へワッショイワッショイと神輿を振り込み、土足のままで店へ踏み込む。戸扉を毀す、看板を叩き落とす、あらん限りの乱暴狼藉をはたらいて、またもや次の家へ揉んでゆくという始末。

これにはほとんど手の付けようもなかったが、この十年以来は警察の干渉きびしく、神輿は一切この若い衆なる者の手に渡さず、白張りの仕丁が静粛に舁いで行くことになったので、ワッショイワッショイは近来ほとんど跡を絶ったようである。しかし、今も場末の祭礼などではこれがために喧嘩口論を惹き起こす例が往々あるという。

総じてこの祭礼に就いては、若い衆なる者が幅をきかすこと滅法界で、士族はともあれ、商人、または職人がその町内の若い衆に出ぬとあっては、家の面目、その身の外聞にも拘わる事となっているから、少なくも一家から一人はこの若衆の群れに加入して、祭礼万端の奔走役を勤める。

但し商人のうちでも堅気の商売の者は、このワイワイ連に加わるのを避けて町内の神酒所へ詰める。この神酒所なるものは一町内に必ず一ヶ所ずつ設けてあって、間口の広そうな商家の店を借受け、正面には日吉大権現とか八幡大菩薩とか認めたる一双の幅を掛け、その前に神酒を供え、榊を立て、町内氏子中より供えたる酒樽・餅・菓子・果物などを所狭きまでに飾り付けている。係の者は終日ここに詰めているという隠居役であるから、血気の若者はいかで堪うべき、そんな腰抜け役は老人、または資産家のお坊ちゃんというような無気力因循家におまかせ申して、自分たちは競って奔走の労をとる。

祭礼の準備

祭礼の一と月ほど以前から各町内それぞれに集会して、「今年は山車がよかろう」「イヤ踊屋台の方が儲かる」などと、幾分か慾心もまじった相談が開かれ、あれのこれのと埒のあかぬ評定に日を送っているうちに、当日はもう眼の前に迫って来る。はや一日の猶予もできぬと、にわかに足許から鳥が立つような騒ぎとなる。

それがために三日、四日ぐらいの徹夜は珍しからず、ようやくその出し物も決定して、一方にはその準備に取りかかると同時に、一方には揃いの浴衣を誂える、神酒所を設ける、軒提灯を吊る、花笠を作る。「何事も他の町内に引けを取ってはなるまい」という一種の競争熱から、例の若い衆なる者はほとんど血眼で東奔西走、汗みずくになって躍起運動を試みるのであるから、祭礼の前後十日ぐらいはわが商売も手に着こうはずはない。

出し物の第一は山車

祭礼の出し物は山車を第一とし、次に踊屋台、次に曳物。この曳物は山車のやや低いような物で、近年はあまりに立派な曳物を見かけぬが、(5)「昔、山王様のお祭に麴町から曳き出した象の曳物は途方もなく大きなもので、かの半蔵門へ曳き込もうとしたけれども、象の半身がつかえてどうしても這入らなんだ。それ以来あの御門を名付けて半ぞう門という」などと、例の老人の自慢話。勿論、嘘とは知れているが、まずそのくらいの大きい物であったという。

山車は前にもいう諫鼓鶏(かんこどり)や猿を初めとして、日本武尊(やまとたけるのみこと)、素盞嗚尊(すさのおのみこと)が剣(つるぎ)を引っさげて立ち給える、熊坂長範(くまさかちょうはん)が長刀(なぎなた)を掻い込んだる、八幡太郎が弓杖(ゆんづえ)つきたる、或いは坂田の金時が熊を踏まえて鉞(まさかり)を持ったる。これに続いては義経・弁慶・渡辺綱(わたなべのつな)・唐の大将を謝らせたる神功皇后・武内宿禰(たけのうちのすくね)に至るまで、種々様々の武者人形が雲を突かんばかりに高く聳(そび)え、紅白の鼻綱をつけたる牛に曳かれて、揺られながらに練って行く。

その牛車の上には、頬被(ほおかぶ)りしたる馬鹿囃(ばや)しの連中が乗り込んで、狐の面をかぶって踊るもあれば、摺(す)り鉦(がね)を叩くもあり、チャンチキチャンチキドンドンの囃子の音さわがしく、何番組と赤く染め抜いたる半纏(はんてん)を着た町内の消防組が花笠をかぶって真っ先に立ち、声をかぎりに木遣(きやり)音頭唄いつれて進めば、例の若い衆連は揃いの中形の浴衣(6)でその左右を取囲み、いわゆる鼓噪(こそう)して進むという勢いで堂々と繰り出すのである。

ところが、文明の利器たる電信・電話・電燈の線が、この鼓噪連には大いなる妨害を与えて、四辻その他の場所に至ると、山車の人形が電線に遮られて進退共に自由を失うから、余儀なく仰向(あおむ)けに人形を倒してその難関をくぐり抜け、再び元の如く押立てて練り出すというその不便一方(ひとかた)ならず。したがって近来は牡丹に唐獅子(からじし)、月に芒(すすき)というような花山車の低いものを択(えら)む傾向が見える。

踊屋台

次は踊屋台、これもなかなかに手数のかかったもので、神楽堂（かぐらどう）のような小さな屋台をしつらえて、これも車で曳き、或いは担ぐ。その屋台の上には踊子なるものが乗り込んで、町内を踊り廻る。

また、その屋台のあとには太夫及び三味線弾が黒紋付に袴、白足袋に麻裏草履という一様の扮装（いでたち）で、四、五人ずつ立ち並び、いずれも炎天の日光に照りつけられて、砂塵（ほこり）にむせながら声を嗄（か）らして唄って行く。これは多くは町内の女師匠で、若い衆に対する一種の義務と心得て、よんどころなくこの難役を買って出る。

もっとも終日休みなしに踊り、かつ唄うのではなく、踊るべき家の数はたいてい決まっていて、その間は踊らず唄わず、ただ囃して行くだけのことである。太夫のうしろにはまた別にお囃子という一団体が付属し、低い屋台に太鼓台をしつらえ、往来を歩きながらテンテンドンドンと叩いて行く。

踊屋台の組織はまずかくの如くであるが、さてその踊子はいずれも町内の資産

踊子

家の娘か、踊気違の子を択んで担ぎ出すので、普通は十一、二から十五、六ぐらいまでの小娘と決まっている。その出し物は長唄・清元・常磐津、いろいろであるが、決して独り舞台ということはなく、まず二人三人の相方物（あいかたもの）を択ぶ。もっともたいていは常磐津で、光圀（みつくに）、戻り駕（かご）、忠信、清元で土佐絵、長唄で釣狐（つりぎつね）などというのが紋切形のようである。

いよいよ踊子と決定すると、その本人よりも親達の方が半狂乱。二日も三日も前から寝食を忘れて下稽古、その他に世話を焼き、「衣装があれではいけぬ」「鬘もこれでは悪い」と、何から何まで気を揉み抜いて、どうやらこうやら準備ができると、さていよいよの当日。もうこうなると親達は無我夢中、身代も命も何も要らぬという物狂わしい権幕で、付添いの若い衆に酒を贈る、相当の付届けをする、後見の師匠にも特別の心付をする。その混雑といい、その費用といい、実に案外な騒ぎで、俗に「一人娘をお祭に出すほどの騒ぎ」とさえいうくらいであるから、その親々が気違い眼で駈け廻る光景は、絵にも筆にも尽くせるものではない。

手古舞

まだその外に手古舞、または肌脱(7)と称するものが山車、または曳物に付く。

手古舞は芸者の専売で、いうまでもなく厚鬢(8)の若衆化粧、赤地の印半纏に股引、腹掛、草鞋穿という勇みの扮装で、「梅柳さぞ若衆かな女哉」とばかり、群れいる男の中に立ち交じって、自慢の喉に木遣節の嬌音を聴かせるのであるから物凄いこと限りない。「ここが東京の特色、粋で勇みで素顔自慢、実に顫い付くようだ」と唸る者もある。ましてその御親類筋たる方々においては、親馬鹿がわが娘を踊に出すよりもまた一層の力瘤を入れること、いうまでもない。

但し、堅気の商家でも、派手を好む親達はわが娘に肌脱と称する一種の扮装をさせて、これを山車、または曳物の警固に出す。これ以上に一々書き立てていると、なんだか一種の悪口になりそうであるから、まずこのくらいに留めて置く。

町の状況と地走

祭礼当日は氏子の町々、殊に大通りの商家では店の道具を取り片付けて、金屏風に緋の毛氈という、虫干しのほかには人にも見せぬ家重代の宝物を惜し気もなく飾り立て、親類知己を招いて見物させる。勿論当日は強飯を焚く、酒を振舞う。そのなかで閑そうな人々は店先で碁を打つ、将棋を指す。まことに呑気なような、忙しいような、何がなしにワヤワヤと永の一日を騒ぎ暮らすのである。

また、山車、踊屋台のほかに、町内によっては地走というものを曳き出す。これは若い衆連のうちでいささか遊芸の下地があり、或いは茶番気のある者が打寄って催す素人仁和賀のようなもので、「新道の師匠に平生幾らかの月謝を納めているのも、こういう時の用心だ。さあ俺のを見てくれ」という意気込みで押し出すのである。

但し、これは大供の寄合いであるから、たいていの踊屋台では持ち切れず、余儀なく徒歩で往来を踊り歩く。よってこれを地走と呼ぶのであるが、近年はこの地走も大いに廃れた。

特殊な祭礼

祭礼一般の景況はまずここらで切上げて、さらにそのうちで特種のもの二、三を語れば、六月八日に執行する南品川の牛頭天王の祭礼は、俗にこれを河童天王と申し奉る。その仔細如何にというに、この祭礼では神輿洗いと称して、土地の若い者が神輿を担いで品川の海中へザンブザンブと飛び込み、浮きつ沈みつ神輿を揉むのが古来の習慣で、昨今は警察で厳しくこれを制するけれども、やはりなんとか口実を設けて折々に河童の本色を現わすので、見物人もすこぶる多い。

次は芝神明の太神宮の祭礼で、九月十一日から二十一日までという長期の祭礼であるが、中の十六日を本祭と定めてある。その祭に限っては、山車、屋台などを曳き出すことは十年に一度ぐらいで、ただ古例として境内では生姜〔葉付きもあり、葉を刈りしもあり、俗に盼目生姜という〕及びちぎ箱〔小判形の曲げ物に藤の花を描き、胡粉その他にて彩色したるもの〕を売るが、これも名物のうちですこぶる繁昌する。かの其角の句に「負けたその拍手の生姜市」とあるのは、即ちこれを指したものであろう。

次は王子権現の田楽祭。以前は七月十三日に執行したというが、新暦になってからは一と月遅れで八月十三日に行なう。これは田楽舞の名残りと聞こえて、甲冑の武者二人が刀七本を腰の左右に差し、手に槍を携えて拝殿に昇ると、続いて稚児八人が水干指貫の装束で、頭には六角形の編笠を深くかぶり、背には芒その他の草花を挿んで出る。以上十人が入れ違って踊った末に、武者も稚児も被物を脱ぎ捨て、稚児の笠をはじめ、背に挿したる草花を拝殿の下へ投げ捨てると、待ち設けたる見物は一時にドッと人波打って、われ勝ちにその笠を取り、その花を拾う。

勿論多人数のことであるから、曳き合い、捻じ合い、揉み合い、その混雑騒動は実に大変で、首尾よく拾ってそこを抜け出したものは、運が好いとか福が来るとかいうので、一旦拾ったものは後生大事に抱えて逃げようとする。これをうしろから曳き戻す、横合から引ったくる、上を下への騒動であるから、巡査憲兵が総出で警戒する。これらは祭礼のうちでも最も古風なものであろう。

寒の内

「から鮭も空也の痩せも寒の内」——芭蕉。なにさま御歳暮にもらった

寒の入り　乾鮭(1)がようやく干涸びて、台所の柱にぶら下がっている頃となると、春の寒さも冴え返って門松に吹く風もそぞろに身にしみてくる。

寒の入りは御存知の如く、年によって前後一日の差はあるが、新暦ではたいてい正月五日と決まっている。この日に餡ころ餅を食うといい伝えているが、今ではそんな噂も聞かぬ。但し、寒餅と唱えて、寒中に餅を搗くという習慣は今もなお存している。その他、寒垢離・寒声・寒念仏などと一々並べて立てると、なんだか季寄めくから、その主なるもの二、三を語るにとどめておく。

寒垢離　寒垢離は東京では寒詣りと唱え、いつの頃から始まったか知らぬが、この寒中に神仏へ夜詣りをする者がある。もっともこれは、大工・建具職・ブリキ職というような職人に限ることで、殊に大工が多いという。いずれも二十歳前後の血気盛

りの人々で、中には十二、三から十五、六の小僧もまじっている。

その扮装（いでたち）は白木綿の単衣（ひとえ）一枚に、おなじく白の三尺帯、白の後（うしろ）鉢巻に素跣足（すはだし）。まずは幽霊の敵討ちといいそうな扮装で、手には印付の長提灯を下げ、腰には鐸（すず）をぶら下げ、歩くたびにチリンチリンと鳴らしながら、思い思いに神仏の社へ参詣する。寒月高く冴えて、大路の霜に軋（きし）る下駄の音遠く聞こゆる夕べ、このチリンチリンの音を聴くと夜の寒さが一入（ひとしお）身にしむように覚える。

寒詣りをすれば己れの職の技倆が上達するという一種の迷信と、二つには血気盛りの我武者（がむしゃ）な勢いと、これにまた幾分かの道楽気も加わって、信心半分と面白半分に若い連中は毎晩のように駈け出す。中には昼間出掛けるのもあるが、十に八、九は火点頃（ひともしごろ）から家を出て十時、十一時頃に引揚げるのが多いようである。

その名が已（すで）に寒詣りというのであるから、暑い寒いは一切無頓着、もとより論の外であろうが、一所懸命にチリンチリンと駈けて歩くと、寒中に白の行衣（ぎょうえ）一枚でもさらに寒いとも覚えず、半里も駈け通すとかえって身体が熱するくらいであるという。

その行く先は思い思いで一定せぬが、多くは各所の不動堂で、昔は本所中の郷の太子堂（いまの墨田区吾妻橋一丁目二一番、如意輪寺）へ参詣する者多く、寒詣り・寒念仏は皆ここへ寄るので、浅草の駒形辺はその通路に当たって、「駒形に往来うれしや寒念仏」などいう句もある。

しかし、当時は深川の不動堂（江東区富岡一丁目一七番、深川不動）が参詣最も多く、これに次ぐのは浅草観音、日本橋亀島町の不動、虎の門の金毘羅(2)（港区虎ノ門一丁目二番、金比羅神社）であるというが、とにかくに道の遠近を問わず、寒三十日の間、夜風に吹きさらされて、威勢よくチリンチリンと駈け出す勇気の程こそ怖しけれというのほかはない。

この人々が目指す処へ駈け付けて、さてそれから何をするかというと、まず社前にぬかずいてよろしく祈念を凝らした後、水垢離（みずごり）という難行苦行に取りかかる。親や夫の病気平癒を祈るために、孝子貞婦が水垢離を取るなどという事は、芝居や草双紙で見るばかりと思いのほか、明治の今日にも寒中水行という文覚（もんがく）のお弟子がおびただしいには驚かされる。

現に深川の不動堂の水行場などでは、水垢離の連中が一夜に三百人ないし五百人は欠かさぬという。いずれも素（す）ッ裸（ぱだか）になって水行場の冷たい石畳の上にひざまずいて、車井戸の水を汲むが早いか、猶予もなしに脳天から肩からざぶざぶと浴びる。それが終わると、手早く身体を拭き、もとの行衣一枚でふるえながらまたもやチリンチリンと駈け出すのである。

これは勿論、健康体の者の、血気盛りの者でなければ、思いもつかぬ業であるが、その中には妙齢の婦人なども見受けるという。これらはいかなる心願の筋があるか知らぬが、「寒垢離の肌生白き（はだなまじろ）哀れさよ」の句も偲ばれて、哀れといおうか、迷信といおうか、少しく判断に苦しむくらいである。もっとも寒中に限らず、跣足（はだし）詣り、お百度詣りの類いは、東京の婦人、殊に花柳界の人々に多く、人もあえて怪しまず、むしろ感心しているくらいであるから、この風習は容易にやむまいと思われる。

寒紅

寒紅はまた丑紅とも唱えて、寒中の丑の日には各小間物店で、「本日うし紅」という紙札を掛ける。寒の水で製した紅はいつまで保存して置いても、決して黒く変色せぬとかいって、女はこの日を待って争って紅を買うので、早朝から島田や銀杏返しの山を築いて、小間物店の店先に時ならぬ花を咲かせる。小間物店の方でも開運の牛とか号して、この日に限って紅を買う客には、土で製した小さい牛をお景物に添えて出すことになっている。

東京で売る紅は出羽の産を最上とし、埼玉・茨城産これに次ぐという有様であるが、日清戦争以来、支那紅というものが盛んに輸入されるので、日本の本場物もこれに圧倒される傾向があるという。

また、この丑の日には鰻を食うという習慣があったが、今は土用（ここでは立秋の前十八日の夏の土用を指す）の丑の日に限るようになって、寒の丑には鰻を食わぬようである。

寒声

寒声、または寒浚いと称して、音曲を稽古する者はこの寒中に寒さを冒して特別熱心に練習する。昔は十二、三ぐらいの女の児は、薄い襦袢一枚で二階の物干し場へ上がり、ひらひら吹きなぐる寒中の朝風に顫えながら「宵は待ち」や「嵯峨やお室」などを、声をかぎりに唄い続けたものであるが、当時は次第に減って来て、霜凍る朝まだきに往来を歩いていても、頭の上に疳走(かんばし)った声を聴くことが少なくなった。但し、音曲で飯を食おうという芸人の芽生えは、風邪をひくのも厭わずに、今も北向きの縁側などへ出て、寒そうな顫え声を一と調子張り揚げて、何か怒鳴(どな)っているのもある。

寒見舞や寒念仏

昔は貴賤ともに寒見舞と唱えて、互いに品物を贈答すること、あたかも今日の暑中見舞の如くであったが、歳暮が済むと年玉、それが済むとまたぞろ寒見舞ではいささか痛み入るという気味でもあろうか、近頃では寒見舞ということ一般に廃れて、僅かに花柳社会の或る筋に多少その習慣が存しているのみで、ほとんど全廃といってもよかろう。

寒念仏は寒詣りと似たものではあるが、これはまったく廃れたようである。但し、托鉢(たくはつ)の僧は平日よりも多く人家の門に立つ。これも寒念仏の一種であろうか。

初午

江戸の稲荷

二月初めの午の日を初午といい、次を二の午、次を三の午と唱えて、所々の稲荷の社で祭礼を執行する。そもそも稲荷の本社は山城国紀伊郡にあって（京都市伏見区の伏見稲荷のこと）、その神体出現は和銅四（七一一）年二月九日、即ち初午の日に相当するを以て、今もこの日を祭日と定めているという。

だが、そんな縁起はしばらく略して、元来この江戸には稲荷の社のおびただしきこと実に驚くばかりで、伊勢屋稲荷になんとやら（犬の糞）という俚諺さえ存しているくらいであるから、一町内に必ず一、二の社はある。その他にも王子の稲荷（北区岸町一丁目一二番）、または葛西金町半田の稲荷（葛飾区東金町四丁目二八番）などという朱引外[1]の社も少なからずであるから、大小合わせて五千有余社、倉稲魂の御威勢、実に盛んなものである。

賑やかな初午

町家ばかりでなく、武家屋敷にもたいていは鎮守として稲荷勧請の社があったから、初午当日の繁昌はすこぶる目覚ましいもので、大いなる社では社殿において神楽を奏し、幣帛を捧げ、五色の幟を立て、笛太鼓を囃し立てる。したがって名も知れぬ横町、または裏店の空地に鎮座まします稲荷さまも、当日は神前にお定まりの神酒・赤飯・油揚げ、その他の供物を捧げ、地口行燈(2)を掛け連ね、町内の子供たちが寄り集まって太鼓を叩く、笛を吹く。中には大人が寄って素人茶番(3)を催す。

その賑わいは非常なもので、これが江戸中の各町内同時に騒ぎ立てるのであるから、朝から晩までヒュウヒュウドンドン、到るところに鼓吹の音騒がしく、かの曲亭馬琴の『俳諧歳時記』に「近くては雲間の霹靂の如く、遠くては蒼海の波濤に似たり。江戸の賑ひ耳目を驚かすに堪たり」と記してあるのも、あながちに誇大の言ではない。

殊に芝の日比谷稲荷（港区新橋四丁目一三番）、烏森稲荷（同区新橋二丁目九番）は、当日は神輿を担ぎ出し、山車を曳き出すなど、実に凄じい賑わいで、この日に限って他の神様や仏様はあれどもなきが如くの光景であった。「初午やほかの社は神無月」という俳句も、「初午や狸つくづく思ふやう」という川柳も、その当時の倉稲魂や狐の繁昌を証したものであろう。

明治に入って減った稲荷社

稲荷も三、四十年前まではかくの如き威勢であったが、明治以来、万事の古例慣習がだんだんに廃れてゆくと同時に、憂きには洩れぬ稲荷様も次第に世をせばめられて、午祭も年々に廃れてしまった。ましてや地価騰貴して、裏店の奥ですらも一坪十銭という当世に、地代も払わぬ稲荷様などに快く地所を貸しておく地主は甚だ少なく、いやしくも空地があれば社も華表も容赦なく取り毀して、貸長屋を建てるというのが一般の流行であるから、以前に比べると社の数も大いに減じた。

しかし、今でもなお昔の俤を留めて、稲荷の存在している町内では、二月の初午には地口行燈を掛け、赤飯や油揚げを供え、子供たちが寄って太鼓を叩くから、その近所は相応に賑わい、場所によっては縁日商人が店を出す所もある。

当時は各町内の地主、または社司の思い思いで、新暦を用いるもあれば旧暦に依るのもあるから、昔のように市中同日という繁昌を見ることはできぬが、王子の稲荷などは関東稲荷の総司社というだけあって、今も古式の如くに大祭を執行し、当日はなかなかの繁昌をみるので、日本鉄道では上野―王子間の臨時汽車を発するくらいである。

詩趣をたたえる近郊の稲荷

市中の午祭はただ騒々しいばかりでなんの趣味もないが、場末や近在の春二月、梅もおいおいに綻び始めた頃に、木立の間から朱の玉垣が遠く見えて、笛や太鼓の音が風のまにまに聞こえるなど、一種の詩趣がないでもない。

府下で有名の稲荷は一々数うるに暇あらず。そのうちでも主なるものは王子稲荷、向島の三囲（みめぐり）稲荷（墨田区向島二丁目五番）、浅草田町（たまち）の袖摺（そですり）稲荷（台東区浅草五丁目四八番）、橋場の真崎稲荷、(4)芝の烏森稲荷、赤坂の豊川稲荷（港区元赤坂一丁目四番）、吉原の九郎助稲荷(5)等で、近来は羽田の穴守稲荷(6)が大いに繁昌するという。

廃れる絵馬売りや太鼓売り

昔は初午の以前に絵馬や太鼓を売る商人がたくさんに出て来て、なかなかに売れ口があったというが、今では絵馬売りというものは皆無で、絵馬の懸額を奉納しようと思う者は、その社前の茶店、その他に就いて思い思いに買い求め、それを奉納することになっている。

しかし、太鼓は今も相変わらず浅草あたりで作られて、午祭を当込みに太鼓を叩いて市中を売り歩く商人をチラホラ見掛けるようである。といっても近来は相場が騰貴して、十銭や十五銭の太鼓は塩辛の曲げ物のような小太鼓で、五十銭以上でなければ小児の玩具にはならず、胴張り七、八寸から一尺以上になると一円以上、五、六円という高値であるから、自然売れ口も遠くなって行商に出ても割に合わぬ。そのために太鼓商人も一年ごとに減ってゆき、物の音色で売り歩くという風鈴（ふうりん）売り・虫売りと共に、江戸の名物といわれた初午の太鼓売りも、今はかえって場末にその風流の面影を留めるのみとなった。

酉の祭

賑やかな酉の祭

何が有難いのか何が面白いのか、自分にもよくは解らず、ただ何がなしに大勢の人に押されて、揉まれて、踏まれて蹴られて、帽子は飛ぶ、下駄は失くなる、着物は裂ける、羽織は脱げる。おまけに紙入は掏られる、溝へ落ちるという、実にありとあらゆる苦しみをし尽した上、まず生命に別状のないのを取得にして、「今日の酉は賑やかだったぜ」と、手柄顔に吹聴しているのが東京人の特色である。このお酉様、一名慾深様とも申し奉り、総別に慾心満々たる徒が、最もありがたしと拝み奉る御神におわします。

葛西の花又村に鎮座まします鷲大明神（足立区花畑町一番、大鷲神社）が本家本元であると申すが、これは場末のせいか今はさのみに繁昌し給わず、まず下谷竜泉寺町の鷲神社（台東区千束三丁目一八番、鷲神社）を第一として、これに次ぐは深川八幡境内の鷲神社（江東区富岡一丁目二〇番、富岡八幡宮末社大鳥神社）、次に品川（いまの品川区内には鷲神社はなく、ちょうど区界に当たる大田区大森北一丁目一五番の鷲神社を指すと思われる）、四谷（新宿区須賀町五番、須賀神社の末社）、巣鴨（文京区千石四丁目二五番、大鳥神社。江戸時代にはこのあたりも巣鴨の一部であった）、目黒（目黒区下目黒三丁目一番、大鳥神社）等で、十一月初めの酉の日を初酉と唱え、次は二の酉、次は三の酉と称すること、かの初午と同様である。しかも、その混雑繁昌はとうてい初午などの類いでなく、いわゆる筆紙に尽し難しとは実にこのことであろう。その実地を見届けぬ人には、まるで嘘のようでお話にならぬくらいである。

本場所は竜泉寺町の鷲神社

前にもいう如く、府下各所において酉の祭を執行するが、その本場所というべきは下谷竜泉寺町の鷲神社で、人家疎（まば）らなる田圃の外れに寂しく立たせ給う古社。華表（とりい）も低く、社殿も狭く、平日はほとんど参詣者の影を認めぬほどであるが、酉の祭の当日になると、にわかに東京中の人気がここに集まって、幾万人が渦巻いて押し寄せるというのも、まことに不思議な次第である。

当日は夜半から神前をうやうやしく飾り付けて、午前二時頃から社掌（しゃしょう）（神主）が祝詞（のりと）をあげる。続いて四時頃から神楽堂で七十五座の神楽を始める。これに雇われる巫女（みこ）は年々三河島から来るのであるという。

さて神前には新橋・柳橋・日本橋・下谷等の芸妓屋を初め、待合・料理屋・遊船宿（ゆせんやど）、または吉原・洲崎の各貸座敷（1）、引手茶屋（2）、その他の諸芸人、すべて慾心の浅からぬ連中から種々の奉納物がある。境内及び鳥居前には同じく花柳社会、または諸商人から奉納の提灯がある。それもこれも幾百となく、或いは山の如くに積み重ね、或いは星の如くに懸け連ねたる光景、実に眼を驚かすばかりであるが、一々これを解剖してみたらば、鷲大明神の御利益を願う信心半分と、自家の名前を披露する広告半分で、畢竟は皆おのれがためにするのであろう。ともかくもその盛んなるに驚くのほかない。

売物の第一は熊手

当日の売物は熊手を第一とする。元来が鷲大明神を信仰するのは、「利得を鷲摑みにする」という凄じい大望から起ったことであるから、万事が慾一点張りから割出して来て、熊手は物を掻き込むという縁起を祝うためとは、ただただその慾心の広大無量にあきれるのみである。その他の売物も、大頭と唱うる唐の芋（里芋の一種で、その親芋をいう）、または黄金餅（粟餅の美称）、勝米（不詳。勝栗の間違いか）なんど、すべて縁起物ならざるはない。

熊手の問屋は竜泉寺町（いまの台東区竜泉一、二、三丁目の大部）の前川・元結屋・花島の三軒で、大小取りまぜて一万本ぐらいの仕入をする。その熊手にも大小いろいろあって、大は四、五尺、小は七、八寸、普通は檜扇と唱えて、青竹、または煤竹の熊手に檜扇と紙製のおかめの面をつけるが、品によっては千両箱をつけ、宝船をつけるのもあって、相場は十五、六銭から十円内外であるという。

前記の問屋では二、三ヶ月前から職人を増して、夜も昼も盛んに熊手の製造にかかるが、竜泉寺町界隈の細民のうちには、正月早々からこれを内職として、ほとんど一年の活計をたてているのもある。

掃き込みという価五、六銭の小さい熊手は、近来埼玉地方からも大分持ち込んでくる。唐の芋にも大小いろいろあるが、普通は茹でた親芋五個、六個を細い笹の枝に突き挿し、これを丸く綰ねた（たわめ曲げて輪にした）もので、この問屋は三ノ輪（いまの台東区三ノ輪一丁目二一〜二八番、同二丁目全域、同根岸五丁目一六〜二五番）の高松屋ほか二、三軒であるが、一俵二円前後の相場で毎年千俵内外の仕込みをする。もし初酉も二の酉も外れなければ、一万有余の熊手も千俵余の唐の芋も、一個も余さず綺麗に捌けてしまうそうである。

以上は問屋のことで、当日露店を張る商人はいずれも右の問屋から仕入れて来て、社の境内から鳥居前の両側、浅草田圃（いまの浅草寺裏手一帯）のあたりまで何百軒の店を並べる。これらの商人は当日の利益を当込みに、血の出るような金を算段し、または十露盤珠にも合わぬ高利の金を借り出し、最初からめいめいの財布も身上も振るってかかるのであるから、いわば一種の投機業で、運よくいけば濡れ手で粟の利得を攫む。しかし、悲しや当日が雨天、その他の障害で丸外れと来たが最後、ほとんどわが身の始末にも困って、夜逃げをするもあれば、娘を売るもある。

それにも懲りず、「今年こそは」と手ぐすね引いて、その日を待受けている商人の鼻息はすこぶる荒い。その矢先へ駈け向かう客こそ実に災難で、商人の方では今日一日が天下分け目の合戦。一つ当たってお釜を起こすか、但しは間違って首を縊るか、二つに一つの命懸けで、「よき敵来たれ」と待ち設けているのであるから堪らない。分捕り功名、なんでも手柄は仕勝ちというので、相手嫌わずに巻き上げる。

相手を見る熊手商人

これらの商人は半月ほども前からそれぞれ地割に取り掛かって、当日の前夜からその持場に小屋を掛け、木枯らし吹きすさぶ霜月初めの夜一と夜をほとんど眠らずに明かすので、暗い田圃を隔てて各所の焚火の影が見えつ隠れつ、さながら軍中夜営ともいうべき光景で、慾心の殺気がここ竜泉寺町の野を掩っている。

さるほどに、金鶏三たび啼いて、東より白む待乳山（台東区浅草七丁目四番）の森に横雲たなびく頃となれば、ここに慾と慾との合戦が始まり、人顔もおぼろにそれと見え分かぬ頃から参詣人は続々押掛けて来る。これらはいずれも縁起商売の徒で、人先に参詣して当日第一番の福を得ようという例の慾と二人連れ。寒いも闇いも厭わばこそ、二人曳き、またはあと押付きの車で真一文字に乗り付け、社前の参拝を型の如くに済ませて、まずかの熊手に取ってかかる。

商人の方でも、素破御参なれと相手を見て、大熊手は五十円、大頭は一円などと途方もない懸け値を吹っかけると、相手も予てその心得あるもので、五十円はせいぜい二円か三円、一円は十銭か八銭に思い切って踏み倒す。こっちは呆れたような顔をして、「冗談いっちゃァいけねえ。只で仕込んだ物じゃァありやせん。縁起物だ。もう少し踏ん張ってお買いなせえ」と、最初は叱るが如くに刎ねつけて、それでも構わずに立去る客には、さらに足留めのお咒いとして二割、三割のねだりを試み、それでも肯かぬ奴は、「ちょッ、元値が切れるが仕方がねえ。口明けだからおいでなせえ」と、どうやらこうやら生捕って物にする。それでも四割か五割の立ち前（儲け）になるというのであるから怖ろしい。

客の方でも、この熊手を担いで帰るのが当日の見栄となっていて、慾の重荷の大熊手を得意らしく肩にかけ、或いは車の上に押し立てて、意気揚々と引きあげて行く。

騒動とでもいうべき人出　早朝からかくの如き光景であるから、午後ときては大変、さらに夜に入っては大変。混雑といい雑踏というよりも、むしろ騒動という方が適当であろう。

下谷方面から押して来る者、浅草方面から寄せて来る者、東より西よりエイエイ声して押寄せて来る参詣人、無慮何万人というものが、細き田圃道を越えて狭き社頭に集まるのであるから、芋を揉む、泥鰌に熱湯をかける、そんな生優しい形容詞では、その騒動の十分の一も写し得るものではない。

ただなにがなしに乱軍の光景物凄く、親は子にはぐれ、妹は兄を見失い、気の弱い女子供は悲鳴をあげて泣き叫ぶ。その中を面白半分に縦横無尽に暴れ廻る職人、または生酔いの類が衝突して、そこでは組打が起こる、ここでは摑み合いが始まる。なにがさて幾万という人間が狭いところに漂っているのであるから、進むも退くも自在ならず、右へ左へ人波を打って押されつ、揉まれつ、ただ夢のように藻掻き廻っている様は、「血の池に漂う亡者も斯くや」とばかりで、最初にもいう如く、踏まれて蹴られて、帽子を飛ばす、簪を落とす、着物を裂かれる、紙入を掏られる。中には人波に押されて、我にもあらで泥田や溝へ転げ墜ちる。その騒動、なんとも譬えん方なきほどで、命に別状ないのが実に勿怪の幸いであろう。

したがって、その翌朝になると、その界隈には帽子・下駄・洋傘・洋杖、その他の遺失物が累々積んで山をなす、という光景で、迷児を初め、怪我人、盗難等の被害者は数うるに暇あらず。これほどの苦しみをして、そもそもなんの利益があるかは、われわれ凡夫の眼にはとうてい窺い知るべくもない。しかし、年々この苦闘と乱闘とを繰り返しているのを見ると、何かそこにお有難いところがあるに相違なかろうかとも思われるが、もっともそれは保証の限りではない。

繁昌する界隈の飲食店

かくの如き人出であるから、浅草公園、または仲店界隈の各飲食店はいうもさらなり、鷲神社近傍の葭簀張りの飲食店なども、その繁昌驚くばかりであるが、またその高価にも驚かざるを得ない。

公園最寄りの定店はさまでにもないが、その日限りという葭簀張りの店に至っては、

「跡は野となれ山となれ、なんでも今日を限りに貪れ」という凄じい権幕で、小さな握り鮨が一皿七個ぐらいで三十銭、四十銭、水のような汁粉が一杯五銭、六銭などという法外な暴利を貪る。客の方でもこの日は特別、「どうも仕方がない」と往生して渋々勘定を払うと、「サァ、今日は混み合いますから御支度の済んだ方は、どうぞお早くお立ちなすって下さい」と、傍から容赦なく逐い立てて、「先様お替わり」と、あとの客を引く。

その乱暴、実に甚だしいが、今日に限っては別に腹を立てる者もなく、「酉の祭へ詣でるからはこのくらいの事は当然」と、わが家の敷居を跨ぐ時から尋常に覚悟を決めているのであるから、その割合に喧嘩も悶着も起こらないのは、まず結構と申して置くべきであろう。

酉の祭に縁の深い吉原

かの吉原遊廓は、酉の祭と離れぬ縁がある。なにがさて、田圃一帯のあなたには二階、三階の青楼(3)が巍然として聳えているのであるから、およそ酉の祭へ詣でるほどの男は、「たとい遊興の散財はせずとも、ともかくも足ついでにお見舞い申すべし」とあって、ここへも雲霞の如くに押し寄せる。

吉原の方でも当日を書入れにして、正面の大門のほかに四方の非常門を颯と押し開き、お歯黒溝(4)には刎橋を渡して四方八方の通路を設け、「天より降り、地より出で、四方より来たるもの皆わが網(5)にかかれ」と待ち構えている。

殊に当日は小格子の娼妓が総て昼見世を張るというので、ここらもまたエイヤエイヤと鬨(とき)を作って押し寄せる混雑。いわんや夜に入っては各楼の格子先に弥次馬の垣を築き、「ドタ福」と罵るもあれば、「おかめ女郎」と喚(わめ)くもあって、騒ぐ、狂う、怒鳴る。とても本気の沙汰とは受取れぬ始末である。

廓内の芸娼妓はこの日を物日(6)と称して、平生の馴染客へ御用状をつけ、「邪(じゃ)が非(ひ)でも(「是(ぜ)が非(ひ)でも」の訛(なまり))お仕舞いをつけてくれ」と責めたてる。また、その中でさらに全盛を競う娼妓は年季を増しても積み夜具(7)をする。情夫のある者は、これを機会に逃亡する。借金のある者は、駈け出して自由廃業(8)をする。千差万別、種々様々の混雑、一々これを例の熊手流で掻き集めたならば、大風の朝の飛花落葉、掻いても掻いても掻き尽せまい。

酉の祭が三の酉まで続いた年には、吉原に必ず火事沙汰があると言い伝えて、廓内大いに警戒を加えるそうであるが、恐らくその昔にそんな先例が再三繰り返されたためであろう。

明治東京雑題

オスマン・エドワーズ画『ジャパニーズ・ストーリー・テラーズ』より
（国立劇場蔵）

魚河岸の一年

お江戸の中央といえば日本橋、江戸ッ子の標本といえば魚河岸の大哥。その日本橋の魚河岸の一区は一年三百六十五日、火水の中でも商売すると誇っているだけに、問屋・仲買、さては小揚の者（船から河岸に荷揚げする人夫）共まで、朝市・夕河岸の混雑、譬うるに物なく、旧幕の昔から明治の今日まで、ここと吉原は別世界、別天地と唱えられていた。

しかし、吉原には自由廃業の風吹き荒み、ここには移転問題の火の手が揚がるという始末で、三百年来のいわゆる別天地、別世界にも、浮世の潮水がようやく浸入すると同時に、吉原にも四季の形容が次第に廃れ、ここにも年来の旧慣が自ら消えたのは、誠に自然の数、已むを得ざる事であろう。したがって、年中行事と題して、月ごとに記載するほどの特殊の事実も少ないから、今これを一年四季に分かって、主なる行事、または商売の有様、即ち人と魚との状況を簡単に説こうか。

●春●

一月

前にもいう如く、鳥の啼かぬ日はあれど、魚河岸に休業の日はないと誇っているが、さすがに一年一度、元日の初鳥が啼く朝だけは必ず休業すること古来の習慣である。松の内を当込みに各地から続々入荷があるにもかかわらず、そのまま河岸の納屋に積込んで置いて、各問屋、または仲買の主人、若い者、いずれも懐手でわが家を飛出して、恵方参り(1)、芝居見物、思い思いの方角を遊び暮らして、火点頃には必ず帰宅する。で、いかなる放蕩者でもこの元日に限っては決して外泊せぬというのは、二日の初売りを目の前に控えているがためで、この初売りは元日の夜の九ツ時、当時では十二時頃から飛び起きて仕度にかかる。即ち、まずわが家々の店前に定紋付の高張提灯をかけ、またその軒端には屋号を記したる長提灯を隙間なくかける。この長提灯はその数多きを競う習慣があるので、一軒の軒端に四十ないし五十の火を見ること珍しくない。

次にその店前には商売物の盤台を見上ぐるばかりに積上げ、板舟(2)には鯛・鮪・蛸それぞれの魚を列べて、これにもわが屋号を記したる雪洞を添えるから、家々の提灯と雪洞の火影、相映じ、相乱れて魚河岸の一区はさながら昼の如くだ。これらの準備ようやく整う頃、問屋・仲買の主人は定紋付の繁骨(3)の提灯を手にして、河岸中の同業者の店へ年始の挨拶に廻るのが例で、この土地の年礼は元日の夜半に限られているというのは、一種不思議の習慣であろう。

その混雑の最中に、俗に一文獅子という獅子舞が四方八方からこの土地に入り込んで、獅子を被り、仮面を被って、家々の裏表から遠慮会釈なくどやどやと踊り込む。勿論、此方も年々の事であるから別に驚かず、一々包金をくれて逐払うが、この獅子、夜の明けるまで入れ替わり立ち替わり押込んで、実に煩いくらいだという。

こんな騒ぎのうちに夜も白んで、一月二日の朝になると、今日は一年一度の初売りというので、府下の各料理店の主人は勿論、その他の小売りの魚商等、いやしくも平生ここに関係のある者は、いわば一種の義理として、今朝は必ず買出しに来る。で、なにしろ広い東京の事であるから、不景気のなんのといっても、年々この初売りに集まる者、少なくとも三、四万人、多い時は五万人以上に達する。

しかもその中には少年音楽隊などを先に立てて威勢よく押出して来る料理店もあるから、さなきだに火事場に等しき魚河岸の朝市、殊にこの初売りの朝ときてはその混雑、実に言語道断、火事と喧嘩が同時に起こったような騒ぎで、混雑とか殺風景とか一と口に言い消してしまえばそれまでだ。しかし、とにかくこれも一種の江戸名物の名残りであろう。

当日は各問屋から馴染の買手に向かって、お年玉の手拭を出すのが例で、仕入先の多い料理店の主人などは、数十本の手拭に懐中を孕ませて、これを見栄に群衆の中を押し歩く。

元日、二日はこんな始末で、殊に二日は眼が廻るほどの繁忙しさであるが、三日となれば市場もやや沈静いて身体も少しく楽になる。で、この三日から松の内、たいていは午後の閑な時刻を見て、各問屋の息子株、いずれも十八、九の血気盛んな連中を餓鬼大将として、これに付属する仲買、その他の若者二、三十人が、旧臘のうちにこしらえて置いた大紙鳶、およそ五十枚ないし七、八十枚ぐらいの大物を担ぎ出して、他の町内の紙鳶と絡み合いに行く。

で、昔は山の手の屋敷町まで押出して、旗本邸の紙鳶と闘い、それがために血を流すほどの大喧嘩を惹き起こした例も往々あったというが、維新以来はそんな遊び〔むしろ喧嘩?〕も次第に廃れて、殊に近年は人間が忙しくなったか、怜悧になったか、お定まりの三枚半か四枚は知らず、それ以上の大紙鳶を担ぎ出す大人の姿は全く絶えた。

二月

藪入[4]、二十日正月[5]などは別に他と差異もなく、二月の初午には長浜町の常磐稲荷の社で稲荷祭を執行する。この稲荷は、その昔、三左衛門稲荷というのであったが、その後常磐橋から他の神体が遷座ましましたので、常磐橋にちなんで常磐稲荷と改称し、従前の三左衛門稲荷は母屋を取られて、哀れその末社となってしまったという。

それらの縁起由来はさて措いて、とにかく他の町内の稲荷様と違って平日といえども相応の繁昌。初鰹魚、走りの秋刀魚等は何を措いてもまずこの社に供えるというくらいであるから、午祭も他に比ぶればすこぶる賑やかで、稲荷様の油揚げと赤飯の食い飽きをする。

以前はこの午祭の当日、河岸の若い者が三々五々徒党を組んで他の町内へ押して行き、地口行燈を叩き毀したり、お神楽堂の縄を切ったり、種々の悪戯をやるのを得意としていたが、この悪戯者も近来、次第に跡を絶ったという。

二月の下旬になると、雛祭を当込みに、各地の浜から栄螺の荷を続々送って来るから、河岸もちょっと賑わう。その相場も節句前は一個五銭、六銭ぐらいの値を呼んでいるが、節句を越すとにわかに下落して大道店の壺焼きとなる。

また、この二月から三月にかけて、河岸一般の人気魚はかの鰆で、何人も御存知の鰆の照焼き。これが花見時の料理屋向きですこぶる需要の多い魚であるから、これを扱う小物師(6)という問屋では、その産地たる豆相の浜に向かって、鰆網の仕入れをする。

三月

三月も彼岸に入って、時候もようよう春めいて来ると、活物問屋、即ち活魚を貯うる問屋では、深川の活場で川活を始める。これは陽気がおいおい暖かくなって、生魚は腐敗し易い季節となるので、なるべくこれを水に放って、一日も長く活かして置くという方法をとるのだ。

この三月は、河岸の問屋にとっていささか心配の月だ。というのは、浜の漁師と河岸の問屋との間には一種の契約があって、四ヶ月を一職と唱えて、これを一漁期と定めてある。で、十一月十五日から三月十五日までの四ヶ月間を冬の職と定めてあるから、この三月は冬の職と夏の職の切替え時で、冬一期の勘定は当月十五日に支払う事になっている。であるから、この月は勘定も忙しく、金も要るという、随分面倒な心配な月だ。この切替えが無事に済むと、三月十六日から七月十五日までの四ヶ月間がいわゆる夏の職で、夏の職といえばまず鰹魚を第一とすること、古来の習慣と聞く。

●夏●

四月　四月に入って初めて河岸に着いた鰹魚を初鰹魚と号して賞翫すること、遍く人の知る所であるが、旧の四月ならば知らず、当時では真の鰹魚の真盛りともいうべきは五月、六月の候で、四月という月は別に記すべきほどの事もない。もっとも花見という旬であるから、料理屋向きの註文で河岸は随分忙しいが、それも花七日、僅かの間で、「眼には青葉　山ほととぎす　初鰹魚」というけれども、実際のところ、眼に青葉の頃となると、生魚に禁物の南風がおおいに吹いて来て、河岸も一時は寂しくなる。

で、これからがかの活物問屋得意の時節となるので、いわゆる野締〔浜にて殺して来る魚〕はとかくに腐敗のおそれがあるから、なるべく活魚を生洲に囲うという方をとる。で、右の問屋はいうに及ばず、普通の問屋でもいわゆる活舟〔活魚を貯わうる桶、長さ九尺、深さ四、五尺〕の修繕にかかる。

五月　こんなことで四月も暮れると、五月は例の端午の節句。その式は別に他と差異もないが、元来が派手を競う土地柄、かつは威勢のいいこと大好きという風であるから、吹流しの大鯉は日本橋の朝嵐に尾鰭を揮るって、地には生魚、天には鯉幟、上にも下にも魚跳るという一種の壮観を呈するのだ。

旧幕の昔には、この五月節句の当日、魚河岸の塩物問屋から干鱈と干河豚を御本丸に献上するのが年々の例で、節句前になると右の干鱈と干河豚が大いに賞翫されたというが、今もなおその名残りを留めて、五月の声を聞くと多少の需要はある。これは主に越後、または北海道から移入するので、節句が過ぎるとたちまちに相場の下落すること、なおかの三月の栄螺の如きものだ。

六月

六月は小舟町の天王祭。(7)魚河岸も同じくこの小舟町の氏子で、その前には納屋を洗い、店を洗い、神酒所を設け、積み物をする。

で、どういうわけか知らぬが、昔からこの祭には河岸の若い衆なる者、揃いの単衣の外に「犢鼻褌」を一種の見栄とするので、子供といえども白縮緬一疋ぐらいを腰に巻く。いわんや大供の血気盛んなる手合は、紅白、または黄の縮緬を幾重にも巻き付け、ほとんど俯く事もできぬほどに、腹から腰のあたりを膨らませている。なお甚だしきに至っては、八端、(8)猩々緋、(9)蝦夷錦(10)の類いを腰に纏うて、これ見よがしに大手を振って歩いている。で、その白縮緬、その他の犢鼻褌は、いわゆる掛流しで再び用いぬというのを見栄としているから、ことさらにざぶざぶと水を浴びて、おまけに盛砂の上を転げて歩き、水だらけの泥まぶれになるのを誇っているとは、ちょっと他では見られぬ芸だ。

然るに某年、神輿渡御の前後に就いて、宮元の小舟町と衝突を生じ、魚河岸の手合が大挙して小舟町の行燈(あんどう)、または山門を粉微塵(こなみじん)に打毀(ぶちこわ)した事がある。その以来、魚河岸は天王祭に就いてあまりに肩を入れず、したがって昔ほどに派手を競う者もだんだんに減って来たという。それでもさすがは場所の祭礼(おまつり)だけに、天王祭の当日といえば、河岸の魚の相場は一般に騰貴するとは豪(えら)い勢力(いきおい)だ。

前にもいう如く、五月、六月、七月にかけて、鰹魚(かつお)が各地から盛んに移入するので、この季節になると河岸はまたもや大繁昌。鰹魚の荷が着くごとに、陸揚げ、水洗い、その忙しいこと実に予想外で、各問屋の若者などは夜の目も合わぬくらいに奔走する。

●秋●

七月

七月の七夕祭(たなばたまつり)は近年大いに廃れてしまったが、以前は非常に盛んなもので、ほとんど軒並みに高い笹を立て、お定まりの色紙・筆・硯(すずり)などの他に、紙でこしらえた鯛・鰹魚・比目魚(ひらめ)の魚類、しかも思い切って大きな奴を、千生瓢簞(せんなりびょうたん)のようにぶらぶらと吊るので、遠く望めば魚河岸一面の空、さながら魚の群がり浮かぶが如く、かの端午の鯉幟にも幾層優(ま)したる壮観であったという。

しかし商売の方からいうと、この月は昔から精霊月(しょうりょうづき)と唱えて、殊に昔は盆中精進という家が多かったから、盆の十日から十五日まではほとんど商売休み同様、河岸の盤台も乾上(ひあ)がるという始末であったが、近年はそれらの旧式も次第に衰えたので、盆中といえども平日の如くに商売する。

十五、十六の両日は例の藪入であるが、他の町家のようにこの日を限って、雇人が勝手に飛び出すというわけにはいかぬ。たとい藪入の当日たりとも、各地から入荷（いりに）沢山という場合には一人（いちにん）も迂闊（うかつ）に外出はできず、この月のうちで最も不漁の日を択んで、初めて一日の自由を得られるのであるから、河岸の藪入は何日（いつ）と決まったことはない。これは七月ばかりでなく、正月の藪入も右同断。

八月

総別に夏場は魚類払底（ふってい）、かつは不捌（ふさばけ）、なおその上に腐敗し易いと来ているから、河岸にとっては最も御難の季節で、いずれの問屋も夏場はほとんど休業（あそび）同様と覚悟しているが、その中で活物問屋のみは最も得意の時で、前にもいう如く春の彼岸頃から、かの川活なるものを始め、旧暦の八月いっぱいをその営業の時節とする。で、その活物の納屋は、深川・佃島・芝金杉等に設けてあるが、まず深川を以て第一とし、その納屋の活船（いけぶね）〔湯風呂のような物〕に活きながら貯えてある魚類を、毎朝日本橋まで運び出す。その忙しいこと尋常（ひととおり）でない。その活魚の種類は、鱸（すずき）・鮬（せいご）・黒鯛（くろだい）・鰈（かれい）・鯒（こち）等で、これが主にかの洗肉（あらい）の材料となるのだ。

また、この七、八月の候になると、河岸には夕河岸の市が立つ。これは午後の二時頃から開いて四時頃には全く終わるので、勿論朝市ほどの雑踏はないが、夏場はこれも一頻（ひとしきり）賑わう。昔は夕河岸の魚、すべて押送船(11)の便を借りていたから、上総路の近海から来る小魚に過ぎなかったが、近来は汽船・汽車の交通が開けたから、その日のうちに遠方から種々の魚類を移入して来る。したがって夕河岸はますます繁昌する。

九月

　夏の職は七月十五日から切替えになって、秋の職に移ると房総の浜では秋刀魚漁の仕度にかかり、河岸の問屋でもそれぞれに仕入をする。九月の声を聞くと、鰯に塩のきく時節となるから、河岸では専ら鰯と秋刀魚を目指して、いずれもその用意に忙しい。

　この魚河岸、元来が気の早い、気の暴い、露骨にいえば殺風景極まる島であるから、秋風寒く雁鳴き渡って、いわゆる金風玉露（秋の風と美しい露）の候となっても、名月、または重陽（陰暦九月九日。菊の節句）などの風流は昔から絶えてない事。いわんや当世においておやだ。

　なんでも景気よく賑やかに騒ぎ立てるのは祭礼で、九月には水神祭を執行する。これも以前は六月であったが、当時は九月の初旬で、水神の社はやはり長浜町の常磐稲荷。但し、その神体は神田の明神社（千代田区外神田二丁目一六番）内に納め奉って、祭礼の節には神田から神輿を担ぎ出す事になっている。この祭礼は魚河岸の守護神ともいうべき水神を祭るのであるから、河岸の気組もまた格別で、大祭の節には山車・踊屋台・地走・曳物・積み物の数を尽して、その繁昌、実に筆紙に尽されぬくらいだ。

　この祭礼、以前は年々執行し来たったが、近来は隔年となり、二年置きとなり、その年々の都合で一定せぬ事となった。だが、一昨年（明治三十四年）九月の大祭などは随分盛んなもので、さすがは魚河岸と都人士の眼を駭かした。

●冬●

十月

十月は例の恵比寿講[12]で、大小の鯛に羽が生えて飛ぶ勢い。これも明治の代になってから、多少廃れたとはいうけれども、かのべったら市[13]、懸鯛（祝いの時、美しい縄で結び合わせて台の上に置く二匹の生鯛）のおびただしく売れるのを見ると、略式ながらも恵比寿講の古例を守る町家も多いと見える。で、十月十九日のべったら市に持ち出して売る五、六寸の小鯛、これは魚河岸の若い者の内職で、この月の初旬から夜業仕事に紅い糸を編み、これで尾鰭を綺麗にこしらえて、本物の鯛にかがり付け、市の当日、これを伝馬町（大伝馬町のこと。いまの中央区日本橋本町二丁目二、一二番、同二丁目四、六番が大伝馬町一丁目に、また同区日本橋大伝馬町一～六番が大伝馬町二丁目に当たる）に持ち出して売るのだ。また、この恵比寿講を当込みに、各地から続々と大鯛小鯛の移入があるから、河岸もここ一時は繁昌する。

また、この月の末には秋刀魚が来る、鰯が来る。なかんずく、秋刀魚は初鰹魚に劣らぬ人気魚で、これが盛んに寄る時には、他の魚類などはそっちのけで、河岸中こぞってこの秋刀魚にとってかかる。その騒ぎはまるで狂気のようだ。で、河岸ではこの秋刀魚を

「鰶」と書く。本来は「このしろ」という字であるけれども、この魚が着くと土地はまるでお祭のような賑わいであるから、祭魚、即ち鰶〔さんま〕と読ませるのだという。以てその盛んなるを察すべしだ。

その上、旧の十月二十日、即ち旧の恵比寿講前になると、仲仙道の上州、信州の国々から秋刀魚の註文が続々来る。これらの国々は海に遠く、したがって魚類に乏しいので、恵比寿講の莚（むしろ）には鯛の代わりに秋刀魚を用いる。殊に上州の如きは、秋刀魚と鰯は是非とも欠くべからざる魚として珍重するから、その註文に応じて河岸の塩物問屋から日々右の秋刀魚を積出す。したがってその相場も一時騰貴する。要するに魚河岸の冬は、秋刀魚と鰯で賑わうといってもよかろう。

十一月

十一月は前にもいう如く、秋と冬の切替え時で、問屋も何かと煩い（うるさい）月だ。が、この月は例の祝い月であるから、月の十日頃から鯛その他の魚が四方から集まって来て、七五三の祝いという十五日の当日には、魚類の捌（は）けもよく、相場も騰貴する。秋刀魚もいよいよ出盛って来る。気候もおいおい寒くなって生魚（なまざかな）の手当ても楽になる。というような工合で、河岸もこの頃から大いに勢いを得るのだ。なんでもこの商売は寒空でなければいけない。

十二月

十二月は他と同じく餅搗（もちつ）きと煤払。(14)しかし午前は忙しい商売であるから、世間並みに早朝からトントンパタパタたたき立てるわけにはいかぬ。で、たいていは暮の二十七、八日頃から大晦日にかけて、午後から店洗い、納屋洗いの大掃除を行なう。

餅搗きも同様で、やはり二十日過ぎから始めるが、これも午後から夜の十時、十二時頃まで搗き立てるので、殊に若い者大勢の土地であるから、いずくの家も手伝たくさんで、その賑やかなること非常なものだ。これが他の町内であったらば、近所隣から安眠妨害の苦情を申し出でること疑いなしだが、ここは門並みにその通りであるから、いわばお互様で咎む者もなく、怪しむ者もない。

十二月の末となれば、佃名物の白魚が現われる。春を当込みに他の魚類も来る、問屋・仲買ではお年玉の手拭をあつらえる。こんな事でわやわやと賑やかに一年を送ってしまうのだ。委しい事を書けば際限がない。まず大略はかくの通り。

少年時代の回礼

四、五歳から始めた年礼

誰でもそうであろうが、正月が来ると少年時代が思い出される。凧(たこ)・双六(すごろく)・歌留多(かるた)の類い、子供らにとっては楽しい春であった。しかも正月を迎えるたびに最も思い出されるのは、少年時代の回礼である。これは楽しみもあるが、苦しみもかなりに伴っていただけに、なおさら記憶に残っているのである。

私は明治五（一八七二）年、東京に生まれたのであるから、明治二十年頃までがいわゆる少年時代であった。その当時の習慣として、四、五歳ぐらいから羽織袴(はかま)で近隣へ年礼に廻る。それはほんの近所だけであるからさしたることもないが、十歳以上、十二、三歳ぐらいになると、われわれ少年の役目が重くなって来る。自分の年礼以外に、親の代理を勤めなければならないからである。勿論、父も年礼に出るのであるが、一人ではなかなか廻りきれない。

その当時、郵便で年賀を済ませるなどという箇便法はない。地方は格別、それが東京府下である限りは、正直に戸別訪問をしなければならない事に決まっていた。殊に交通の便に乏しく、下町の大通りに鉄道馬車が開通しているばかりであるから、何処へ行くにもまず徒歩と覚悟しなければならない。人力車はあるが、新年は足許を見て平日よりも値段が高い。車台の数が少ない上に、乗る人が多いから、辻車などは容易に見当たらない。そこでたいていの人は徒歩に決めている。まして男の児などは歩くのが普通で、車などに乗っているのはなんだか意気地（いくじ）なしのようにも見られた。

男の児でも筒袖（つつそで）を着ないのが当時の習慣であるから、平日でも大人と同じように袂（たもと）のある着物である。正月は黒木綿、上等で紬（つむぎ）ぐらいの黒紋付の羽織を着て、小倉の袴を穿（は）く。足袋は紺足袋、下駄は朴歯（ほおば）と決まっていた。シャツも着ない、股引（ももひき）も穿かない、襟巻もしない、外套も着ない、帽子もたいていはかぶらない。それでまず近隣を廻り、学校の先生の宅を廻り、それから父の代理に出るのである。

難儀な遠距離と重い持物

前にもいう通り、交通不便の時代であるから父一人では廻りきれない。そこで、去年の暮からあらかじめ手分けをして、A氏とB氏の宅へは父が直接に訪問し、C家とD家へは子供が代理として廻るということになる。その手分けは親疎（しんそ）の区別や地理の関係などで決められるのである。これは私の家ばかりでなく、たいていの士族の家は皆そうであった。

それであるから、男の児は元日、二日、三日のうちで、少なくとも二日ぐらいを回礼に忙殺されなければならない。元日早々から凧を揚げて遊ぶわけにはいかないのである。朴歯の下駄をからからと踏み鳴らしながら、今日は下町、あしたは山の手と駈け廻る。下町も本所、深川の果てまで行かなければならない。山の手も牛込や新宿はおろか、大久保や中野のあたりまで踏み出さなければならない。それがみな徒歩であるから随分疲れる。殊に今日と違って道路が悪いから、去年の暮に雪でも降ったが最後、場末のぬかるみを踏み越えて行くのは実に難儀至極、途中で泣きたくなるような事がしばしばあった。

もう一つの難儀は持物の多いことである。これもその当時の習慣として、年礼に手ぶらで行くことは少ない。お年玉としてたとい半紙一帖でも海苔一帖でも持参するのが普通であるから、十軒を廻るとすれば十種のお年玉を抱え出さなければならない。子供にはなるべく軽い物を持たせるのであるが、半紙や海苔ばかりというわけにもいかないので、羊羹の折や蜜柑籠なども持たされることがある。それを両手に抱えて歩くと、荷物は重い、手は冷たい。それでも一軒を廻るごとに、荷物はだんだん軽くなるわけであるが、実際はそうでないので困った。

なぜというに、これもやはり習慣で、子供が年礼に行けば、どこの家でも必ず菓子や蜜柑をくれる。殊に新年は蜜柑をくれる家が多いので、まさかに途中で捨てることもできず、それがまた相当の重荷となってしまうのであった。帰り路には日が暮れる。風が寒い、足は疲れる、菓子や蜜柑の荷は重い。家へ帰り着くとがっかりするのであった。

回礼の楽しみ

こういうと、ひどく悪い事ばかりのようであるが、新年には御馳走をしてくれる家がある。子供でも家内へ呼び入れて型ばかりに屠蘇(とそ)を飲ませ、蒲鉾やきんとんの口取などを食わせるのがある、鮓(すし)を食わせるのがある、菓子や蜜柑のほかに双六や歌留多などをくれるのもある。御馳走をしてくれる家はたいてい決まっているので、それを楽しみに足を速めて行くのであった。もう一つの楽しみは、回礼と同時に東京市中を見物して歩くことであった。その当時の正月の市中は実に賑やかなもので、到るところで女たちが羽根をついている。獅子舞が来る。万歳が来る。回礼者が続々往来する。生酔いが往来で踊っている、歌っている。それらを見物して歩くのもおもしろかった。

家へ帰るとがっかりするといったが、そのまま直ぐに寝るのではない。それからまた、家内一同と共にランプの下に集まって、双六や歌留多を始める。菓子を食う、蜜柑を食う。いかに疲れても、寒くっても、正月はやはり楽しいのであった。

今日では交通の便が発達した上に、年礼は年賀郵便で済ませるという簡便法が一般に行なわれることになったので、正月の市中にも回礼者の姿が著しく減った。ことに少年時代の私達のように、菓子折や蜜柑籠などを持ち歩いている子供の姿はほとんど見られなくなった。したがって、今の若い人達に向かってこんな話をすると、たいていは顔をしかめるのである。

「そりゃあ遣り切れませんなあ」

「難儀といえば難儀だが、またおもしろいこともあった」

「そうでしょうか」

まだ疑うような顔をしているのが多い。現代人としては、それも無理のないことであろう。

開華楼の思い出

開華楼廃業の通知

私は一月中旬から流感に仆（たお）れた。かぜを引くのは年々の例であるが、ことしは少々念入りに祟（たた）られて、三週間以上も病人になってしまった。その病中の一月二十四日、坂本猿冠者(1)君から開華楼(2)廃業の通知を受取った。廃業の事情はもちろん知らないが、神田明神（千代田区外神田二丁目一六番）境内の一名物ともいうべき開華楼がにわかに消え失せたのは、東京生まれの私たちに一種の寂寥（せきりょう）を感ぜしめた。

開華楼の老女将（おかみ）は去年（昭和十二年）正月の松の内に世を去って、その月の三十日に盛大な葬儀が営まれた。それからあたかも一年の後に廃業の通知を受取ったのである。

私は開華楼の歴史についてなんにも知らないのであるが、神田明神境内の男坂付近、即ち今日の宮本町一番地（千代田区外神田二丁目一七番）のあたりには、江戸時代にも幾軒の料理屋が繁昌していて、そのなかでも伊勢嘉という家が有名であったのは、「神風の伊勢嘉と聞けばみさかなと　おみきのいつも絶えぬ此の宿」という蜀山人の狂歌をみても知られる。

伊勢嘉その他は疾(はや)くに没落して、明治以後に流行(はや)り出したのが開華楼である。最初は田辺なにがしが経営していたのを、さらに坂本家で引継いだものらしく、廃業通知にも「初代以来五十余年の永きに亘り云々」とあるのを見ると、明治二十年前後（実は明治十一年）から坂本家の経営に移ったらしい。

私がこんな余計なことを考え出したのは、一条の旧い思い出話があるからである。時は明治二十二年の五月であるから、前にいう如く、開華楼がすでに坂本家の経営に移った後であるに相違ない。その当時の帳場に坐っていた年増の女将は、恐らく昨年葬儀を営まれた老女将であったろうかと察せられる。その女将を相手に、私はこんな掛合をしたのであった。

中学生が掛合った先生の送別会

そのころの私は府立第一中学校（いまの日比谷高校の前身）の五年生であったが、教師の吉武理学士が仙台へ転任されるに就いて、五年生の有志が発企となって、先生の送別会を催すことになった。吉武先生は後に理学博士になられたが、性質温厚で、その教授ぶりも甚だ親切であったので、われわれいたずら者もこの先生には心服していた。私も幹事の一人となって、各クラスに回状をまわすと、出席者七十余人に上った。送別会だの、歓迎会だのということが、まだ珍しい時代である。先生も喜んで出席を承知された。

幹事役のT君とH君、それに私が加わって、開華楼へ掛合に出かけた。会場を開華楼と定めたのは別に理由があるわけでもなく、開華楼の名が新聞紙上にしばしば見えるので、ここがよかろうといい出したのである。もし断られたらさらに他の料理屋へ掛合に行くことにして、ともかくも明神境内へ出向いたのであるが、こういう掛合に行くのは初めてであるので、三人ながら内心いささか不安でもあった。入口の構えが立派であるので、いよいよ気怯がした。

ところが、案じるよりは生むが易く、帳場の女将は三人の若い書生に対してすこぶる如才なく応対してくれた。

「御送別会でございますか。結構でございます。はい、はい、有難うございます」

こんな調子であるから、私たちも嬉しくなった。そこで、会費の掛合に及んだが、「われわれは中学生であるから酒は飲まない、先生の前にお銚子二本をならべるだけでよろしい」。こういった時に、女将はにやりと笑った。御神酒徳利のようだ、とでも思ったのであろう。

ともかくもわれわれは酒を飲まない。その代わりに菓子や煎餅を相当に出してくれ、と註文すると、女将はいちいち心得て、御料理五品と御飯、それに右のお銚子二本と菓子や煎餅を加えて会費は一人前三十五銭を頂戴したい、という。金の値が違うとはいいながら、今から思えば嘘のようである。「但し、御料理五品の中に御口取を入れることは出来ません」と、女将はあらかじめ断った。その時代でも口取の類いは高価であったのである。

会費は三十五銭と決まったが、次は女中の御祝儀である。「なにぶんわれわれのことであるから、多分の御祝儀は払えない。三十五銭の会費に対して四十銭ずつ持って来るから、それで勘弁してくれないか」と、私たちは頼んだ。七十余人が五銭ずつ余分に払い込めば、合計三円五、六十銭になる。それに就いても、女将は快く承知した。

「ええ、ええ、結構でございます。その代わりに、上等のお菓子をさし上げます」

五月の曇った日の午後で、帰る頃には細かい雨がはらはらと降り出して来た。女将は傘を貸してやるといってくれたが、私たちは断って出た。そこを出て五、六歩も踏み出してから、私はふと気がついた。それは女将が「上等のお菓子をさし上げます」といった一句である。なまじいに上等の菓子を少しばかり出されても困る、と思ったので、私はまた引返して念を押した。

「書生が大勢集まるんですから、上等のお菓子には及びません。大福でも金つばでも今川焼でもなんでもいいから、たくさん出すようにして下さい」

「はい、はい、かしこまりました」

と、女将は笑い出したいような顔をして首肯いた。

その顔を見て、私はまたあっと思った。よせばいいのに、とんだ事をいったものだと気が付いた。相手は立派なお茶屋である。その帳場で大福餅や今川焼をいうのはすこぶるまずかった。第一に、自分の育ちが知れる。そう思うと、年の若い私はにわかに赤面して、早々にそこを逃げ出した。私たち三人はみな麹町の方角へ帰るので、小川町から九段坂へさしかかると、途中から雨はだんだんに強くなって、帽子の庇から雫が滴るような始末。傘を借りて来ればよかった、といまさらに悔みながら、びしょ濡れになって歩いた。

たっぷり出た菓子に一同満足

当時は朝から快晴で、七十四、五人が午後五時から開華楼に集まった。私たち三人は入口に控えていて、めいめいから受取る四十銭の会費を右から左に帳場へ渡した。いちいち渡されては定めてうるさかったろうと思うが、私たちが勘定するのは面倒でもあり、万一不足が出来ては困ると思ったので、片端から渡してしまったのである。

さて問題の菓子であるが、さすがに大福餅や今川焼は出なかった。それでも上等のお菓子には及ばないという私の注意がひびいたとみえて、田舎饅頭、どら焼、きぬた巻の類いがたくさんに運び出された。ほかに巻煎餅や松風なども出た。なにしろ分量が多いので、みんなも喜んだ。幹事も面目を施した。

料理は紋切型の茶碗盛、さしみ、酢の物、うま煮、塩焼の五種であったように記憶しているが、それにたくさんの菓子や煎餅を加えて一人前三十五銭は、どう考えても廉いものであった。それから四、五年の後、やはり私が幹事になって、木挽町の万安（中央区銀座一丁目二二番、万安楼）で宴会を開いたことがある。その時は芸妓を呼び、酒やビールなどを飲んだので、会費はもちろん嵩（かさ）んだが、それでも料理は七品で六十五銭という約束であった。おまけにみんなが風呂に這入った。

開華楼の送別会はとどこおりなく終わって、私たちも安心した。その当時の府中第一中学は築地河岸にあって、今は東京劇場（中央区築地四丁目一番、東劇ビル）となっている。私が毎日通学している頃、この学校の跡が劇場に変じて、自分の作物がしばしばその舞台に上演されようなどとは夢にも思わなかった。世事、人事、実に測り知るべからざるものがある。

それから五十年、吉武先生ももうこの世を去られた。開華楼で一緒に食って騒いだ級友も過半は泉下の人々となった。開華楼の老女将も去年死んだ。開華楼も今年廃業することになった。私は衰残の老軀を病床に横たえながら、「月やあらぬ　春や昔の春ならぬ」(3)の古歌を繰り返して、いたずらに懐旧の感傷に耽（ふけ）るに過ぎない。

職業についた頃
——還暦記念祝賀会を前に——

還暦記念祝賀会[1]にちなんでと言われても私は何もしていないのだから——それでは私が初めて職業に従事した頃の話をしましょう。

入社の年は帝国議会の初開会

明治二十三（一八九〇）年の正月、数え年十九の時、私は新聞社へ入りました。そのころ銀座の通りはなんでしてね、皆新聞社でかたまっていましたよ。

入った頃は編集見習で、合間には校正もやりました。昔は新聞記者は昼夜兼勤で、われわれのような下廻りは朝の九時から夜の十時頃まで勤めることが再々でした。二十三年入社の年は帝国議会が初めて開かれ（十一月二十五日）、それが今とは違って夜までやることがある。八時、九時となる、それが済んでから編集をするから午前一時、二時になる。それが毎日続く。けれども新聞社は忙しいもの、普通の倍は働くものと考えていたから、今ならさしずめ労働問題ですがね、別にどうのということはありませんでしたがね。ただ助かったのは日曜の休みです、それで息をついた。ところが、駈出しはまたその日曜日も休めない。それで番人が要るんです。それにはいい人は来ませんや。われわれみたいなぺーぺーが出る。閑（ひま）だから給仕を相手に将棋を指したり、天気がよければ銀座を散歩したりする。新聞は休刊があるが、われわれぺーぺーはやっぱり無休刊でしてね。

その七月一日から三日まで初めて第一議会の総選挙があって、五日頃から選挙が始まった。選挙法違反の取締りがないから、至る所で殴り合いがある、喧嘩が始まる、大変なものでした。有権者を一票五円で買収したとか、千円の鰹節を贈ったとか、買収は罪になりませんからね。

八月に電話が初めてかかりました。それでおもしろいのは、第一聞く人が下手、しゃべる人も下手、それに器械も悪かったんでしょう、実に聞きにくい。皆電話をいやがって、われわれぺーぺーに押しつける。そのうちでも悩んだのは、蠣殻町（かきがら）（米穀取引所。いまの中央区日本橋蛎殻町一丁目一二番）へ行っている者が前場（ぜんば）の相場を電話で知らせてくる。これは一銭を十銭と聞き違えても大変、これには参りましたよ。

文学青年が食うには新聞社が一番

どうして新聞社へ入ったって？　われわれはまず文学青年、貧乏ですから食うことを考えなければなりませんや。その頃、雑誌社といったって、博文館もありゃしませんでしたからね。ほかにないんですよ、新聞社以外には、私たちみたいな奴のすることは。

明治二十五年十月、京橋東仲町から三十間堀へ抜ける狭い横町（当時の京橋区三十間堀一丁目三番、いまの中央区銀座四丁目七番北部）に初めて家を持ちました。二十一歳の時で、その家(うち)っていうのが、二・六・二の三間、二階が六畳一間、それで家賃が二円六十五銭。地主が越前堀（いまの中央区新川一丁目南東部、新川二丁目北東部）にいる人で、初めは二円七十五銭だった。それを二円五十銭に負けろって交渉して、結局十銭だけ負けたんです。家賃を十銭負けろ、いや負けないなんて、おもしろいじゃありませんか。

その時分、銀座の裏通りには商人店(あきんどみせ)がほとんどない、しもた屋[2]ばっかりでした。ですから仲通りへ行けば誠に静かなもので、勤め人とか通い番頭さんとか、お妾(めかけ)さん、それに長唄の御師匠さんらが住んでいたものです。変わりましたね。

独身で女中を一人置いていたんですが、商人屋(あきんどや)がないから商人が来た時に買いはぐれるともう買えない。日用の買物をするのに、木挽町（いまの中央区銀座三丁目一〇～一五番、同四丁目一〇～一四番、同五丁目一二番、同六丁目一四番、同七丁目一二番、同八丁目一三番）まで川（当時の三十間堀川）を渡って行ったものです。

忘れもしない、大根河岸――五郎兵衛(ごろべえ)町（いまの中央区八重洲二丁目八、九番）ですね、もと医者が住んでいたっていう空家がありましてね。いい家でしたが、家賃が四円五十銭で高いんでやめましたがね。なんでもそれってェのが――二十五年に米が一円に一斗二升、二十七年から二十八年の日清戦争当時が八升、「戦争は恐ろしいな、米が八升になった」といいましてね。

実に暗かったお堀端

「その頃、銀座は暗かったか」って？　仲通りは軒ランプがついていたからそれほどでもなかった。暗い話といえば、二十三年頃、議会が終わり、日が暮れてから元園町の家（いまの千代田区麴町二丁目一二番）へ帰るのに、銀座から数寄屋橋を渡り三宅坂へ出る。半蔵門へ来るまで灯りというものが一つもない。桜田門の傍へ交番が一つあったきり、雨なんぞの降る日は困りましてね。七時、八時という頃、お堀端を歩く人はなかった。実に暗かった。

四つの年の冬、飯田町（まち）から元園町へ移って、今でも家はそこにありますが、私は間に下町へ出ていました。今また帰って来ましたがね。その飯田町の借家（いまの千代田区富士見一丁目一、二番あたり）というのが、元旗本の古い屋敷で名代の化物（ばけもの）屋敷だったそうで、そこへ小（こ）一年も住んでいたんですが、近火で焼けた。

一時、離れたところへ越していましたが、出入りの酒屋が来て、女中に「何もなかったか」と聞いたんですが、女中は知らなかった。おふくろが聞いていて、小僧に訳を尋ねると、もといた家が化物屋敷だっていうことが判ったんです。知らなかったから何もなかったんですね。

話せば人生六十年、いろいろのことが思い出されます。

明治時代の春芝居

今日でも正月の劇場の前には松飾りが立っている。観客にも屠蘇(とそ)の匂いがする。しかも大体においては例月と大差なく、特に春芝居らしいということを感じないような場合が多い。現代ではそれが当然であるかも知れないが、私達のように明治時代に成長して、明治時代の芝居を見馴れて来た者には、なんだか寂しいような気がする。自作が新年の劇場に上演された場合など、特にその感が深い。

大劇場は松の内後の開場

明治時代といっても、その末期、即ち日露戦争（明治三十七〜三十八年）以後は、世につれて劇場の興行法も次第に変わって来たが、明治時代を通じて一流の大劇場は元日から開場しないことになっていた。江戸時代には正月十五日初日が定例であった。その定例は明治以来廃止されて、各劇場思い思いに開場することになったが、それでも十日前後、或いは十四、五日頃から開場するのが習いで、少なくとも七草以後でなければ初日を出さなかった。

年賀郵便の盛んに行なわれるようになったのは明治末期からのことで、その以前は正直に年始廻りをするのであるから、新年早々はどこの家でも主人は年始廻りに忙しく、家族は年始客の接待に忙しく、とても芝居見物などに出歩いている暇はない。但し、職人その他の労働階級は仕事が休みであるから、かえって芝居見物などに出る者が多い。したがって、それらの客を迎える二流の大劇場や小芝居は、松の内でも開場し、ことに小芝居などは大晦日初日というのもあったが、前にもいう通り一流の大劇場は決して松の内に開場しない。開場しても観客が来ないからである。

勿論、興行物であるから、その当たりと不当たりは一定していないが、概して春興行は景気がよかったようである。鉄道その他の交通が今日ほどに発達していないので、新年の旅行者も比較的に少なく、一年一度のお正月にはまず芝居見物ということになっていたためであろう。殊に各劇場が毎月開場することなく、一年に四、五回か三、四回の興行であるから、いよいよ好劇家の人気を春芝居に吸い寄せる事にもなったのであろう。

殊に賑わう藪入の芝居

もう一つはかの藪入である。江戸以来の習慣で、商家の雇い人の公休は正月、七月の二回に過ぎない。どこの店でも雇い人等は十五日と十六日とに分かれて出るのであるから、この両日間は各劇場が繁昌する。

藪入小僧と一口にいうが、その当時の小僧は決して裏長屋の子弟ばかりではない。相当の家の子弟でも商業見習のために他家へ出すのもあり、他人に使われてみなければ他人を使うことはできないというので、他家へ奉公に出すのもある。そういう小僧や中僧が藪入に戻った場合、母や姉が前から待受けていて芝居見物に連れて行く。相当な年頃になった者は、自分一人でも出かける。この藪入連中のために、二流以下の劇場は勿論、一流の劇場も賑わった。

場内でも自由に飲食

今日と違って、観客が場内で自由に飲食する時代であるから、春芝居の客には自然に酔っ払いが多い。酔えば景気が付いて怒鳴りたくなる。贔屓の俳優などが登場すれば、声をからして怒鳴る。今日でも大向うの客が騒ぐというが、その当時は土間の客も桟敷の客も満場一斉に騒ぐのであるから、馬鹿に景気がいい。騒々しいといえば確かに騒々しいに相違ないが、その騒々しい観客を急所で押さえつけて、ぐうともいわせないところに俳優の技倆があると認められていたのである。佳境に入れば観客はおのずと鎮まる。今まで騒いでいた観客が水を打ったようにしんとなる。喧騒中の静寂、それがいいしれない快感をわれわれに与えてくれた。

開演中でさえもその通りであるから、幕間はさらに賑やかである。運動場等の設備も不十分であるから、たいていの観客は男も女もその座席を離れないで語り合っている。いわゆる衣香扇影のうちに、男の話し声、女の笑い声、それはいつもの事ながら、春はとりわけ春らしく華やかに聞こえるのもうれしかった。但し、それは私が若い時の感想で、今の私は或いはその喧騒に堪えないかも知れない。

待たれる番付発表

電車広告もなし、無闇にポスターなどを貼り付けない時代には、俗に辻番付と称して、芝居番付を湯屋や理髪店に掛けるぐらいに過ぎないのであるが、それも全部に行き渡るというわけではない。

劇界の消息はすべて新聞記事によるのほかはなかったが、各劇場付きの芝居茶屋や出方（でかた）はめいめいの馴染客のところへ一々番付を配って歩く。芝居茶屋からは若い衆が来る、出方は自分自身で来る。そうして台所や店先に腰をかけて、今度の興行の宣伝をする。併せていろいろの芝居話をする。勿論、その番付を貰った家では幾らかの使い賃を遣らなければならないのであるが、それでも喜んで番付の来るのを待っている。

とりわけて歳の暮には春芝居の番付が待たれる。師走の忙しい時節に、悠々と芝居話でもあるまいと思われるが、その忙しい中で喜んで春芝居の噂を聴いたりしているところに、その時代のまだのんびりしていたことが思い出される。

歳の暮に下町を通ると、歳末大売出しの札を掛けて、見るから混雑している商家の店先に芝居茶屋の若い衆らしいのが腰をかけて、店火鉢の前に番付を置いて何か話している姿など、今日では全く見られないことであるが、その時代には春を待つ姿のようにも感じられたのであった。

どこの家でも忙しい中で、その番付を見て春を待つ。やがて春が来る。松飾りが取れたらば芝居見物に行こうと待ち構えている。そうして見に行くのであるから、たいていの芝居はおもしろく見られたに相違ない。

その時代の観客と、現代の観客とは、芝居を見るという心持にも相当の変化がある。世の中の有様も変わっている。春であるから芝居見物に行こうという人々もだんだんに少なくなった。春芝居の気分が年ごとに薄れてゆくのも当然かも知れない。

綺堂一夕話
――歌舞伎と新派と――

演劇についてなにかの話をしろということであるが、現在のことは現代の人達が皆よく知っているのであるから、私達のような老人はどうしても昔話をするようになる。早い話が、円タクを値切って東京駅まで五十銭で送らせたというのでは、現代の人達の皆知っていることで、珍しくない。しかも私は大正九年、麴町から東京駅まで自動車に乗って、三円五十銭を請求されたといえば、現代の人達は珍しがるのである。

そんなわけであるから、老人は老人相当の昔話をする方が都合がよいことになる。その昔話のうちには、今の若い人達にとってなにか珍しいような事があるかも知れない。そこで私は明治時代の「芝居」というものを紹介するために、歌舞伎座創立前後から新派劇勃興当時について、少し語りたいと思う。前にもいう通り、しょせんは老人の昔話にすぎな

歌舞伎座創立から新派劇勃興へ

い。

空地に始まった新劇場建築

京橋区木挽町に歌舞伎座という劇場の初めて建築されたのは明治二十二年、今（昭和八年）から振返ると四十五年の昔である。その当時の木挽町三丁目（いまの中央区銀座四丁目一〇、一二～一四番）は片側町のような寂しいところで、一方の釆女町（いまの中央区銀座五丁目一三～一五番）側には人家が建て続いていたが、一方の三丁目、即ち現在の歌舞伎座あたりは総て一面の空地で、ときどきに曲馬や花相撲などを興行する以外には、むなしく草原として京橋区の真ん中に取残されていたのである。

直ぐ眼の前に銀座の大通りを控えていながら、三十間堀の川（いまの中央区銀座一丁目二、一六番から南西に向かい、同八丁目一一、一二番に至る通り）一つを越えると、まるで世界が変わったように寂しい。勿論、ここのみに限らず、その当時の東京市内にはそんな場所が幾らも残っていたので、さのみ珍しいとも思わなかったのである。

その頃、今日の府立第一中学校（いまの日比谷高校）は東京府尋常中学校と称して、築地河岸にあった。その遺跡が現在の東京劇場（いまの東劇ビル）で、私も麹町区元園町からこの学校に通っていたのである。その学校の跡が今や劇場となり、私も劇作家の一人としてそこに出入りしていることを思うと、まったく今昔の感に堪えない。

そういうわけであるから、私は通学の往復は必ず木挽町三丁目を通行して、花相撲の番付などを眺めていたことがあった。そのうちに、明治二十一年の秋ごろであったと記憶している。かの三丁目の草原に劇場建築地の杭が建てられたのである。福地桜痴[1]、千葉勝五郎[2]両氏の発企(ほっき)で、木挽町辺に改良劇場が新築されるという噂は、かねて新聞紙上でも承知していたが、その劇場はここに建てられるのである事を初めて知って、「やあ此処へ芝居ができるのだ」などといって、私達はいまさらのようにこの草原を珍しそうに眺めたりした。

　ほかの生徒達はただ無邪気に眺めているだけであったが、その当時十七歳の少年であった私は、一種の注意深い眼を以てこの劇場建築の成行きを窺わざるを得なかった。なぜというに、その一両年以前から私は親にも許され、自分も決心して、将来は劇作家として身を立てることに定めていたので、他人の話を聴き、新聞の記事に注意して、常に劇界の動静を窺っていた。その際、新たに改良劇場が建築されるというのであるから、それが劇界にいかなる波紋を起こすかは、私として大いに注意しなければならないからであった。

　新聞には種々の消息が伝えられた。新富座（いまの中央区新富二丁目六番）主の守田勘弥[3]は眼の前にこの勁敵(けいてき)（強い敵）の現われたのに脅かされて、東京の大劇場、即ち中村（いまの台東区鳥越二丁目四番あたり）・市村（いまの台東区台東一丁目五番）・千歳(ちとせ)（いまの明治座の前身で、当時はいまの中央区日本橋浜町二丁目一〇番）の三座経営者を語らい、新富座を加うる四座の大同団結を組織した。大同団結というのは政党から出た言葉で、その当時のはやり言葉であった。

要するに、この大同団結によって、東京在住の俳優はこの四座以外に出勤を許されないことになったのである。改良劇場が新築されても、それに出勤する俳優がなくてはどうすることもできない。それに対して、新劇場はいかなる作戦に出るかということが、興味ある問題として世間一般からも眺められていた。

新富座時代から歌舞伎座時代へ

その間に新劇場の工事はだんだん進行した。その劇場の名が歌舞伎座と決定したことは新聞紙上にも伝えられ、新築工事場の立札にも「歌舞伎座」と筆太に記された。今までの草原は跡もなく、劇場以外の芝居茶屋や、それに付属する商家などが続々建築に取掛かった。二十二年七月、私が中学を卒業する頃には、劇場の外廻りはほとんど落成して、ここに宏壮なる建築物が出現したのである。今までは新富町の新富座が東京第一、即ち日本第一の大劇場と認められていたのであるが、それとこれとはほとんど比較にもならないほどの大建物を見せられて、誰も彼もみな驚かされた。「こんな大きな小屋でどんな芝居をするのであろう」などといった。「自分も将来はこういう大劇場の作者になるのだ」などと、夢のように考えて私はなんだか嬉しかった。

歌舞伎座の落成が近づくとともに、その評判がいよいよ高くなった。かの四座団結のために、「劇場は落成しても早速に開場は覚束（おぼつか）ない」といい、或いはまた、「四座団結が切崩されて、某々俳優は已に出勤の内約が整った」といい、その噂はとりどりで真相は判然しなかったが、十月の末になると一切が発表された。歌舞伎座の舞台開きには、團十郎・菊五郎・左團次、いわゆる團菊左の三名優が顔をそろえて出勤することになったのである。「しょせん、こうなるに決まっているのだ」と、先見の明を誇るようにいう人もあった。「守田が負けたのだ」と、気の毒そうにいう人もあった。その当時の私は、そこにどういう事情が潜んでいるかを知らなかったが、後に聞けば、歌舞伎座の千葉勝五郎から一万円の金を守田に提供して、四座の団結を解くという妥協が成立したのであった。

今日と違って、その時代の一万円は大金であるから、負債に苦しんでいる守田は、その大金のために我を折って、各俳優の随意出勤を黙許することになったのである。しかも、主なる俳優は多年の義理に絡まれて、すぐに守田の手を離れることを潔しとしないような傾きもあるので、自然の結果、歌舞伎座側では俳優の給料をせり上げて、無理に彼らの出勤を承諾させた。明治以後、俳優の給料の暴騰はここに端を開いたのであるという。いずれにしても、四座の団結は破れ、各俳優の顔触も整って、歌舞伎座は二十二年十一月二十一日を以て新たに開場することになった。

東京の劇界は明治以来、最初の十年間は単に江戸時代の延長に過ぎない感があったのみか、世間がまだ完全に安定しないので、とかくに劇界不振であった。明治十一年六月、新富座の再築工事が落成して、それが前にもいう通り、東京第一の大劇場と認められるに至って、ここに初めて東京の劇界における新富町時代が出現したのである。勿論、他にも中村、市村、千歳、春木(4)等の大劇場があったが、團十郎・菊五郎・左團次・半四郎・仲蔵の如き第一流の俳優は、たいていここに出勤するを例としていたので、事実において新富座が東京の劇界を代表することになっていた。それが明治二十年頃から次第に衰運に向かって来たところへ、さらに新しい歌舞伎座の出現に逢って、ついにこれに圧倒されてしまった。新富座時代は一転して歌舞伎座時代となった。劇通の口ぶりをかりて言えば、新富町時代が木挽町時代に推移したのである。

改良芝居を標榜した歌舞伎座

歌舞伎座新開場の狂言は『俗説美談黄門記』で、大切浄瑠璃として『六歌仙』を加えてあった。前にいった大同団結と同じように、この時代には何事にも改良というのが口癖であったので、新しい劇場も無論に改良芝居を標榜して立上がったのである。

観客席はやはり座席で、桟敷といい、土間といい、それらの構造はほとんど在来の劇場と大差なきものであったが、天井は高く、場内広く、すべての設備がその当時としては壮麗を極めていたので、まず観客の眼を驚かした。入場料は桟敷一間に付き四円七十銭、平土間一間に付き二円八十銭で、一間は五人詰めであるから、一人にとっては（桟敷で）九十四銭の割合である。その当時と今日（昭和八年）とでは物価が七、八倍も相違しているから、その当時の九十四銭は今日の七円前後に相当するものとみてよかろう。

当時の習慣として、座付の芝居茶屋が十軒ほどもあって、比較的上等の客は皆この芝居茶屋から送り込まれることになっていたが、今度の歌舞伎座では、

「当座付茶屋の儀は、御案内料として上等桟敷一間に付き金五十銭、平土間、並に中等桟敷一間に付き金四十銭、御客様より別段に申請け、茶、煙草盆、敷物の料に充て候間、茶屋帳場へ御茶代、並に雇人共へ御祝儀等の御手当は御用捨下され度、云々」

と発表した。

これも改良を標榜する一端であったが、この茶代廃止や祝儀廃止はほとんど実行されなかった。観客から茶代を出し、祝儀をやれば、いずれも喜んで受取った。ことに日清戦争後の好況時代に至っては、茶屋の茶代なども自然に騰貴して、見栄を張る客は桟敷一間に対して五十円の茶代を出すなどというのも現われたほどで、茶代や祝儀の習慣は明治の世を終わるまで依然継続していた。

黙阿弥を軽視した團十郎

狂言の『俗説美談黄門記』は、明治十年の十二月、新富座で上演して好評を博した黙阿弥作の(5)『黄門記童幼講釈』に福地桜痴居士が加筆したものである。新開場のことであるから、狂言の選定にはよほど苦労したに相違ないが、座主の千葉勝五郎がこの狂言を主張したために、ついにこれに決定したのであるという。時間の都合で、その幾幕かを削ったのと、桜痴居士が新たに江戸城中の場を書き加えたに留まり、他はほとんど原作の通りで、黙阿弥自身が本読みをしたそ

うである。

名題は桜痴居士が新たに選んだもので、これに「俗説」の二字を冠らせたのが黙阿弥の感情を害して、爾来再び歌舞伎座に関係しなかったという噂もあるが、これはどうも信じ難い。恐らく第三者の揣摩臆測であろう。桜痴居士は黙阿弥を推奨して、「彼はなかなかの才子である」といっていた。

しかし、團十郎があまり黙阿弥を信用していないのは事実であった。この芝居を見物の時、私は父に連れられて楽屋へ行って、團十郎の部屋を訪ねたが、父は團十郎にむかって、「今度の新幕〔江戸城中の場〕はやはり河竹〔黙阿弥〕ですか」と訊くと、彼は言下にそれを打消して、「どうして、どうして、あれは先生〔桜痴居士〕が書いてくれたのです。河竹なんぞに書けるものですか」と答えた。

その城中の場というのは、水戸黄門が城中で諸役人や護持院[6]の僧侶に対し、犬公方の殺生禁断を批難する件で、劇としてはさのみおもしろい場面でもなかったが、和漢の故事を引いて滔々と論議するところが團十郎の気に入ったらしかった。例の活歴を創めて、もっぱら史実の詮索に努めていた團十郎としては、その方面に不得意の黙阿弥をとかくに軽視するむきのあったのは自然の道理である。黙阿弥もまた團十郎の芝居を書くことを好まなかったようである。

私の見物したのは、初日から二週間目であったが、菊五郎は病気のために河童の吉蔵だけを勤め、『黄門記』の藤井紋太夫と、浄瑠璃の喜撰法師は弟の家橘が代わって勤めていた。菊五郎の半欠勤は新富座の守田勘弥がなにか糸を引いたのであるなどと伝えられたが、これも虚説である。芝居道にはとかくに種々の浮説が伝えられるから、古い記録を読む者はよほど注意しなければならない。

衰運に傾いた新富座

新開場であるから小屋見物の客も多かったのであろう。この興行は非常の大入りとなったと聞いている。今日ならば無論に引続いて正月興行に取掛かるはずであるが、翌二十三年の正月には團十郎一座が京都の祇園館（いまの京都市東山区祇園町南側）へ乗込むことになっていたので、他に然るべき一座を求めることもできず、正月も休み、二月も休み、ようやく三月二十五日から第二回興行の蓋を明けることになった。正月興行を休むのは、その当時においても異例であった。但し、新富座も同じく休場して、三月二日から春興行を始めたのである。

この時の新富座は菊五郎・左團次・芝翫・福助の顔触で、『め組の喧嘩』を初演、それが評判となって大入りを取った。これに遅れて開場した歌舞伎座は、團十郎一門に家橘・松之助らを加えて、一番目『相馬平氏二代譚』、二番目『御誂雁金染』、大切所作事『道成寺』であった。「第一回は新劇場見物の客で大入りを占めたが、第二回はそうも行くまい。ことに新富座大入りの後を受けては、定めて苦戦であろう」と一般に噂されていたが、その興行成績は案外によかった。立派な劇場はできたものの、それが果たして持続されるかどうかという懸念も、まずこれで大方は消滅したのみか、その競争者たる新富座が次第に衰運に傾いて来たので、結局は歌舞伎座が劇界の覇権を握ることとなってしまった。ついでにいっておきたいのは、この時代における各劇場の興行回数である。この二十三年には、歌舞伎座四回（三月、五月、七月、十月）、新富座三回（三月、五月、十二月）、中村座五回（二月、三月、五月、九月、十月）、市村座二回（四月、七月）、千歳座三回（二月、三月、五月焼失）で、多きも一年五回に過ぎず、少なきは一年わずかに二回である。これは大方資金に窮して興行を続けられないためでもあったが、資金にさしつかえない歌舞伎座といえども、一年四、五回以上の興行を続けることは不可能であった。これを今日の各座毎月開場に比較すれば、実に著しい相違である。

多種多様の観客増

この相違の原因は、東京の人口増加と観客の増加である。東京の人口増加に伴って、観客もまた増加するのは自然の数であるが、その正比例以上に観客は増加している。歌舞伎座開場の当時にあっては、江戸以来の余習がまだ去り切らないために、いわゆる良家の家族らは、劇場などに足を踏み入れない風があった。一部の人達は欧米の例を引いて、「演劇は高尚なものである」とか、「立派な芸術である」とか唱道しても、多年の習慣から蟬脱（せんだつ）するのは容易でなかった。第一に男女の学生などはほとんど劇場に出入りしなかった。芝居の立見（たちみ）などに行く者は一種の不良学生であるかのように教師らから睨（にら）まれて、私などはすこぶる窮したものであった。

官吏、学校教員の類いは、その家族といえども芝居見物などに行かないのが普通であった。今日、各学校で劇研究会を組織し、或いは女学生が余興劇などを演ずるのを見ると、実に今昔の感に堪えない。歌舞伎座は改良劇場であるといい、かつは福地桜痴居士の如き人物の主宰する劇場であるというので、今まで劇場の木戸をくぐった事のない人達もだんだんに近づいて来るようにはなったが、それとても多寡の知れたもので、昔からのプレイ・ゴーアー（芝居好きの人）たる下町の人々、花柳界の人々、それらが唯一の劇場支持者であったのであるから、数において限られていた。したがって、今日のような毎月興行などは到底許されない事情の下に置かれたのである。それを思うと、今日の観客は各階級を網羅して実に多種多様である。

それだけにまた、今日の各劇場は狂言選定に苦しんでいるらしい。昔日は観客の階級や種類が限られていたので、それに適応するような狂言を選ぶことは比較的容易であったが、今日のように観客の種類が各階級に亘っていると、甲に喜ばれるような物は乙に嫌われ、丙に好まれるようなものは丁に喜ばれずというようなわけで、その取捨選定に迷う場合がしばしばあるらしい。それを或る程度まで緩和するためには、各劇場が皆それぞれの特色を作って、甲種に属する観客は専らAの劇場に行き、乙種に属する観客は専らBの劇場に集まるというような事にするの外はあるまいかと思われる。

今日の新派の前身たる書生芝居〔或いは壮士芝居ともいう〕が初めて東京に出現したのは、明治二十四年六月に始まる。その以前から大阪には角藤定憲(すどうさだのり)一座の書生芝居なるものが興っていたが、かの川上音二郎(7)が藤沢浅次郎(8)・金泉丑太郎・青柳捨三郎らの一派を率いて堂々と東京に乗込み、浅草西鳥越の中村座に第一回の旗揚興行を試みたのは、この時を以て嚆矢(こうし)とするのである。

書生芝居の誕生

その当時、書生芝居などというものに就いて、東京の人はなんにも知らなかった。東京の各劇場の中でも最も由緒ある中村座の舞台に、書生らの素人芝居が興行されるという噂を聞いて、いずれも驚異の目をみはったのである。中村座としてもこの種の興行を好まなかったのは明白であるが、何分にも同座は経済状態が甚だ窮迫していて、相当の俳優を以て開場することができず、一月興行以後、引続いて休場している始末であったので、この盆前にさしかかって何かで開場しなければ、劇場関係者一同が困難するという事情に迫られて、不本意ながらもこの興行を引受けたのである。その狂言は『板垣君遭難実記』ほか三種で、この連中が一体どんなことをするかという好奇心と、入場料が廉(やす)いのとのために、予想以上の好成績をあげて、さらに一種の驚異を感ぜしめた。

新派の演出法、いわゆる新派の型ともいうべきものは、その当時には見出されなかった。いずれも無茶苦茶のつかみ合いであった。殊に書生とか壮士とかいうのを標榜しているのであるから、とかくに書生や壮士のなぐり合いとかつかみ合いとかいう類いを売物にして、ステッキを振廻す、椅子を倒す、踏む、蹴る、なぐるという大騒ぎ。その非芸術たること勿論であるが、なにしろ本気になって騒ぎ立てるのであるから、悪い意味の写実といえばいい得る。その写実を喜ぶ観客もあって、「ああいう立廻りは普通の芝居では観られない」と言った。

しかも彼らは一方にそのつかみ合いを売物にしていながら、一方には在来の観客心理を捉えることを忘れなかった。即ち一方には純写実の喧嘩やつかみ合いを演じながら、他の一方には竹本の浄瑠璃を用いて愁嘆場などをも演ずるのであった。散切の現代劇に竹本の浄瑠璃を用いるのは黙阿弥以来の作風で、彼らもまたそれを踏襲していたのである。つかみ合いばかりでは観客もさすがにあきてしまうのであるが、急所急所には浄瑠璃を用いて、ともかくも旧式のお芝居らしい事もする。いわば甘いと辛いとを調合したような演出ぶりが、一部の観客の気に入ったのであった。

もう一つ、この一座の売物は、座長の川上音二郎が舞台でオッペケペー節（川上音二郎が創始した時代諷刺の唄）を唄うことであった。即ち舞台には金屏風を立て廻し、川上は黒木綿の筒袖に、木綿の袴をはいて、陣羽織をつけ、白の後鉢巻をして敷皮の上に坐り、大きい陣扇をかざして唄うのである。唄の文句は時事を主題としたもので、国会が開けたから国民も奮起しろというようなことを述べ、唄の最後に「オッペケペー、オッペケペッポーペーポーポー」という。これも勿論、幼稚な非芸術的なものであるが、観客は訳もなしに喝采した。

一方には歌舞伎の殿堂ともいうべき歌舞伎座の大建築ができると、それから間もなく、さらにこの書生芝居なるものが勃興したのも、一種のおもしろい対照であったといわなければならない。川上の一座は中村座で二回の興行を続けて、さらに地方巡業の途に上ったが、東京の大劇場で大入りを取ったというのが看板になって、到る処で相当の成績を収めた。

時代に適応して評判の書生芝居

この川上の成功が動機となって、新しい書生芝居の一座が続々起こった。山口定雄・若宮万次郎・福井茂兵衛・伊井容峰（いいようほう）らが思い思いに一座を組織して打って出た。そのほかにも小さい書生芝居が幾種も現われて、その当時のいわゆる緞帳（どんちょう）芝居で興行するものが多かった。在来の歌舞伎俳優に比べると、書生芝居の一座は給料もやすく、衣装・鬘（かつら）等の費用もかからないので、小さい劇場では好んで彼らを迎えるようにもなった。こうなると、やはり一種の流行で、最初は素人とか書生とかいって軽蔑していた人達も一度は覗（のぞ）いて見ることになって、その中には「書生芝居に限る」などというファンも現われて来た。中村座ばかりでなく、新富座、市村座の大劇場でも書生芝居を興行するようになった。

これは書生芝居がだんだんに人気を得て来たためであるが、もう一つの原因は、その当時、歌舞伎座以外の各大劇場が著しく疲弊していたためであった。どこの劇場も資金に窮迫して、普通の歌舞伎芝居を興行することができない。前にもいう通り、書生芝居は給料のやすい上に、道具もお粗末で構わない。鬘も地頭(じあたま)で出るのが多い。衣装も自分達の着物をそのままで舞台に出るのがある。そんなわけであるから、歌舞伎芝居とは比較にならないほどの少ない仕込金で開場することができる。俳優一座も決して贅沢なことは言わない。大劇場の舞台に出られるのを自分達の名誉と心得て、たいていの無理は我慢する。

こういう風に万事が好都合であるので、資金難の各大劇場は内心それを好んでいると否とにかかわらず、自然、かの書生芝居を迎えるようになったのである。その当時、各劇場が順調に栄えていたらば、書生芝居があれほど急速の発展を示すことは不可能であったろうと思われる。

それにしても、書生芝居が大劇場の舞台を踏んで堂々と興行し得るには、何か相当の理由がなければならない。彼らの演技は非芸術である。芸術的にいえば、ほとんどなんの価値もない素人芝居である。それを喜んで見物した当時の観客を一概に無知低級とのみはいわれない。その観客の多数は現代劇に飢えていたからである。

明治以来、歌舞伎芝居でもザンギリ物[9]、即ち現代劇を上演しないではなかったが、それらはみな黙阿弥式の旧套(きゅうとう)を追ったもので、要するにチョン髷(まげ)を着けたような現代劇であった。世の中がだんだん進むに従って、観客はこうした内容形式の現代劇に満足していられなくなった。書生芝居の演ずるものは、たといそれが芸術的であろうがなかろうが、ともかくもザンギリの現代劇であって、チョン髷の現代劇でない。そこに不完全ながらもなにかの新し味が含まれていることが、当時の観客を引寄せる原因となったのである。

その当時、歌舞伎芝居が時代に適応するような現代劇を上演して、またそれに適応するような写実の演出法を採用していたらば、書生芝居はおそらく進出の余地を見出し得なかったであろう。

日清戦争を契機に大躍進

こうして明治の劇界も二十四、二十五、二十六の三年を経過するうちに、二十七年の七月にはかの日清戦争が勃発した。その当時の習慣として、八月の各劇場は暑中休みであった。殊に大戦争が突然に始まったので、芝居などは誰も顧みる者はあるまいと、いずれも手をつかねて成行きを窺っている間に、聡明なる川上音二郎は蹶然起ち上がって運動を開始した。機を観るに敏なる彼は、この日清戦争を脚色して舞台に上せることを企てたのである。

なにぶんにも開戦当初のことであり、それを直ぐに上演することは面倒であったが、彼は八方を奔走して警視庁その他の諒解を求め、ついに八月三十一日から『日清戦争』と題する新脚本を浅草座で上演することになった。浅草座というのは、浅草の駒形（いまの台東区寿三丁目五番）にある小さい劇場であるが、ここを借りるに就いてはなにかの便利があったのであろう。ともかくも彼は第一に日清戦争劇の火蓋を切ったのであった。

脚本は決して優れたものではなかった。要するに、新聞の戦報を綴り合わせたにすぎないものであったが、開場以来、その人気は凄じいもので、一と月以上も日々の大入り満員を続けた。書生芝居の声価はにわかにあがった。それを見習って、他の書生芝居でも思い思いに戦争劇を上演した。仕舞いには團十郎、菊五郎も歌舞伎座において、左團次も明治座において、皆それぞれに戦争劇を上演することになったが、その評判は戦争劇の第一歩を踏み出した川上一座に及ばなかった。

浅草座の興行を終わると、川上はさらに戦地へ走った。そうして、その十二月には『川上音二郎戦地見聞日記』を市村座で上演した。彼は舞台上の伎倆よりも、こうした興行的手腕に富んでいたのである。市村座の興行も無論に成功した。その他の書生芝居も皆この戦争劇には相当の成績を挙げたので、その後にも手をかえ、品をかえて、戦争劇が到るところに繰り返された。

歌舞伎に対抗、新派の王国成る

この戦争に書生芝居は勝った。歌舞伎芝居は敗れた。

翌二十八年の五月には、川上一座が歌舞伎の本城たる歌舞伎座に乗込んで、戦争劇『威海衛（いかいえい）』を上演することになった。人気隆々たるものである。従来ややもすれば、一部の人々に軽蔑されつつあった書生芝居も、ここにその地盤を完全に踏み固めることを得て、やがて前者は新派と呼ばれ、後者は旧派と呼ばれ、わが劇界に二つの王国を作り出すことになったのである。その後、たがいに一盛一衰はあっても、その系統は今も連綿たること、人の知る通りである。

川上に限らず、すべての書生芝居が創業当時に成功した足跡を観察するに、いずれもその目標を知識階級に置かず、むしろ当時の中流以下、今日のいわゆる大衆を引寄せることに努めていたのである。たとい、その演技に非芸術の批難はあっても、彼らが急速に多数のファンを作り得た理由はそこにも潜んでいる。たとい、その当時の観客が現代劇に飢えていても、彼らが知識階級を目標とする高踏的態度をとっていたらば、おそらく中途で滅亡してしまったであろう。いつの代にも、新しい劇団を打ち建てる困難はそこにある。

明治時代の寄席

私は先頃、ある雑誌に円朝や燕枝のむかし話を書いた。それは特にめずらしい材料でもなかったが、それでも今の若い人たちには珍しかったとみえて、私を相当の寄席通と心得たらしく、明治時代の寄席についてしばしば問合わせを受けることがある。そこで老人、いい気になって、もう少し寄席のおしゃべりをする。今度は円朝や燕枝の個人に就いて語るのでなく、明治時代の寄席はどんな物であったか、ということを一般的に説明するのである。

明治といっても初期と末期との間には、著しい世態人情の相違がある。それを一と口にいい尽すことは出来ないので、まずは日清戦争から日露戦争に至る十年間を中心として、その前後を語ることにしたい。

東京人の保養場所

今日と違って、娯楽機関の少ない江戸以来の東京人は芝居と寄席を普通の保養場所と心得ていた。殊に交通機関は発達せず、電車もバスも円タクもなく、わずかに下町の大通りに鉄道馬車が開通しているにすぎない時代にあっては、日が暮れてから滅多に銀座や浅草まで出かけるわけにはいかない。まずは近所の夜見世か縁日ぐらいを散歩するに留まっていた。その人々にとっては、寄席が唯一の保養場所であった。

自宅にいても退屈、さりとて近所の家々を毎晩訪問するのも気の毒、ことに雨でも降る晩には夜見世のそぞろ歩きも出来ない。こんな晩には寄席へでも行くのほかはない。寄席は劇場と違って市内各区に幾軒も散在していて、めいめいの自宅から余り遠くないから、往復も便利である。木戸銭もやすい。それで一夜を楽しんで来られるのであるから、みんな寄席へ出かけて行く。今日の寄席がとかく不振の状態にあるのは、その内容いかんよりも、映画その他の娯楽機関が増加したのと、交通機関が発達したためであると思う。実際、明治時代の一夜を楽しむには、近所の寄席へでも行くのほかはなかったのである。

それであるから、近所の寄席へ行くと、かならず近所の知人に出逢うのであった。私は麴町区元園町〔この頃は麴町二丁目に編入されてしまった〕に成長したが、近所の寄席は元園町の青柳亭（いまの千代田区麴町二丁目四番西端あたり）、麴町一丁目の万よし（いまの同区麴町一丁目四番、東条会館東端あたり）、山元町の万長亭（いまの千代田区麴町一丁目七番東端）で、これらの寄席へ行った時に、顔を見知っている人に逢わなかった例は一度もなかった。かならず二、三人の知人に出逢う。殊に正月などは、十人ないし二十人の知人に逢うことは珍しくなかった。私が子供の時には、その大勢の人達から菓子や煎餅や蜜柑などを貰うので、両方の袂が重くなって困ったことがあった。

そんなわけで、その頃の寄席は繁昌したのである。時に多少の盛衰はあったが、私の聞いているところでは、明治時代の寄席は各区内に四、五軒ないし六、七軒、大小あわせて百軒を越えていたという。その中でも本郷の若竹亭（いまの文京区本郷二丁目十二番あたり）、日本橋の宮松亭（いまの中央区日本橋茅場町一丁目七番あたり）を第一と称し、他にも大きい寄席が五、六十軒あった。江戸以来、最も旧い歴史を有しているのは、私の近所の万長亭であると伝えられていた。私は子供の時からしばしばこの万長亭へ聴きに行ったので、江戸時代の寄席はこんなものであったかという昔のおもかげを想像することが出来たのである。

寄席の種類と値段

寄席の種類は色物席と講談席の二種に分かれていた。色物とは落語・人情話・手品・仮声（こわいろ）・物真似・写し絵・音曲のたぐいをあわせたもので、それを普通に「寄席（よせ）」というのである。一方の講談席は文字通りの講談専門で、江戸時代から明治の初期までは講釈場と呼ばれていたのである。

寄席は原則として夜席、即ち午後六時頃から開演するのを例としていたが、下町には正午から開演するものもあった。これを昼席と称して、昼夜二回興行である。但し、昼夜の出演者は同一でないのが普通であった。講談席はたいてい二回興行と決まっていた。

寄席の木戸銭は普通三銭五厘、やすいのは三銭ないし二銭五厘、円朝の出演する席だけが、四銭の木戸銭を取るといわれていたが、日清戦争頃から次第に騰貴して、一般に四銭となり、五銭となり、以後十年間に八銭、または十銭までに上がった。ほかに座蒲団の代が五厘、煙草盆が五厘。これもだんだんに騰貴して一銭となり、二銭となったので、日露戦争頃における一夕の寄席の入費は、木戸銭と蒲団と煙草盆をあわせて、一人十四、五銭となった。中入には番茶と菓子と鮨を売りに来る。茶は土瓶一個が一銭、菓子は駄菓子や塩煎餅のたぐいで一個五厘、鮨は細長い箱に入れて六個三銭であったが、鮨を売ることは早く廃れた。

暗かった寄席

東京電燈会社の創立は明治二十年であるが、その電燈が一般に普及されるようになったのは十数年の後であって、たいていの寄席は客席に大ランプを吊り、高座には二個の燭台を置いていた。したがって、高座に出ている芸人は途中で蠟燭の芯を切らなければならない。落語家などが自分の話をつづけながら蠟燭の芯を切るのはすこぶるむずかしく、それが満足に出来るようになれば一人前の芸人であるといわれていた。

今から思えば、場内は薄暗かったに相違ないが、その時代の夜は世間一般が暗いので、別に暗いとも感じなかったのである。しかも円朝が得意の「牡丹燈籠」にも、「真景累ケ淵」にも、この薄暗いということがよほどの便利をあたえていたらしい。円朝の話術がいかに巧妙でも、今日のように電燈煌々(こうこう)の場内では、あれだけに幽霊の気分を漂わすことが出来なかったかもしれないと察せられる。

暗い話のついでにいうが、その頃の夜は甚だ暗いので、寄席へゆくには提灯を持参する人が多かった。女はみな提灯を持って行った。往く時はともかくも、帰り途が暗いからである。寄席の下足場には、めいめいの下駄の上に提灯が懸けてあった。そこで、閉場になると、場内の客が一度にどやどやと出て来る。それに対して、提灯の火を一々に点(つ)けて渡すのであるから、下足番は非常に忙しい。雨天の節には傘もある。傘と提灯と下駄と、この三つを一度に渡すのであるから、寄席の下足番はよほど馴れていなければ勤められない事になっていた。その混雑を恐れて、自宅から提灯を持って迎いに来るのもあった。

それも明治二十二、三年頃からだんだんに廃れて、日清戦争以後には提灯をさげて寄席へゆく人の姿を見ないようになった。それでも明治四十一年の秋、私が新宿の停車場付近を通ると、これから寄席へゆくと話しながら通る二人連れの女、その一人は普通の提灯を持ち、ひとりは大きい河豚(ふぐ)提灯を持っているのを見た。その頃の新宿の夜はまだ暗かったのである。今日の新宿に比べると、実に今昔の感に堪えない。

全盛の娘義太夫

今日の若い人達も薄々その噂を聞いているであろうが、その当時における女義太夫の人気はあたかも今日の映画女優やレビュー・ガールに比すべきものであった。

江戸時代の女義太夫はすこぶる卑しめられたものであったが、東京の寄席でおいおい売出すようになったのは明治十八、九年頃からのことで、竹本京枝などがその先駆であったと思われる。やがて竹本綾之助があらわれ、住之助が出で、高座の上は紅紫爛漫、大阪上りとか阿波上りとかいろいろの名をつけて、四方からおびただしい女義太夫が東京に集まって来たのである。その全盛時代は明治二十二、三年頃から四十年前後に至る約二十年間で、東京の寄席の三分の一以上は、女義太夫一座によって占領さるる有様であった。

彼らのうちには勿論老巧の上手もあったが、その大部分は若い女で、高島田に紅い花かんざしを売物にしていたのであるから、一般に女義太夫といわずして娘義太夫と称していた。芸の巧拙は二の次として、しょせんは「娘」であるから大人気を博したのである。

今日の映画女優やレビュー・ガールの支持者に対しては、ファンという外来語をあたえられているが、その当時の娘義太夫支持者に対しては、ドウスル連という名称があたえられていた。字を当てれば、堂摺連と書くのである。その名の由来は、義太夫のサワリの糸につれて、「ドウスルドウスル」と奇声を発して拍手喝采するからである。まじめな聴衆の妨害になること勿論であるが、何分にも多数が騒ぎ立てるのであるから、彼らの跋扈に任せるのほかはなかった。堂摺連には学生が多かったから、今日は社会的に相当の地位を占めている実業家や政治家や学者のうちにも、かつてドウスルに憂き身をやつした経歴の所有者を少なからず見出すであろう。

娘義太夫全盛の証拠には、その当時の諸新聞は、二、三の大新聞を除いてたいていは「今晩の語り物」という一欄を設けて、各席亭毎晩の浄瑠璃外題と太夫の名を掲載していたのであった。日露戦争前後から堂摺連も次第におとろえ、娘義太夫もまた衰えた。

浪花節も流行し始める

日清戦争以後からは浪花節が流行して来た。その以前の浪花節は専ら場末の寄席に逼塞して、聴衆も下層の人々が多かったのであるが、次第に勢力を増して来て、市内で相当の地位を占めている席亭も「御座敷浄瑠璃、浪花節」のビラを懸けるようになった。聴衆もまた高まって、相当の商人も行き、髭の生えた旦那も行き、黒縮緬の羽織を着た奥さんも行くようになった。

そのほかに、明治三十年以後には源氏節、大阪仁和賀、改良剣舞のたぐいまでが東京の寄席にあらわれて、在来の色物はだんだんに圧迫されて来た。今日落語界の不振を説く人があるが、右の事情で東京の落語界はその当時から已に凋落をたどりつつあったのである。

以上、極めて大づかみの説明にすぎないが、何分にも歳末来多忙、まずはこれに筆をとどめて置く。

昔の東京の夏

江戸の夏は知りませんが、東京の夏も随分変わりましたね。わたしの少年時代、明治二十年前後の頃には、盛夏の白昼というものはひどく寂かなものでした。勿論、電車などはなし、世の中も一体に忙しくなかったのでしょう、盂蘭盆を過ぎて土用に這入ると、午前は格別、午後の日盛りには往来がひとしきり途切れて、どこの大通りもひっそりと静まり返っていたものです。殊にわたし達の住んでいる山の手などは、一町内に人影の全く見えないようなことがしばしばありました。その日盛りをしろしろしているのは、蟬や蜻蛉を追い廻している子供らぐらいのものでした。今と違って、蜻蛉はそこらに群をなして飛んでいました。

寂かな盛夏の昼間

また、その暑い日盛りに出て来る商人は、風鈴屋・金魚屋・氷屋の類いで、氷屋は「氷、氷、冷やっこい」と呼びながら、氷のぶっかきを売って歩くので、五厘か一銭も買うと、どんぶり鉢に一杯ありました。

日盛りに出る商人達

それからかの定斎屋(1)が来る、角兵衛獅子が来る。どういうものか、角兵衛獅子は夏の日盛りに出て来るのが多く、大空には雲一つうごかないカンカン天気のまっ白昼に、角兵衛の太鼓が遠く聞こえるのは、いかにも夏の昼らしい感じがするものでした。

もっともその頃の角兵衛は今日のような乞食みたいなものではありません。十七、八歳を頭に十二、三歳の小綺麗な男の児が、新しい天鵞絨の手甲脚絆で、鼻緒のまっ白な麻裏草履を穿いて、三、四人ないし四、五人ぐらいが一組になって来るのですが、門並に銭をもらって歩くのではありません。単に太鼓を敲いて通るばかりで、呼び込まれた家の前に限っていろいろの芸を演じて見せるのです。したがって、その芸当もなかなかおもしろいことをやってみせたものですが、こうした辻芸人はいつの間にか絶えて、今日では単に一種の物売りになってしまいました。

日盛りには西瓜売りも来ました。これは「西瓜、西瓜、真桑瓜」と呼んで来るので、なかなかよく売れたものでした。買った西瓜は綱をつけて井戸の中へ冷やしておくのが習いで、路傍の井戸の中にも誰が放り込んだのか知れない西瓜が浮いているのをしばしば見受けましたが、別にそれを盗まれたというような噂も聞きませんでした。

水撒き　日が暮れかかると、どこの家でも水撒きを始めます。勿論、今でも水を撒きますが、その頃はほとんど同時刻にどこでも水撒きを始めるので、往来はひとしきり賑わいます。

商家では番頭・小僧までが裸足で表へ飛び出して、手拭でこしらえた肌襦袢一枚で水を撒く。小さな店などでは、若い娘までが手拭をかぶって裸足で手桶を提げて歩く。屋敷町のようなところでは、書生や馬丁や抱え車夫らが総出で撒き始める。男の児などは面白半分にその中にまじって騒ぐ。単に騒ぐばかりでなく、水鉄砲などを持出して無闇に弾きかけるので、水撒き時刻に往来をうっかり歩いていると、あたら絽の羽織の袖や裾をぐしょ濡れにされることがある。

その騒ぎがひとしきり静まって、家々の軒から蚊いぶしの煙がほの白く舞いあがるようになると、これから納涼台の世界になるのです。

走馬燈

下水の掃除もゆきとどき、人家もだんだん稠密になったせいか、この頃はどこでも蚊が非常に少なくなりましたが、その頃は下町の一部を除いて、どこでも蚊いぶしをしない所はないくらいでしたから、狭い横町などを歩いていると、両側の家々から流れ出る蚊遣の煙に咽ぶほどで、その煙の中に走馬燈の灯がぼんやりと見えたり、きりぎりすやガチャガチャ虫の声が聞こえたりして、行くところに夏の宵らしい気分を作っていました。

走馬燈は今日のように彩色したものは少なく、たいていは黒い影絵で、大津絵(2)や桃太郎や骸骨の行列などが多かったようです。たいていの商人店もまだ吊りランプを用いているのが多かったので、その薄暗い店先に黒い影絵の走馬燈を置いてあるのは、一種の涼しげな装飾になっていたようです。そのほかに南瓜を抉り貫いて走馬燈や虫籠をこしらえるのも、器用な職人や小僧達の自慢でした。

納涼台

電車はなし、自動車はなし、馬車や自転車も滅多には通らず、交通整理の必要なども認められない時代であるので、日が暮れるとたいていの商家の店先には納涼台を持出すのが習いでした。

納涼台は長床几と縁台の二種で、いわゆる納涼台は縁台をいうのです。縁台は大小いろいろありますが、普通は畳一枚ぐらいの大きさで、その四つ脚を折って畳むことのできる仕掛けで——早く言えば、今日の食卓の細長いようなもの——、その上に団扇や煙草盆を持出して、台の上に坐るのもあり、台の端に腰をかけるのもある。そこへまた近所の人などが寄り集まって来て、将棋を指すのもあり、無駄話をするもあり、そこでもここでも笑い声が賑やかに聞こえて、昔の川柳にいう「涼み台また始まった星の論」の江戸情緒をとどめていたのです。

その納涼台の賑わいを当込んで、流しの義太夫や新内や仮声つかいが来る、祭文語(3)が来る。どこかの納涼台でその芸人を呼び込むと、近所は勿論、往来の人までが集まって来て、そこに一種の野天演芸会が始まるのです。

枝豆売りや虫売り

そのほかには深川名物カリン糖を売りに来る、辻占を売りに来る、枝豆を売りに来る。枝豆売りは女か子供で、塩茹でにしたのを笊に入れて、小脇に抱えながら「枝豆や枝豆」と呼んで来るのですが、枝豆一把(いちわ)が四銭か五銭の時代ですから、一銭か二銭買っても相当に食うことができるのです。この枝豆売りは、朝は納豆か茗荷(みょうが)の子を売りに出るのが習いで、夏の朝まだきに「茗荷の子、茗荷の子」と呼んで来たものです。

茗荷の子は格別、枝豆売りの声はいやに淋しいもので、夏の宵もいつか更(ふ)けて、家々の納涼台もそろそろ片付け始める頃に、十四、五の小娘や、赤ん坊を負ぶった若いおかみさんなどが、売れ残ったらしい笊を抱えて「枝豆や、枝豆」と疲れたような声で呼んで来る。町の灯(ひ)はだんだんに疎(まば)らになって、往来には夜露がもう降りている。こうした夏の夜更けの気分は、宵の賑わいに引換えて、わたしら少年の頃にも一種の淡い哀愁を誘い出すものでありました。

今もありますが、虫売りも夏の夜には欠かされぬ商人(あきんど)で、今よりは買う人も多く、売る人も多かったようです。虫売り・風鈴売り・初午の太鼓売り、この三つは決して呼んで歩かずに、物の音(ね)で売るというのが江戸以来の特色でしたが、太鼓売りはもう出ません。風鈴売りも少なくなりました。虫売りもやがては絵で見るようになるのではありますまいか。

夜店で売るもの

夏の夜店で売るものは、いつも同じようなものですが、著しく減ったのは西瓜の切売りで、一切れ一銭とか一銭五厘とかいう付け木の札を挿した西瓜の雫がカンテラの灯に紅く照らされているのも、夏の夜らしい風情を描き続けているものでした。しかし、衛生を重んずる今日ではとてもはやるはずがありません。しかも、その西瓜を毎晩のようにかじっていた私どもが、今日まで無事に生きているのも不思議です。

それから鰻（うなぎ）の蒲焼き、大皿に盛って一串一銭から三銭ぐらいまでに売っていたものですが、これも著しく減りました。唐蜀黍（とうもろこし）の付け焼きは今もありますが、玉子焼きはまったく見えないようです。玉子焼きは夏に限るもので、暑中は玉子が腐敗し易いので、その傷（いた）みかかったのを焼いて売るのです。丸いのや三角なのがたいてい五厘か八厘か一銭ぐらいで、なんにも味は付いていないのですが、それを子供らは買って食うのです。

氷屋でアイスクリームなどを売るのは近年のことで、その当時は一杯一銭の氷水か、一杯二銭の雪の花や氷白玉（しらたま）ぐらいが関の山でした。心太（ところてん）は一杯五厘ぐらいで、これも子供達に喜ばれたものです。こんなことを一々数えていたら際限がありません。

花火

警察でやかましいせいでしょうか、この頃は夏の夜に花火を揚げるのも少なくなりました。たまに往来で子供が花火をいじっていても、みな線香花火か鼠花火の類いで、打揚げの筒はないようですが、以前はそこらで遠慮なしに筒花火をぽんぽん打ち揚げたものです。考えると、ずいぶん危険なものですが、それから火事を惹き起こしたということも語り聞きませんでした。勿論、五厘か一銭の筒ですから、ただぽんと打ち揚がるばかりで、ろくろくに火も散らないのです。

それからお化花火というのがありました。それは線香花火の大きいようなもので、青い火がとろとろと燃えるのです。いたずらの子供はそれを燃やして、銭湯の露地口や暗い横町で往来の娘子供などを嚇かしたものでした。

盂蘭盆の草市

最後に思い出すのは、盂蘭盆の草市です。この頃は精霊祭をする家もだんだん少なくなり、またその草物も近所の八百屋から買うのが多くなりましたから、どこの草市も年々にさびれてゆくようです。しかし以前はたいていわざわざ出て行って、草市で買ってくるのを例としていましたから、草市はみな繁昌しました。

平生は立ち木一本も見えない町中がその夜ばかりは昔の武蔵野に変わって、そこら一面に秋の花や秋草がうずたかく積まれ、その間にゆらめく盆燈籠が草より出でて草に入る風俗を見せているのも、一種詩的なものでした。ですが、それももう江戸歳時記の挿絵ででも見るより外はありますまい。

古い手帳を繰って見ますと、わたしが十八の年（明治二十二〈一八八九〉[4]年）の草市の値は、真菰一枚二銭、蓮の葉三枚二銭、夕顔と白茄子五銭、やりん坊二本一銭五厘、麻幹三把一銭、紅の花五厘、茄子や瓜の牛馬いずれも一銭五厘。それで当年はよほど騰貴した、と書いてあります。してみると、その以前はもっとやすかったのでしょう。

号外売り事始

日清戦争でさびれた盛り場

日清戦争の宣戦公布は明治二十七（一八九四）年八月一日であるが、その前月の七月二十五日には豊島(ほうとう)沖の海戦、二十九日には成歓(せいかん)、三十日に牙山(がざん)の陸戦があった。今日から思えば実に緩慢なもので、その海陸戦の詳報が新聞紙上に現われたのは、八月三、四日から五、六日頃である。世間は急に騒がしくなった。

海陸ともに捷報(しょうほう)であるから、人気は大いに引立ったものの、これはホンの小手調べであるから、最後のことは判らない。口では強がったことを言っていても、相手は大国であるから油断はできない。鼻ッ張りの強い熊さんや八さんは、「なあに屹(きっ)と勝つよ」と力んでいても、内心不安を懐いている人々も少なくない。ことに外国との戦争はこれが初めてであるから、人の心はなんとなく落着かない。

もう一つには、時局に対する遠慮もあるので、世間はにわかに不景気になった。八月の暑い最中であるが、避暑地や温泉場へ行っていた人たちは続々引揚げて来るという始末で、どこの避暑地もたちまち寂寥、この方面がまず第一に打撃を蒙った。

寄れば触れば戦争の噂で、花柳界は勿論、すべての盛り場も火の消えたようにさびれてしまった。劇場や寄席は夏休みでたいていは休場中であったが、さて九月からどうするか、迂闊に開場しても客が来るかどうだかと、関係者はいずれも頭を悩ました。

戦争劇で当てた川上一座

その中で機敏に立廻ったのは、新派劇の川上音次郎――その頃に新派という名はなく、一般に書生芝居とか、壮士芝居とか呼ばれていた――と、春木座の経営者溝口権三郎であった。両者ともに日清戦争劇を上演して大当たりを取ろうと企てたが、その当時の習いとして、時局に関する事を直ぐに脚色して上演するのはすこぶる面倒であった。それを許可するや否やに就いては、警視庁にも種々の意見もあったらしいが、川上の運動が功を奏してまず許可された。春木座も続いて許された。

成歓の陸戦で最も有名であったのは、安城渡における松崎大尉の戦死である。これは錦絵にもなって絵草紙屋の店先を飾っている。豊島沖の海戦で有名であったのは、浪速艦長東郷平八郎の高陞号撃沈である。それらを脚色すれば確かに人気を呼ぶに相違なかったが、「事実をそのまま脚色することは遠慮しろ」という警視庁の内意によって、両者ともに架空の事件を取り仕組むの外はなかった。

川上一派は浅草新猿屋町の浅草座（いまの台東区駒形一丁目五番）で、八月三十一日から開場した。狂言は『日清戦争』である。それから十日遅れて、春木座は九月十一日から開場、狂言は『日本大勝利』で、歌舞伎俳優の市川八百蔵〔後の中車〕、岩井松之助、中村芝翫〔四代目〕、それに大阪俳優の中村雀右衛門、市川駒之助、中村富十郎らが加入していた。

前にもいう通り、開戦以来すべての盛り場はにわかにさびれたのであるが、戦争劇は予期以上の人気をあおって、ここばかりはいずれも好景気であった。とりわけて浅草座の川上一派は、その戦争の場が実地を見るが如くであるという評判、日々客止めの素晴らしい景気で、四十日間も打通した。それも今から思えばすこぶる幼稚なもので、南京花火[1]を舞台にポンポン投げつけて、小銃弾と見せかける類いの物であったが、それでもその当時の観客を驚かして、戦争物は書生芝居に限ると伝えられ、今まで書生芝居などは振り向いても見なかった人達までが、争って浅草座の木戸をくぐった。

春木座も際物のために相当の興行成績を収め得たが、舞台の上の評判はよろしくなかった。なにぶんにも

戦争物には不適任の歌舞伎俳優

当時の歌舞伎俳優はザンギリ物が不得手であり、ことに新しい戦争物などには不適任であった上に、その脚本も旧式のお芝居風にできていたので、浅草座の書生芝居とは比べ物にならないという不評であった。

その後、歌舞伎座（いまの歌舞伎座の前身）、または明治座（当時はいまの中央区日本橋浜町二丁目一〇番にあった）で、團十郎・菊五郎・左團次らも戦争劇を上演し、川上以外の書生芝居も戦争劇を続々上演したが、歌舞伎派はいつも不評に終わって、戦争劇の競争は完全に書生芝居の勝利に帰した。書生芝居が地盤を踏み固めて、今日の新派劇の基礎を築いたのは日清戦争以来である。

それらのことを一々説明していては長くなる。ここでは最初に日清戦争劇を上演した浅草座と春木座を紹介するに留めて置きたい。

大流行の軍夫志願

盛り場がさびれたばかりでなく、何事も遠慮という意味から、家屋の新築も修繕も、庭の手入れも、差当たりは見合わせという向きが多いので、大工・左官・植木屋等の職人はみな手あきになった。彼らにとっては大打撃である。これら失業の職人らは一時凌ぎに、軍需品工場に雇われる者もあった。軍夫となって戦地へ出かける者もあった。

戦地では戦闘員以外の人夫をたくさんに使役しなければならないので、大倉組、その他が下請けで戦地行きの軍夫を募集すると、前にいう失業の職人や、人力車夫や、土方や立ちン坊（坂の下などに立って、臨時に車の後押しなどに雇われた者）の類いが続々集まって来た。その当時、土方や車力（しゃりき）は一日二、三十銭の収入にすぎないのに、軍夫になれば一円ないし一円五十銭の日給が貰えるというので、みな争って応募した。堅気な小商人（こあきんど）の中にも、「こんな不景気に悩んでいるよりも、いっそ戦地へ行ってひと稼ぎしようか」と、進んで軍夫を志願するのもあった。「おれも軍夫になろうか」などと、冗談半分にいう者もある。「あたしも男なら軍夫にいくけれど」という女もある。その当時の軍夫は到るところで噂の種になった。

　軍夫は五十人、または百人を一組とし、その組々を五十人長とか百人長とかいう者が統率することになっていた。その組長は主に土木の請負業者の子分で、なかなか幅をきかせたものであった。

　最初は急場のことであるから、片っぱしから応募者を戦地へ送り出したが、その中には体質が虚弱で戦地の労働に堪えない者が往々現われたので、中途から体格検査を行なって採用することになった。

　しかも、この軍夫は大体において成績が良くなかった。なにぶんにも土方や立ちン坊の類いも混じっているので、厳重な軍律の網をくぐって、酒を飲む、博奕（ばくち）を打つ、喧嘩をする、中には掠奪をはたらく者もあって、軍隊でもその取締りに苦しんだそうである。

　その経験にかんがみて、その後の日露戦争には軍夫を一切採用しなかった。軍夫の役目は総て輜重輸卒（しちょうゆそつ）が勤めることになった。日露戦争が始まった時、今度も軍夫になってひと稼ぎと手ぐすねを引いていた連中は、軍夫不用と聞いて落胆した。そんなわけで、軍夫の中でも心掛のいい者は、相当の金を懐中（ふところ）にして帰ったのである。

女義太夫だけ繁昌の寄席

芝居と違って、寄席は戦争によって客を引く術がなく、戦争落語とか戦争浄瑠璃とかいう工夫もないので、いったんはさびれた。それでも落語家は高座で何か戦争に因んだような小噺を言い、戦争当込みの替え唄などを歌った。その見本にこんなのを一つ紹介する。

平壌が陥落して、清国側の大将左宝貴が戦死したという新聞記事が現われた時、柳派の頭領たる柳亭燕枝は高座で語る。

「御承知の通り、長居の客を帰す呪いには、箒を逆さに立てて置くと申しますが、あれはまったく争われないもので……。現に今度の平壌の戦いでも、日本の軍隊が向かいますと、支那兵は城を捨ててみんな帰ってしまいました。あとで調べてみますと、左ほうきが逆さに立っておりました」

まことに他愛のない話であるが、客はドッと笑った。

寄席はさびれたと前にいったが、その不況の間にも女義太夫の席は割合に劣えず、どこもみな相当に繁昌していた。女義太夫は日清戦争前後から日露戦争前後にわたる十余年間が最も全盛の時代であったから、戦争の影響を蒙ること多からず、依然として太功記十段目(2)や三勝酒屋(3)で客を呼んでいたのであった。その頃には『爆弾三勇士』(4)のような新作はできなかったように記憶している。

「戦争はいつまで続くでしょう」

ひそかに不景気をかこつ声も、小半年の後、即ち二十七年の暮頃からだんだんに薄れて来た。海陸連戦連勝で、敵は決して恐るるに足らず、もうたいていの山は見えたという安心から、自然に遠慮もゆるんだのであろう、世間一般の景気も持直した。その景気をいよいよ引立てるために、十二月九日には東京市主催の祝捷会が上野公園で盛大に挙行されて、全市が国旗と提灯で埋められた。

二十七年暮から持直した景気

それやこれやで世間はにわかに明るくなって、今までひっそりしていた花柳界なども、祝捷という名の宴会で、暮も正月も賑わうようになった。出征将士の労苦を思いやりながらも、二十八年の春は目出たい屠蘇気分の新年を迎えた。

正月の紙鳶や羽子板も戦争にちなんだものが多かった。子供は海陸の軍帽をかぶって年始廻りに出歩いた。戦争双六、戦争歌留多の類いもいろいろできた。

新聞は木版画で戦地を紹介

写真術が今日のように発達せず、各新聞・雑誌社に写真班などが置かれていない時代であるから、新聞紙上に現われる戦地の光景はみな木版画である。器用な新聞記者は自分でスケッチして戦地から送って来るのもあり、新聞社によっては画家を戦地へ派遣するのもあった。

いずれにしても、野戦郵便で内地まで送って来て、それを木版に彫刻して紙上に掲載するのであるから、十日も十五日も遅れてしまうことは珍しくない。日露戦争当時になると、写真術も相当に進歩してきたが、それでも戦況報道に写真を利用していたのは、「戦時画報」とか「軍事画報」とかいったような戦争専門の雑誌に限られ、普通の新聞・雑誌はやはり木版によるものが多かった。今日に比べると、実に隔世の感がある。

出廻る戦争錦絵

日清戦争当時はまだ錦絵がすたれなかったから、東京市中に絵草紙屋というものが多かった。絵草紙ばかりでなく、小説や雑誌も売るのであるから、今日の本屋である。錦絵は芝居の似顔絵や武者絵や美人画や風俗画の類いで、一枚絵もあり、二枚続き、三枚続きもあって、それが店先に美しく掛け並べてあるので、往来の人も立止まって眺めていたものである。

春雨(はるさめ)や傘さして見る絵草紙屋

これは正岡子規の句であるが、こういう句の姿は現代人には想像されないかもしれない。その錦絵には時事を写したものもしばしば出版された。明治十年の西南戦争や、十七年の朝鮮事変や、清国の安南(あんなん)戦争や、みないろいろの錦絵になって絵草紙屋の店を賑わしていた。したがって、日清戦争の錦絵もたくさんできた。前にもいった通り、安城渡の松崎大尉戦死や、玄武門の原田重吉先登や、黄海大海戦や、みな錦絵の好材料で、新しい絵が出るごとにドシドシ売れた。銀座尾張町（いまの中央区銀座五丁目七～八番、同六丁目九～一〇番）の西側、即ち今日の松坂屋の向う角に、佐々木という絵草紙屋があったが、場所がらだけに戦争中はいつも混雑していた。

号外売り発生は日清戦争から

前に軍夫のことをいったが、もう一つ、この戦争について新しい職業を見出したのは、新聞の号外売りである。新聞の号外発行はこれまでに絶無ではなかったが、それはよくよくの重大事件に限られていて、各社の配達人がその購読者の家々へ配達するにすぎなかった。ところが、日清戦争勃発とともに新聞号外が飛ぶように売れ始めた。

ラジオの放送もなく、新聞の夕刊もない時代に、悠々閑々と明日の朝刊を待ってはいられないので、各人が争って号外を買うことになる。今までは無代価と決まっていた号外が、ここに一枚五厘とか一銭とかいう値を生じて、各社直属の配達人ではなく、臨時に号外だけを売り歩く者ができた。いわゆる号外屋である。

各新聞社でもわが社の広告になるというような意味で、その号外屋にも号外を分けてやる。最初は無代価であったが、それでは無制限になるので、中途から百枚一銭ぐらいを徴収することにした。しかも、百枚一銭で仕入れた号外が五十銭にも一円にも売れるのであるから、その当時においてこんなボロイ商売はめったにない。

軍夫になって戦地へ渡る者は相当の危険を覚悟しなければならないが、号外屋にはなんの危険もなく、足を擂粉木にして怒鳴り歩けばいいのであるから、失業の労働者の中にはこの号外屋に化けるのも多かった。軽子（もっこのような軽籠で物を運ぶことを仕事とした）や立ちン坊が号外屋に続々転業したために、魚河岸や青物市場が困っているという噂も聞いた。

一枚一銭と言っても、その当時の一銭は今日の七、八銭にも相当するのであるから、まったくボロイ商売に相違ない。心掛のいい号外屋は戦争中に稼ぎ貯めて、立派な店を開いたのもあるという。

そんな噂が残っていたためか、日露開戦の当座はにわか作りの号外屋が無数に出現して、一軒の新聞社の前に百人も二百人も押寄せるという始末で、社員の出入りも自由ならず、その制止に困ったぐらいであった。号外の値も二銭三銭に騰貴し、大きい号外は一枚五銭を呼ぶようになった。

今度も日支の全面衝突となれば、号外売りも盛んに活動するであろうが、ラジオの放送もあり、新聞の夕刊もある今日では、昔ほどのボロイ仕事にもなるまいかと思われる。

それでおかしかったのは、日露戦争の当時、私は東京日日新聞社（いまの毎日新聞社の前身）に籍を置いていた。その頃の日日新聞社は銀座尾張町（当時の京橋区尾張町一丁目一番、いまの中央区銀座五丁目七番）にあったが、私が社用で外出して帰って来ると、社の前には例の号外屋がいっぱいに詰めかけている。その混雑をかき分けて行くと、彼らは大きい声でこんな事を話し合っているのである。

「ここの社の号外は馬鹿に遅いな」

「××や〇〇では、もう出たというじゃあねえか」

「ここの編輯には薄鈍(うすのろ)が多いと見えるぜ」

「まったくボンヤリしていやぁがる。まるで露西亜(ロシア)兵だ」

百枚一銭で号外を分けてやって、薄鈍だの、ボンヤリだの、露西亜兵だのといわれてたまるものかと、年の若い私はムッとしたが、まさかに喧嘩もできないので、黙って聞き流して通りかかると、その一人が後ろから私に声をかけた。

「もし、大将、色男……。おまえさんは社の先生だろう。早く号外を出すように催促しておくんなさい」

私はやはり黙って通り抜けた。今日の号外売り諸君の中には、こんな粗暴な人間は恐らく見出されないであろう。今にして思えば、それも笑いの種である。

日清戦争当時の思い出を秩序もなしに語り続けているうちに、いつか日露戦争当時まで口が滑ってしまった。ここらでまず雑談を終わることにしたい。

昔の東京の歳晩

昔といっても、遠い江戸時代のことは私も知らない。ここでいう昔は、私自身が目撃した明治十年頃から三十年頃にわたる昔のことである。そのつもりで読んで貰いたい。

平日は寂しかった町々

その頃の昔に比べると、最近の東京が著しく膨張し、著しく繁昌して来たことはいうまでもない。その繁昌につれて、東京というものの色彩もまた著しく華やかになった。家の作り方、ことに商店の看牌（かんばん）や店飾りのたぐい、今と昔とはほとんど比較にならないほどに華やかになった。勿論、一歩あやまって俗悪に陥ったような点も見えるが、いずれにしても賑やかになったのは素晴らしいものである。

今から思うと、その昔の商店などは何商売にかかわらず、いずれも甚だ質素（じみ）な陰気なものので、大きな店ほどなんだか薄暗いような、陰気な店構えをしているのが多かった。したがって、大通りの町々といっても、平日は寂しいもので——その当時は勿論、賑やかと思っていたのであるが――人通りもまた少なかった。

それが年末から春初にかけては、にわかに景気づいて繁昌する。平日がさびしいだけに、その繁昌がひどく眼に立って、いかにも歳の暮らしい、忙しい気分や、または正月らしい浮いた気分を誘い出すのであった。今日のように平日から絶えず賑わっていると、歳の暮も正月もあまり著しい相違は見えないが、くどくもいう通り、ふだんが寝入っているだけに、暮の十五、六日頃から正月の十五、六日頃まで約一ヶ月のあいだは、まったく世界が目ざめて来たように感じられたものである。

暮を彩る絵草紙屋

今日のように各町内連合の年末大売出しなどというものはない。楽隊で囃し立てるようなこともない。大福引で箪笥や座蒲団をくれたり、商品券をくれたりするようなこともない。しかし、二十日過ぎになると、各商店では思い思いに商品を店いっぱいに列べたり、往来まではみ出すように積みかさねたりする。景気つけにほうずき提灯（赤い紙を張った丸形の小さい提灯）をかけるのもある。福引のような大当たりはないが、たいていの店では買物相当のお景物をくれることになっているので、その景品をこれ見よとばかりに積み飾って置く。それがまた馬鹿に景気のいいもので、それに惹かされるというわけでもあるまいが、買手がぞろぞろと繋がって這入る。その混雑は実におびただしいものであった。

それらの商品のうちでも、絵草紙屋――これが最も東京の歳晩を彩るもので、東京に育った私たちにとっては生涯忘れ得ない思い出の一つである。絵草紙屋は年の暮に限られた商売ではないが、どうしても歳の暮になくてはならない商売であることを知らなければならない。

錦絵の板元では正月をあて込みにいろいろの新版を刷り出して、小売りの絵草紙屋の店先を美しく飾るが習いで、一枚絵もある、二枚つづきもある、三枚つづきもある。各劇場の春狂言が早くきまっている時には、先廻りをして三枚つづきの似顔絵を出すこともある。そのほかにいろいろの双六も絵草紙屋の店先に掛けられる。その中には年々歳々おなじ版を重ねているような、例のいろは短歌や道中双六のたぐいもあるが、なにか工夫して新しいものを作り出すことになっているので、武者絵双六、名所双六、お化双六、歌舞伎双六のたぐい、主題は同じでも画面の違ったものを選んで作る。

殊に歌舞伎双六は羽子板と同じように、たいていはその年の当り狂言を選むことになっていて、人物はすべて俳優の似顔であること勿論である。その双六だけでも十種、二十種の多きに達して、それらが上に下に、右に左に掛け連ねて、師走の風に軽くそよいでいる。しかも、みな彩色の新版であるから、いわゆる千紫万紅の絢爛をきわめたもので、眼も綾というのはまったくこの事であった。女子供は勿論、たいていの男でも、よくよく忙しい人でない限りは、おのずとそれに吸い寄せられて、店先に足を止めるのも無理はなかった。絵草紙屋では歌がるたも売る、十六むさし[1]も売る、福笑いも売る。正月の室内の遊び道具はほとんど皆ここに備わっているというわけであるから、子供のある人にかぎらず、歳晩年始の贈物を求めるために絵草紙屋の前に立つ人は、朝から晩まで絶え間がなかった。私は子供の時に、麴町から神田、日本橋、京橋、それからそれへと絵草紙屋を見て歩いて、とうとう芝まで行ったことがあった。

歳の市を観ないでも、餅搗きや煤掃きの音を聞かないでも、懐手をして絵草紙屋の前に立ちさえすれば、春の来るらしい気分は十分に味わうことが出来たのである。江戸以来の名物たる錦絵がほろびたというのは惜しむべきことに相違ないが、私は歳晩の巷を行くたびに特にその感を深うするもので、いかに連合大売出しが旗や提灯で飾り立てても、楽隊や蓄音器で囃し立てても、私をして一種寂寥の感を覚えしめるのは、東京市中にかの絵草紙屋の店を見出し得ないためであるらしい。

歳晩の寄席

歳晩の寄席――これにも思い出がある。いつの頃から絶えたか知らないが、昔は所々の寄席に大景物ということがあった。

十二月の下席はたいてい休業で、上十五日もあまりいい芸人は出席しなかったらしい。そこで第二流どころの芸人の出席する寄席では、客を寄せる手段として景物を出すのである。中入になった時に、いろいろの景品を高座に持ち出し、前座の芸人が客席をまわって、めいめいに籤を引かせてあるく。そうして、その籤の番号によって景品をくれるのであるが、その中には空籤もたくさんある。中った者には、安物の羽子板や、紙鳶や、羽根や、菓子の袋などをくれる。箒や擂粉木や、鉄瓶や、提灯や、小桶や、薪や、炭俵や、火鉢などもある。

安物があたった時には仔細ないが、すこしいい物を引き当てた場合には、空籤の連中が妬み半分に声を揃えて、「やってしまえ、やってしまえ」と怒鳴る。自分がそれを持ち帰らずに、高座の芸人にやってしまえというのである。そういわれて躊躇していると、芸人達の方では如才なくお辞儀をして、「どうもありがとうございます」と、早々にその景品を片付けてしまうので、せっかくいい籤を引き当てても結局有名無実に終わることが多い。それを見越して、たくさんの景品のうちにはいかさま物も並べてある。羊羹とみせかけて、実は拍子木を紙に包んだたぐいの物が幾らもあるなどというが、まさかそうでもなかったらしい。

私も十一の歳の暮に、麴町の万よしという寄席で紙鳶をひき当てたことを覚えている。それは二枚半で、龍という字凧であった。私は喜んで高座の前へうけ取りに行くと、客席の中で例の「やってしまえ」を怒鳴る者が五、六人ある。私も負けない気になって、「子供が紙鳶を取って、やってしまう奴があるものか」と、大きな声で怒鳴り返すと、大勢の客が一度に笑い出した。高座の芸人たちも笑った。ともかくも無事に、その紙鳶をうけ取って元の席に戻って来ると、「なぜそんなつまらないことをいうのだ」と、一緒に行っていた母や姉に叱られた。

その紙鳶はよくよくわたしに縁がなかったとみえて、あくる年の正月二日に初めてそれを揚げに出ると、たちまちに糸が切れて飛んでしまった。

煤掃き

近年は春秋二季の大掃除というものがあるので——これは明治三十二年の秋から始まったように記憶している——特に煤掃き（すすはき）をする家は稀であるらしいが、その頃はどこの家でも十二月に入って煤掃きをする。手まわしのよい家は月初めに片付けてしまうが、もう数え日という二十日過ぎになってトントンバタバタと埃（ほこり）を叩き立てている家がたくさんある。商店などは昼間の商売が忙しいので、日が暮れてから提灯をつけて煤掃きに取りかかるのもある。

なにしろ、戸々で思い思いに叩き立てるのであるから、そのつどに近所となりの迷惑は思いやらないわけでないが、お互いのことと諦めて別に苦情もなかったらしい。江戸時代には「十二月十三日とたいてい決まっていたのを、維新後にはその慣例がくずれてしまったので、おたがいに迷惑しなければならないことになった」などと、老人たちは呟（つぶや）いていた。

ひきずり餅

もう一つの近所迷惑は、かの餅搗きであった。米屋や菓子屋で餅を搗くのは商売としてやむを得ないが、その頃には俗にひきずり餅というのが行なわれた。搗屋（つきや）が臼や釜の諸道具を車につんで来て、家々の門内や店先で餅を搗くのである。

これは依頼者の方であらかじめ餅米を買い込んでおくので、米屋や菓子屋にあつらえるよりも経済であるというのと、また一面には世間に対する一種の見栄もあったらしい。またなんという理屈もなしに、代々の習慣で必ず自分の家で搗かせることにしているのもあったらしい。

勿論、この搗屋も大勢あったには相違ないが、それでも幾人か一組になって、一日に幾ヶ所も搗いて廻るのであるから、夜の明けないうちから押掛けて来る。そうして、幾臼かの餅を搗いて、祝儀を貰って、それからそれへと移ってゆくので、遅いところへ来るのは夜更けにもなる。

なにしろ大勢がわいわいいって餅を搗き立てるのであるから、近所となりにとっては安眠妨害である。ことに釜の火を熾(さか)んに焚くので、風の吹く夜などは危険でもある。しかし、これに就いても近所から苦情が出たという噂も聞かなかった。運が悪いと、ゆうべは夜ふけまで隣の杵(きね)の音にさわがされ、今朝は暗いうちから向うの杵の音にまた驚かされるというふうなこともあるが、これも一年一度の歳の暮だから仕方がないと覚悟していたらしい。現にわたしなども霜夜の枕に響く餅の音を聴きながら、やがて来る春の楽しみを夢みたものでーー有明(ありあけ)は晦日(みそか)に近し餅の音ーー。こうした俳句のおもむきは到るところに残っていた。

柚湯

冬至の柚湯（ゆずゆ）――これは今も絶えないが、その頃は物価がやすいので、風呂のなかには柚がたくさん浮かんでいるばかりか、心安い人々は別に二つ三つぐらいの新しい柚の実をくれたくらいである。それを切って酒に浸して、ひび薬にするといって、みんなが喜んで貰って帰った。

なんといっても、昔は万事が鷹揚（おうよう）であったから、今日のように柚湯とは名ばかりで、風呂中をさがし廻って僅かに三つか四つの柚を見つけ出すのとは雲泥の相違であった。冬至の日から獅子舞が来る。その囃子の音を聴きながら柚湯のなかに浸っているのも、歳の暮のせわしいあいだになんとなく春らしい暢（のび）やかな気分を誘い出すものであった。

私はこういう悠長な時代に生まれて、悠長な時代に育って来たのである。今日の劇（はげ）しい、目まぐるしい世のなかに堪えられないのも無理はない。

〔註〕

I　風俗 江戸物語

江戸の春

(1) 御礼登城　年始の祝賀の挨拶を述べる(礼)ための訪問を年礼というと同様の意で御礼登城という。

(2) 高家　江戸幕府に於て、儀式典礼・勅使接待などを司る職名。足利氏以来の名家である大沢・吉良など二十六家が世襲、万石以下であったが、位階は大名に準じた。

(3) 御用達町人　幕府や諸侯の屋敷に出入りし、用品を納めたり、金銭の調達を周旋した商人(「江戸の町人」の項、参照)。

(4) 江戸町人　古町町人といって、幕府草創時からの家持町人を指す(「江戸の町人」の項、参照)。

(5) 布衣　布製の狩衣。江戸時代には、大紋に次ぐ四番目の礼服で、これを着る目見以上で六位の身分を指す。

(6) 引手茶屋　遊客を妓楼に案内する茶屋。吉原で一流の店は、直接客を上げないで必ず茶屋を通した。

(7) 龍の口の火消屋敷　龍の口はいまの千代田区丸の内一丁目三番、銀行倶楽部のあたりがこれに面した内濠から東に流れていた道三堀の入口に当たり、この道三堀に濠水の注ぎ込む形が龍が水を吐き出すようなので龍の口と名付けられ、この辺一帯の俗称ともなった。火消屋敷は、いまの同区丸の内二丁目一番明治生命ビルのあたりにあったもので、定火消の詰めていた屋敷のこと。幕府の若年寄配下に属し、旗本・御家人を主任とし、江戸市中の防火や非常警備を行なった(「江戸の火事」の項、参照)。

(8) 厄払い　大晦日や節分の夜などに「厄払いましょう」といって歩き、厄年に当たる人などに頼まれて厄払いの文句を唱え、銭を乞う人。

(9) 骨正月　二十日正月ともいう。正月の祝いに用意した塩鰤などの骨と大根などで粕汁を作り、二十日に食べたところからいい、西日本で多くこういった。

(10) 夷講　正月二十日と十月二十日には、商売繁昌を祝って恵比寿を祭り、親戚や知人を招いて祝宴を開いた。

(11) 六阿弥陀詣　七三〇年代、足立郡に住む足立正成という人の一人娘足立姫は豊島家に嫁したが姑との折合いが悪く自害、それを悲しんだ正成が熊野で得た霊木を行基に彫ってもらった六体の阿弥陀がいまに伝わる六阿弥陀という。行基はこの六体を彫った後、さらに余った木でもう一体の阿弥陀を彫り、これを木余りの阿弥陀といって、いま足立区扇二丁目一九番性翁寺に安置されているが、本文に記された六阿弥陀を詣でた人は、必ず性翁寺にも赴くことになっていた。

(12) 出代わり　一季・半季の奉公人が、雇傭期限を終えて交替すること。その交替期日は初めは二月二日と八月二日であったが、後に幕府の命令で三月五日と九月十日に改められた。

(13) 物日　普通には節句祝いの日を指し、吉原では紋日ともいった。吉原ではこの日、各店では飾り付けをし、遊女は日頃馴染みの客を必ず取らなければならず、揚げ代もこの日は特に高かった。

(14) 角力の女性見物　江戸時代の角力では、晴天十日間のうち千秋楽にしか女性の見物を許さなかった。しかもこの千秋楽には幕内力士は出場せず、幕下以下の取組であり、俗に「おさんどん角力」と呼ばれていた。しかし、明治維新の結果、各大名とも力士の抱えを止めたりし始め、角力の衰微を憂慮した当時の相撲会所筆頭（いまの協会理事長格）玉垣額之助と同筆脇（いまの同理事格）伊勢ノ海五太夫が角力を愛好していた前土佐藩主山内容堂（豊信）公に相談、容堂公の意見により、明治五（一八七二）年十一月二十二日からの回向院本場所ではその二日目から女性の見物を認め、後これが例になった。なお、高砂浦五郎はこの時には東方前頭であり、そんな発言力もなかったはずで、この件については綺堂の思い違いだろう。ただ高砂は文中にある通り酒井家の抱え力士であったが、酒井家が抱えを廃止した時、一緒に酒井家を去った力士のうち二人までが他家の抱えになったのに対し、「武士は二君にまみえずの精神に背く」としてその一人を襲ったりした。そこで、酒井家ではその忠心に感じ、再び高砂を抱え力士としたとの逸話があり、さらにその後、高砂が角力制度の改革を叫んで大阪に奔った事件があるなどし、これを綺堂は誤ったのではなかろうか。

同心と岡っ引

（1）大番屋　ここでは「江戸中に一ヶ所しか無かったのです」と、語っているが、実は七、八ヶ所あったようだ。そしてこのうち特に有名だったのが南茅場町北側（中央区日本橋茅場町一丁目一番）の日本橋川沿いにあった大番屋と、本材木町三丁目・同四丁目の中間（同区日本橋三丁目一五番）にあった三四の番屋で、この文中にある「八丁堀の大番屋」というのは、八丁堀に近い南茅場町の大番屋を指していたようだ。

（2）町役人　都市居住の町人が町の自治生活のために負担する義務の役で、町人の総支配格の下にあった名主・月行事・五人組・家主等を指した。この町役人を「マチ役人」と読んではならない。町役人というのは、町奉行所所属の与力・同心を指していたのである（「江戸の町人」の項、参照）。

（3）宇治の里　茶漬けで知られた料理屋で、三田村鳶魚によると「酒を土瓶で持ってくる」ということをしていたという。嘉永元（一八四八）年刊の「江戸名物酒飯手引草」によると、芝口三丁目（いまの港区新橋二丁目二・二六番あたり）に「宇治里」、通二丁目（いまの中央区日本橋二丁目一・二・五・七番）に「宇治の里清三郎」、浅草旗籠町二丁目（いまの台東区柳橋一丁目一四～一六・二二・二五～二七番）に「宇治の里又助」の三軒の名を挙げているが、ここではおそらく通二丁目の店を指していたのだろう。なお、「芝居」の項では、さらに「茅町の宇治の里」と記しているが、当時はいまの台東区柳橋一丁目四・一三・二〇と同浅草橋一丁目九・一八番が茅町一・二丁目であり、さらに同じ台東区池之端一丁目二・四と同二丁目一番の南端も茅町一・二丁目になっており、この場合には池之端の茅町の方にも「宇治の里」があったことも考えられる。

（4）仙石騒動　但馬出石藩五万八千石の幼藩主仙石道之助に対し、家老仙石左京が家を奪おうと計画、同家の忠臣で浪人していた神谷転を江戸町奉行所に捕えてもらおうとした。町奉行所では天保六（一八三五）年四月、虚無僧をしていた神谷を捕えたが、下総小金の虚無僧寺一月寺では「寺社奉行支配の者を町奉行所で捕えたのは違法」として幕府に訴え、遂に神谷は寺社奉行に引渡されて左京の悪事が露顕、左京は獄門となり、仙石家は二万八千石に減封された。

（5）察当詰　江戸時代の裁判で、犯罪の証拠が明らかな場合、被疑者の自白を得られなくとも裁判官の判断により犯人と推定、裁判を終えること。自白が得られて吟味を終える自詰に対する語。

聖堂と講武所

（1）講武所芸者　幕末、幕府が加賀っ原、いまの千代田区外神田一丁目のあたりを講武所上納代地として町屋に編入、講武所の維持費に当てたが、ここが花街ともなり、講武所芸者の名で呼ばれた。

寄席

（1）どうする連　女芸人を贔屓にして足しげく通う連中のこと。特に明治時代に入り、東京で娘義太夫を聞きに通う連中が、よい節廻しのところで「どうするどうする」と、囃し立てたのに始まるという。

（2）写し絵　黒い紙をいろいろに切って竹串に挟み、行灯の火で映す影絵をいったが、享和（一八〇一〜〇四）の頃、都楽という人がエキマン鏡という眼鏡を種としてビイドロへ彩色した絵を描き、自在にこれを働かせる工夫をし写し絵として興行。これが寄席などに拡まった。

江戸の化物

（1）七面様　豊島区雑司が谷一丁目五一番の本浄寺にある七面大明神と思われる。身延山七面大明神の雛形の像と伝え、昔は七面堂にあったが、いまは本堂に納められる。

両国

（1）でろでろ　「でろれん」のことと思われる。でろれん祭文ともいい、法螺貝を吹き、短い錫杖を鳴らしながら語り、合の手に、「でろれんでろれん」という。浪花節の源流の一つ。

（2）八百善　いまは中央区銀座六丁目五番にある高級料理店で、創業は宝暦年間（一七五一〜六四）と伝え、主人の八百屋善四郎を略して店名としたもの。江戸時代には新鳥越一丁目（いまの台東区東浅草一丁目一番）にあった。特に四代目善四郎は画家の酒井抱一や谷文晁、狂歌の大田蜀山人等と親交厚く、高級料理店として知られるようになり、「八百善料理通」など、数々の料理本を刊行した。

芝居

（1）江島生島　江島は七代将軍家継の時、勢のあった大奥の女中で、正徳四（一七一四）年山村座の役者生島新五郎と密通の罪で信濃高遠に流刑、生島も三宅島へ流されて山村座は廃絶、連座した者千五百人に及んだという。これは大奥の退廃に利権の暗躍がからんでいたため、その風紀粛正をめざした幕府の強い処断であった。

（2）前船　二階の舞台に向かって正面に当たる桟敷の前面に張り出した席を引船といい、その一番前を前船、次の列を中船、その後ろを跡船といった。享和三（一八〇三）年刊の「戯場訓蒙図彙」では、「中むかしのころ、義経千本桜のあやつり狂言に渡海屋の幕にて、此所をはるかの海にこしらへ、あまたの軍船いれみだれて戦ふかたちを仕出して大あたりせしとかや。それより後、船を引きたる跡ゆゑ、引船と呼びならはす」と定義付けており、綺堂はどうも他の言葉と意味を取り違えているようだ。

（3）あゆみ　歩板とも書く。芝居小屋で、土間を仕切った枡形の木を幅広く仕立て、客や売り子が通れるようにしたもの。ここで見ると、明治に入って新設された芝居小屋と専属の茶屋とを繋いだ廊下も「あゆみ」というようになったのだろう。

（4）千歳座　いま中央区日本橋浜町二丁目三一番にある明治座の前身。明治六（一八七三）年四月、喜昇座として当時の日本橋区久松町三七番（いまの中央区日本橋浜町二丁目一〇番）に開場したのが始まり。同十二年に久松座と改名したが、翌十三年火事で焼失、同十八年千歳座として再建したもの。しかし、同二十三年に再び火事で焼失、同二十六年十一月、初代市川左団次が明治座として再建したが、大正十二年の関東大震災で再び焼失、その後、現在地に移って同じ明治座名で復興した。

（5）新富座　江戸末に猿若町にあった守田座が明治五（一八七二）年に新富町（いまの中央区新富二丁目六番）に移転、同じ守田座として開場したが、明治八年に新富座と改名したもの。大正十二年に関東大震災に遭って後は映画館となっていたが、昭和十四年に廃座となった。

時の鐘と太鼓

（1）午砲　正午を報ずる号砲。東京では明治四（一八七一）年にいまの皇居東御苑内に設置したが、昭和四年にサイレンに替わった。その音からドンとも呼んだ。

（2）鳥居元忠　通称彦右衛門、徳川氏譜代の家臣。慶長五（一六〇〇）年関ヶ原の役を前にして家康が会津進攻の軍を起こした時、死を覚悟して伏見城を守り、石田三成挙兵により城を囲まれ戦死した。

山王祭

（1）地走　祭の時、土地っ子の練衆が赤紋付きの長柄の傘をさしかけて、囃子方とともに歩いてする踊り。またその踊り子。

（2）地口　諺や俗語など、ありふれた成語に同音、または音の似通った別語で、違った意味を表わす洒落。

手習師匠

（1）往来　本来の意味は往信と来信、つまり手紙を意味し、転じて往信・来信を具えた手紙の模範文例集（ここに紹介された庭訓往来のような）のことになり、さらに手習師匠の許で使う手習の手本をすべて指すようになったもの。

（2）五節句　年間五度の節句で、人日（正月七日）・上巳（三月三日）・端午（五月五日）・星夕（七月七日）・重陽（九月九日）を指す。

（3）天神講　菅原道真の命日に当たる二月二十五日（あるいは毎月二十五日）に行なった天満天神の祭が、手習師匠の許などでも行なわれた。

（4）敵本主義　本当の目的を隠して、他を目的とするかのように見せかけて行動するやり方。

旅

（1）助郷　宿に常備した伝馬や人足が不足したとき、応援の人馬を負担するように指定された宿付近の郷村、あるいはその課役をいう。多く大名行列などに利用されたが、このために何日も休んで出勤させられる郷村では困窮した例が多く、そのために一揆なども起こった。

（2）打裂羽織　略して打裂ともいう。武士が乗馬・旅などに使った羽織。背縫いの下半分を縫い合わさず、裂けたままにしたもの。

（3）横川の番所　幕府は直轄の五街道の重要個所に関所を設けていたが、道中奉行所の役人が心覚えに記した規定集「五駅便覧」によると五十三ヶ所に上っており、横川は中仙道のうちでも、福島（いまの木曾福島市）の関所とともに重要な関所の一つとなっていた。当時は普通に番所といえば、幕府以外の各藩が藩領の出入り口に設けたものを指していた。

江戸の火事

（1）箱棟（はこむね）　檜皮葺（ひわだぶき）・柿葺（こけらぶき）などの屋根の大棟を板で箱形に造ったもの。むくの銅で造るのを材料節約のため木の板で箱形にしたもので、普通は保存のため銅板で覆う。

（2）町六方（まちろっぽう）　いわゆる町奴（まちやっこ）のこと。旗本奴に対抗した浪人や町人などの俠客（きょうかく）を意味し、六方（誇張した歩き方）で横行したので、こうも呼んだ。

（3）岩城桝屋（いわしろますや）　当時の麴町五丁目、いまの千代田区麴町三丁目二番、第一勧銀麴町支店の所にあった呉服店で、間口三十六間・奥行二〇間、蔵を十一棟も持っていたという大店（おおだな）。文政五（一八二二）年刊「江戸買物独（ひとり）案内」では、木綿・繰綿問屋㕝桝屋九右衛門として紹介しているが、明治十六年に大阪に撤退したという。

心中の処分

（1）久離帳（きゅうりちょう）　久離とは、目上の者が連帯責任や社会的批難を免れるために、目下の親類に親族関係の断絶を言い渡す行為を指す。久離帳は町奉行所備付けの帳簿の一つで、町奉行所で許可された久離願いを記したもの。久離された者が後に改心した時には、久離帳取消しを願い出る必要があった。

（2）道哲（どうてつ）　いまの台東区浅草六丁目三六番にあった西方寺のこと。この寺にいた道哲という僧が名妓といわれた吉原の高尾太夫とゆかりの者で、常に念仏して鉦（かね）を鳴らし、吉原に通う者に教えさとしていたと伝え、そこで同寺が吉原に向かう日本堤の脇にあったところから「土手の道哲」と呼んだ。浄閑寺と同様に投込み寺で知られていた。

江戸の町人

（1）角屋敷（かどやしき）　町角にあって両面が街路に面した屋敷。商売に有利なので、由緒ある裕福な商人が多く住んだ。

（2）猿屋町会所（さるやちょうかいしょ）　猿屋町はいまの台東区浅草橋三丁目二〜六・一三〜一七番に当たる。会所は行政や商業などの事務を執るための集会所を指し、普通に町会所といえば町役人が詰める事務所をいっていた。しかし、猿屋町会所は、正式には猿屋町御貸付金会所の略で、担当の町年寄樽屋藤右衛門の名から樽屋御役所とも呼ばれた。寛政元（一七八九）年九月、老中松平定信の時、幕府は棄捐令（幕府や諸藩が家臣の財政難を救済するため、債権者に対し債権を棄てさせた法令）を発したが、この際、もし札差債権の棒引きを命じた時には、恐慌状態になった札差が旗本や御家人に対し一斉に締貸し（金融拒否）を行ない、かえって幕臣団の財政を困窮化させる恐れが懸念された。そこで札差の救済機関としてこの会所を設立、札差のための営業資金貸付け機関としたものである。

（3）草分名主　徳川家康が江戸入りした天正十八（一五九〇）年以前から江戸に居住、その家の祖先自らその土地を開いた者。

（4）札差　幕府から蔵米受取手形を渡される時、その人名を書いて割竹に挟み、蔵役所の藁苞に刺したことから起こった名。

（5）小普請入り　旗本、御家人の三千石以下の者で、老幼・病疾・罪科などで職を免ぜられた者は、旗本は小普請支配、御家人は小普請組となり、扶持を与えられた。

（6）十八大通　江戸時代も半ばを過ぎると、裕福な町人の中には遊里や芝居小屋に出入りして粋を誇り、野暮をいやしみ、世事に通じたいわゆる通人が出現、世間にもてはやされた。その通人の中でも特別にすぐれた者を十八大通と呼んだのだが、この十八は歌舞伎十八番と同様に吉祥の数といわれたもので、必ずしも十八人いたわけではなく、これに名を連ねた者には札差や娼家の主人が多かったという。

■方位・時刻表

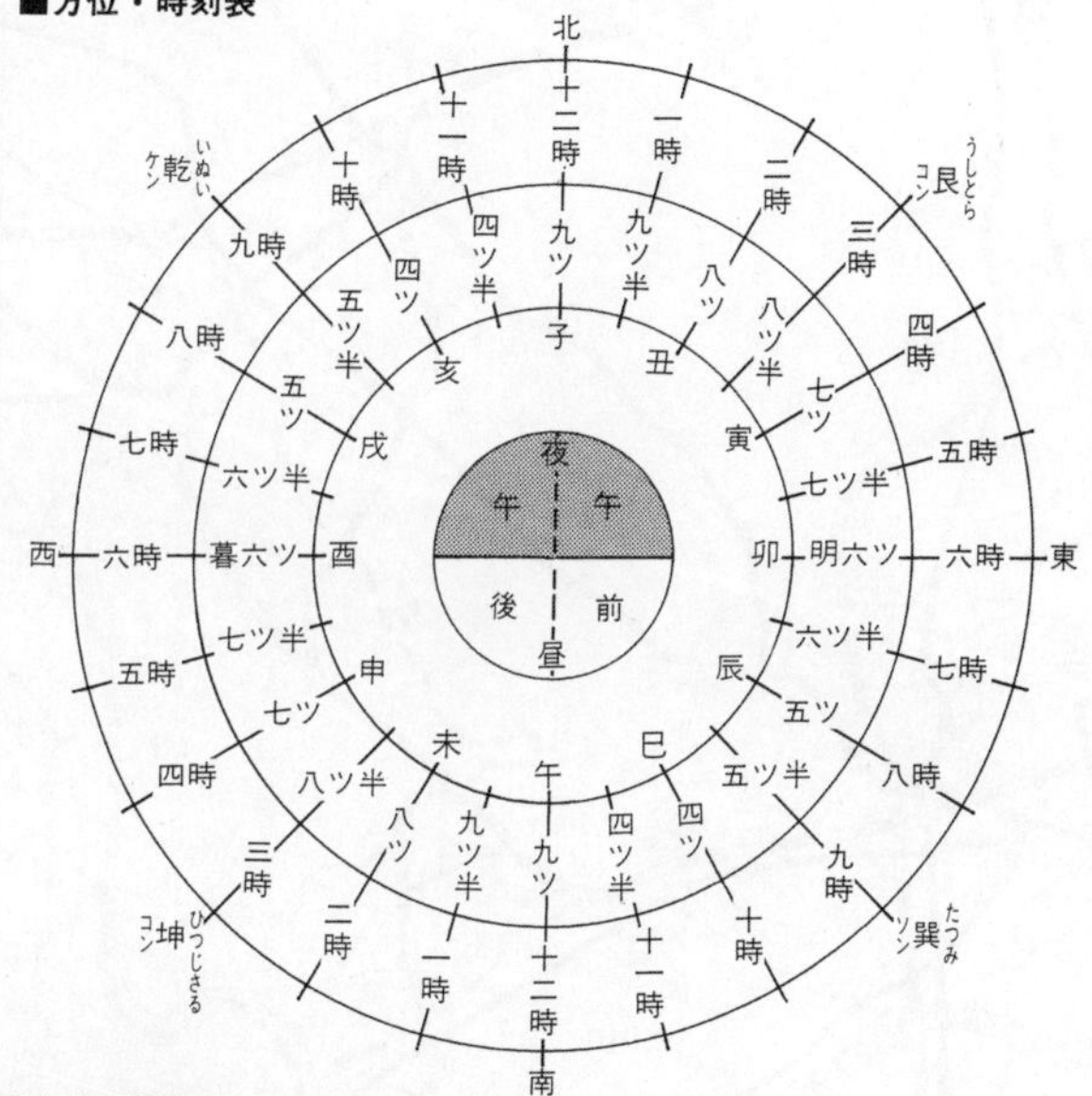

■金銭換算表

寛永２年(1625)規定の公用相場

金１両＝金４分＝銀60匁＝銭４貫文

金１分＝金４朱＝銀15匁＝銭1000文

天保元年(1830)の実質相場

金１両＝銀64.62匁＝６貫832文

■米相場

天保元年の江戸小売相場

米１石(約150kg)＝銀83.1匁

平成12年10月の指定標準米平均価格

10kg＝3625円　１石＝54375円

■米相場をもとにした現在との金銭換算

１両＝42283円　100文＝619円　1000円＝164文

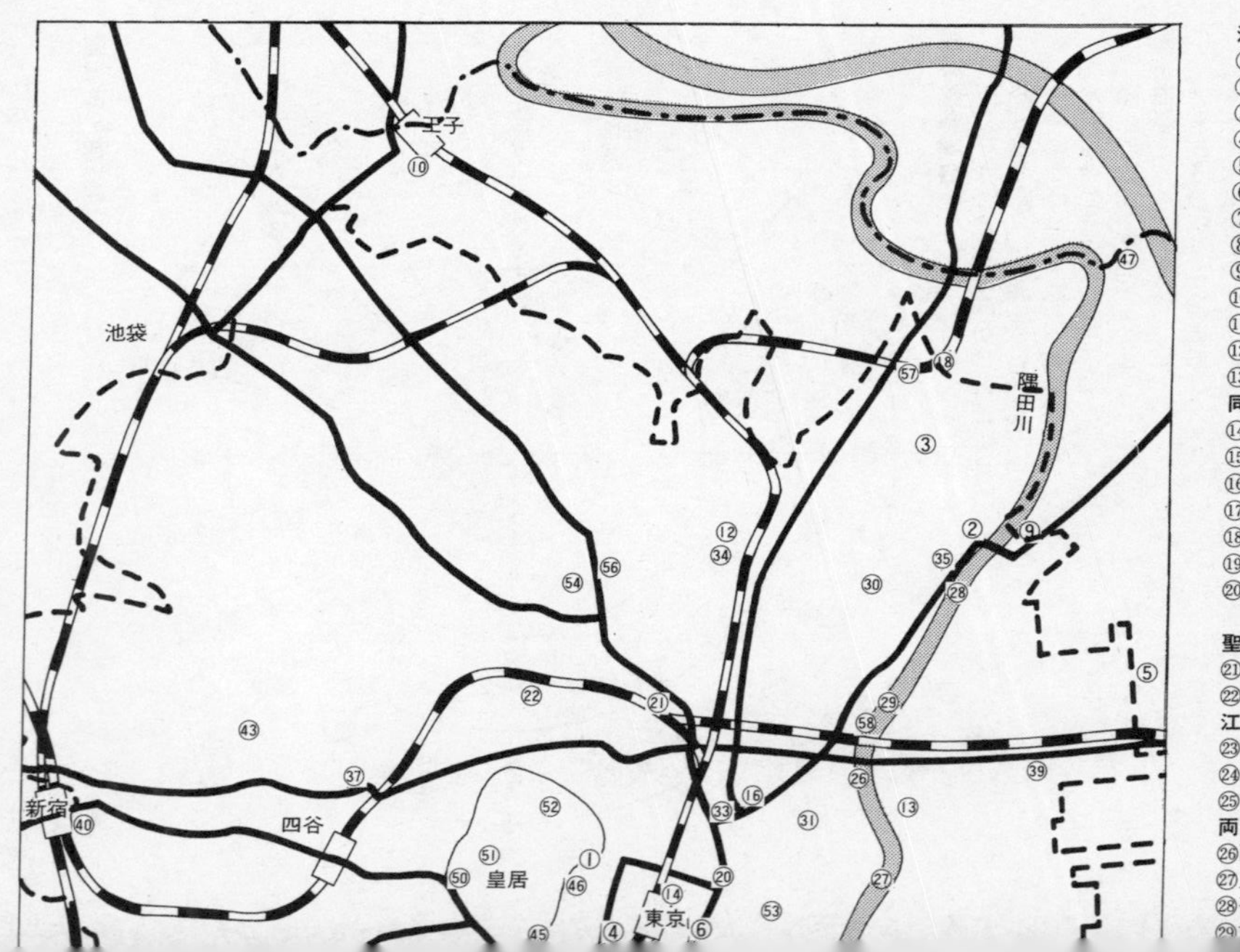

江戸の春
①大手門
②猿若町
③吉原
④竜の口火消屋敷
⑤亀戸天満宮
⑥中橋広小路
⑦芝浦
⑧洲崎
⑨向島
⑩飛鳥山
⑪御殿山
⑫上野
⑬回向院

同心と岡っ引
⑭北町奉行所
⑮南町奉行所
⑯牢屋
⑰人足寄場(石川島)
⑱小塚原刑場
⑲鈴ヶ森刑場
⑳晒場
(日本橋南詰東側)

聖堂と講武所
㉑聖堂
㉒講武所

江戸の化物
㉓虎ノ門
㉔蝦蟇池
㉕愛宕山

両国
㉖両国橋
㉗三俣
㉘吾妻橋
㉙首尾の松

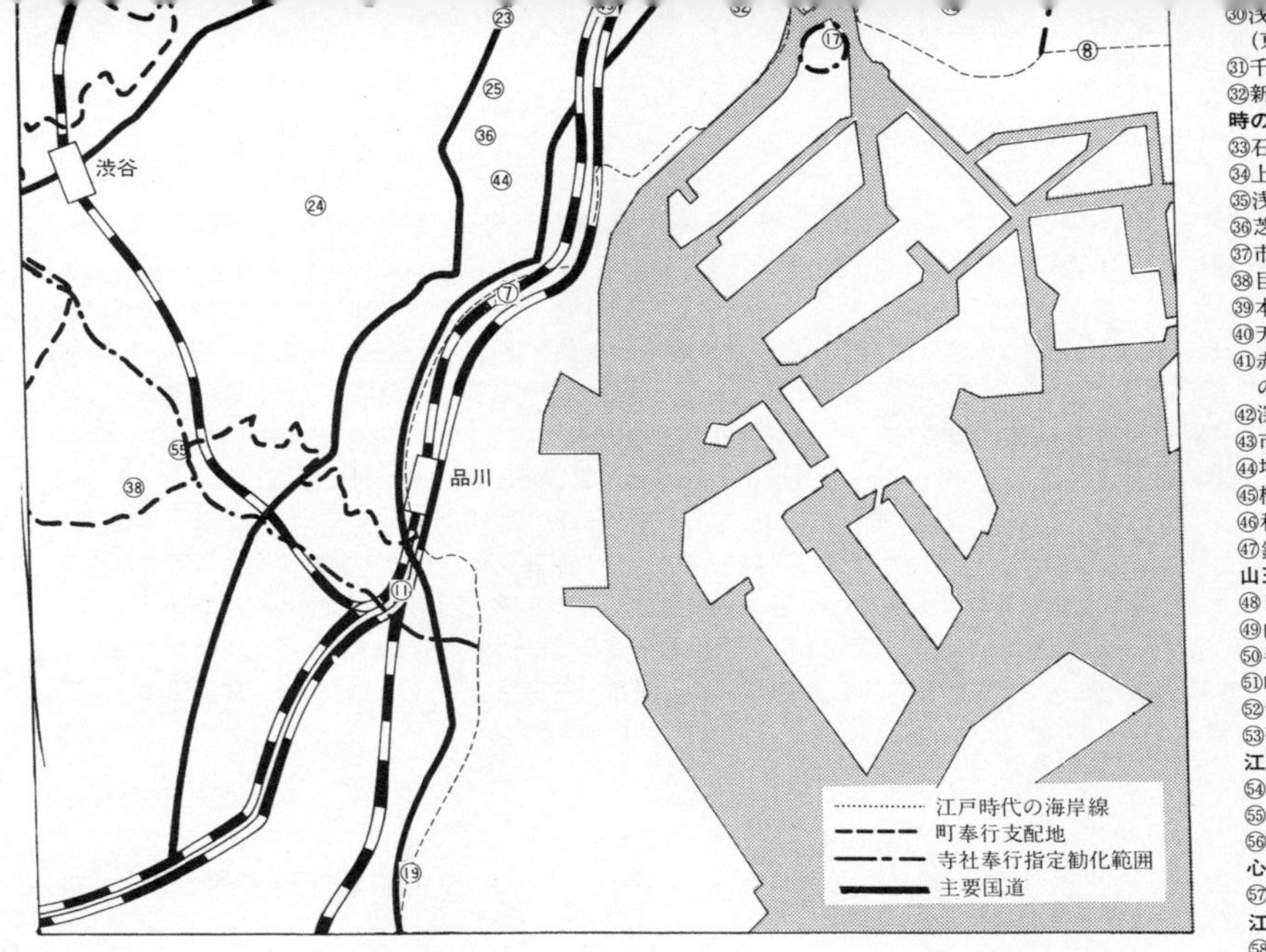

㉚浅草の門跡
（東本願寺）
㉛千歳座跡
㉜新富座跡

時の鐘と太鼓

㉝石町の時の鐘
㉞上野の時の鐘
㉟浅草の時の鐘
㊱芝の切通しの時の鐘
㊲市ヶ谷八幡の時の鐘
㊳目黒不動の時の鐘
㊴本所横川の時の鐘
㊵天竜寺の時の鐘
㊶赤坂田町の成満寺
の時の鐘
㊷深川八幡
㊸市ヶ谷月桂寺
㊹増上寺
㊺桜田門
㊻和田倉門
㊼鐘ヶ淵

山王祭

㊽日枝神社
㊾山下門
㊿半蔵門
51吹上
52竹橋門
53茅場町御旅所

江戸の火事

54本妙寺跡（本郷丸山）
55大円寺
56前田家屋敷

心中の処分

57浄閑寺

江戸の町人

58蔵前

II 風俗 明治東京物語

東京風俗十題

湯屋

(1) 丹前風呂　寛永（一六二四〜四四年）の頃、いまの千代田区神田小川町一丁目一番西部あたりに堀丹後守の屋敷があり、その屋敷前、つまり当時の雉子町北部（いまの同区神田美土代町一一番、同神田司町二丁目一三、一五番あたり）を丹後殿前、後にそれを詰めて「丹前」と呼ぶようになった。このあたりには当時、いかがわしい女を置いた風呂屋があり、旗本らが派手な格好で出入りしたりして評判となり、それらの旗本たちの風俗を「丹前風」といい、またそれらの風呂屋を「丹前風呂」と呼んだ。

(2) 三馬　江戸後期の草双紙、滑稽本の作者で、式亭三馬の名で知られる。本名菊池久徳。遊戯堂などの別号もあり、初め書店を、後に薬屋を営み、傍ら著作にふけった。『浮世風呂』『浮世床』などはその代表作。

(3) 葉湯　菖蒲湯・桃湯などのほか、薬草の葉などを入れた湯。

(4) ひば湯　「ひば」は干葉で、大根の葉や茎を陰干しにして枯らせたもの。この大根葉はよく暖まるといって風呂に入れたりし、それを「ひば湯」といった。

(5) 柘榴口　江戸から明治にかけ、銭湯では湯の冷めるのを防ぐため、板戸で湯槽の前部を深く覆ったもの。そのため、浴槽に入るには身体をかがめて入る。柘榴の果実の酢が鏡を磨く材料となるところから「かがみいる」の意で、こう呼んだという。

相撲

（1）相撲の女性見物　江戸時代の相撲では、晴天十日間のうち千秋楽にしか女性の見物を許さず、しかもこの日には幕内力士は出場せず、幕下以下の取組で、俗に「おさんどん相撲」と呼んでいた。しかし、明治維新の結果、各大名が力士の抱えを止めたりし始め、相撲の衰微を憂慮した当時の相撲会所筆頭（ふでがしら）（いまの日本相撲協会理事長格）玉垣額之助と同筆脇（いまの同理事格）伊勢ノ海五太夫が相撲を愛好していた前土佐藩主山内容堂（豊信）公に相談、容堂公の意見により、明治五（一八七二）年十一月二十二日からの回向院本場所では、その二日目から女性の見物を認め、以後それが例となった。なお、高砂浦五郎はこの時には東方前頭であり、そんな発言力もなかったはずで、この件については綺堂の思い違いだろう。ただ高砂は江戸時代以来酒井家の抱え力士であったが、酒井家が維新後抱えを廃止した時、一緒に酒井家を去った力士のうち二人までが他家の抱えになったのに対し、「武士は二君にまみえずの精神に背く」としてその一人を襲ったりした。そこで、酒井家ではその忠心に感じ、再び高砂を抱え力士にしたとの逸話があり、さらにその後、高砂が相撲制度の改革を叫んで大阪に奔（はし）った事件があるなどしており、綺堂はこれと混同したのではなかろうか。

（2）兜町（かぶと）・蠣殻町（かきがら）　当時の日本橋区兜町四番、いまの中央区日本橋兜町二番に株式取引所、いまの東京証券取引所があり、また日本橋区蛎殻町一丁目二番、いまの中央区日本橋蛎殻町一丁目一二番に米穀取引所があった。そこで兜町といえば株式、蛎殻町といえば米穀関係者の代名詞となっていた。

（3）坊主軍鶏（ぼうずしゃも）　当時の本所区本所元町（もとまち）、いまの墨田区両国一丁目九番にいまもある店。屋号は本来「丸屋（まるや）」だが、それが「ぼうずしゃも」となったのは、初代弥太郎の坊主頭と軍鶏鍋がここの名物であったから。天和（てんな）年間（一六八一〜八四年）の創業と伝え、当時のこのあたりは隅田川沿いの河岸地で、気の荒い船頭たちがよく争いを起こし、その仲裁に入って喧嘩をおさめたのが初代弥太郎で、その喧嘩をおさめるには頭を丸め、坊主になるのがよいとの考えからだったとのこと。その人柄が評判となり、「ぼうずしゃも」の異名で繁昌したという。料理に使う軍鶏は店で飼育したもので、黒味噌仕立ての軍鶏鍋はいまも評判である。

（4）花相撲　本場所以外に興行する相撲のことで、元は木戸銭を取らず、見物人からの祝儀を受けたことからいう。この祝儀を「花」といったのだが、本来は纏頭を日本語で「はな」と呼んだから。纏頭はその芸を賞し与える物、または金銭を意味した。

稽古所

(1) 一中節　浄瑠璃節の一つで、京都の都一中の始めたもの。

(2) 河東節　享保二(一七一七)年十斗見河東の創始した江戸浄瑠璃の一派。江戸生粋の浄瑠璃という誇りによりいまに存続する。

(3) 薗八節　宮古路豊後掾の高弟宮古路薗八が享保の頃、京都を中心に語り出した浄瑠璃の一派。いま伝えられる薗八節は、これを江戸に伝えた宮薗春太夫の門弟山城屋清八こと初世宮薗千之の系統のものといい、宮薗節とも呼ぶ。

(4) 経師屋　経師が物を貼ることから、見張って付け狙う意で「張る」にかけた言葉。女子を手に入れようと狙う人をいう。

能楽

(1) 御能拝見　将軍家で祝い事のある時、御大礼能というものが五日くらい催され、そのうちの一日を町入能に当てる。この日は午前と午後の二つに分け、江戸の名主以下の町役人どもに能を見せるので、これを御能拝見といった。これは、本丸の大広間南庭の舞台で行なわれるのだが、この日に限って御能拝見に上がった町人は大声で老中や若年寄のことなどを「何の守しっかりしろ」とか、「禿」など、どんな悪口を叫んでも許されたという。

(2) 被布　着物の上に羽織る服の一つ。羽織に似て衽(着物の前の左右にあって、上から下までの半幅の部分)を深く左右に合わせた盤領製のもの。江戸末期から茶人や俳人が着たりしたが、後に婦人など外出用として着物の上に着て、後に洋風を加味して東コートに変わった。

劇場

(1) 堺町・葺屋町の昔　天保十二（一八四一）年のいわゆる天保の改革により歌舞伎三座が猿若町（いまの台東区浅草六丁目二～五、一八～二〇番）に移転させられる前は、ここに中村座や市村座などの芝居小屋があった。

(2) 緞帳芝居　引幕を許されず垂幕を使った下等な芝居。

(3) 芝居茶屋　芝居小屋に付属、芝居見物の案内、幕間の休憩、食事、その他の用を足すための茶屋。

(4) 六二連　初めは三升連といって、九代市川團十郎の贔屓の連中の集まりであった。これは「見升連」ともいい、「見ます」に引掛けたのだが、舞台に向かって右（上手）から六番目の前から二列目のいわゆる二の桝を選んで席を取るのが例のところから、人が六二連と呼びならわし、それが連の名となった。この席がちょうど中央部に当たり、見やすかったからという。また水魚連は、六二連に対抗した連で、西村吉叟・西野海呑等が「諸芸新聞」に劇評の筆を執ったりした。

(5) 魚河岸　江戸時代の日本橋川北岸、本船町（いまの中央区日本橋室町一丁目二、四番東部、同一八番、同本町一丁目一、二、四、八番の大部）と長浜町・安針町（同区日本橋室町一丁目一六番、同本町三番、同一二番南部）、さらに本小田原町（いまの同区日本橋室町一二、一四番、同本町一丁目五、七、一二、一四番の大部）一帯がそれに当たり、大正十二年の関東大震災により築地市場に移転した。

(6) 青物市　当時の神田区多町一、二丁目（いまの千代田区神田多町二丁目と同須田町一丁目六番、一〇番南部あたり）。関東大震災後、築地市場に移る。

(7) 吉原　正しくは当時の浅草区新吉原。いまの台東区千束四丁目と同三丁目一、二六～三〇番がその跡。江戸の初期、各所にあった遊女屋町を一ヶ所にまとめることとなり、元和四（一六一八）年十一月からいまの中央区日本橋蛎殻町六、七、二五、二六番、同人形町三丁目八〜一三番、同富沢町一〜六番の地を吉原と名付けて公許の遊女屋町とした。しかし、その後の江戸市中の拡張に伴い、その移転が問題となり、明暦三（一六五七）年一月の大火によりその移転地が浅草千束村と定まり、同年八月に新しい吉原が誕生したもの。そこで旧地を元吉原といったのに対し、この地を正式には新吉原ということになった。

（8）黒魚子（くろななこ）　魚子は織目が密に斜めに行き違い、魚の子の状態をした絹織物で、その黒色のもの。

寄席

（1）写し絵　黒い紙をいろいろに切って竹串に挟み、行灯の火で映す影絵をいったが、享和（一八〇一〜〇四年）の頃、都楽という人がエキマン鏡という眼鏡を種にしてビイドロへ彩色した絵を描き、自在にこれをはたらかせる工夫をして写し絵として興行。これが寄席へ拡まった。

（2）源氏節芝居　源氏節は新内節と説経浄瑠璃とを調和させた語り物で、妙齢の女子が太夫を勤め、一段終わるごとに名古屋甚句を唄う。後にはいわゆる源氏節芝居を演ずるようになり、源氏節はつけたりになってしまった。明治の初め、名古屋の岡本美根太夫という女太夫が創めたのだが、同三十八年に風儀を乱すとして禁止となった。

（3）大阪仁和賀（にわか）　俄（にわか）狂言の略。元は座興のために催す洒落・滑稽を中心とした一種の茶番狂言で、終わりを落ちで結ぶ。江戸時代に吉原などで盛んに行なわれ、後に寄席などで道具を使い、鳴物入りで演技するようになった。特に大阪の俄から生まれたものに曾我廼家（そがのや）、松竹家庭喜劇などあり、壮士芝居の川上音二郎も初めは寄席で俄を演じていた。

（4）改良剣舞　剣舞は安政（一八五四〜六〇年）の頃、江戸昌平黌（しょうへいこう）の生徒が酒宴で詩を吟じて剣を抜いて舞ったのが始まりといい、さらに寄席などで紅粉を塗り眉を太くかいて白鉢巻に赤襷（あかだすき）で演じた剣舞を改良剣舞というようになった。見世物として演じた女子の剣舞をもいう。

(5) **糝粉細工** 白米を日光で乾かして石臼で挽いた粉を糝粉といい、この糝粉で花や鳥、人物などの形を作ること。

祭礼

(1) **大通り** 江戸時代から明治にかけて、「大通り」といった時には、日本橋を中心として北は筋違橋御門（いまの千代田区神田須田町一丁目二三番先、神田川に架かっていた橋）までの中山道筋（いまの国道一七号線）と金杉橋（いまの港区芝大門一丁目一三番先、首都高速道路下になった新堀川に架かっていた橋）までの東海道（いまの国道一五号線）の通りを指す。当時の道幅は約十間（一八メートル）あったという。

(2) **中橋の天王** 中橋といえば、いまの中央区京橋一丁目一番東部と同一〇番西部に当たるが、これは俗に「中橋の天王」と呼んだもので、実は当時の南伝馬町二丁目、いまの同区京橋二丁目一～三番東部と同六～八番西部あたりに設けられた、神田明神の一の宮素盞嗚尊の御旅所を指している。明治三十一年二月刊の『新撰東京歳時記』では、「今日（六月七日）より十四日まで京橋区南伝馬町二丁目御旅所に神幸、氏子の町々、神輿を舁き、軒燈を吊し、燈籠を掲げ、賽人士女群を為して賑ふ」と説明している。

(3) **品川の天王** 俗にいう「品川の天王」には二つがあり、一つは当時の午頭天王社、いまの品川神社（品川区北品川三丁目七番）で、もう一つは当時の貴船神社、いまの荏原神社（同区北品川二丁目三〇番）を指す。このうち品川神社を「北の天王」、荏原神社を「南の天王」というが、実はいま荏原神社の南を流れる目黒川は以前は同神社の北裏を流れており、本来は南品川の氏神であったからのこと。大正年間に目黒川の流路がいまのように付け替えられてから地番だけは北品川に入ってしまったのである。ところで、両社共に祭礼は六月七日だが、この日には両社の神輿が南北品川の境界に当たる目黒川に架かるいまの品川橋（中の橋）の上で行き逢ってまた左右に分かれるので、この橋を「行逢いの橋」とも呼んだ。またここの祭礼の初日、荏原神社の神輿は品川の海へ舁き入れたりするので、俗に「河童の天王」と呼んだもの。いまは六月の第一日曜日にこの海中渡御を行なう。

（4）魚河岸の水神祭　「魚河岸の一年」でも紹介するように、いまは中央区本町一丁目八番にある常磐稲荷を水神の社としていた。当時は長浜町、いまの本町一丁目三番あたりにあり、神体は神田明神に納めてあり、祭礼当日は神田から神輿を担ぎ出していた。

（5）半蔵門の由来　江戸の初め、旗本服部半蔵の屋敷が門内にあったので付けられた名。門の前面が甲州道中に通じていたので、幕府ではこの門を重視、旗本を置いて防備を固めたという。

（6）中形の浴衣　中形は染め模様の名で、中ぐらいの大きさの型紙で型置きをし、地染めをして模様を白く抜いたもの。浴衣に使われるところから浴衣の別称ともなる。

（7）肌脱　歌舞伎等の衣装の着方の一つで、上衣の袖を脱ぎ、襦袢を見せた姿。

（8）手古舞　この手古舞の姿は一部、綺堂の思い違いがあるらしい。実は髪は男髷でいいが、右肌ぬぎに赤地の襦袢、裁着け袴に手甲・脚絆・足袋・草鞋ばきとしたい。

（9）田楽舞　平安時代から行なわれた民間の舞楽で、元は田植えの時、笛や鼓を鳴らして唄い舞ったもの。後に社寺の行事ともなった。

寒の内

（1）乾鮭　鮭のはらわたを取去り、塩を使わずに乾燥したもの。

（2）日本橋亀島町の不動　実は隣接した京橋区岡崎町一丁目四七番にあったのだが、大正十二年の関東大震災で失われたという。いまの中央区八丁堀二丁目一四番がその跡に当たる。

初午

（1）朱引　普通に朱引内という時には、江戸時代に町奉行所が支配していた江戸の市内を指す言葉として使われ、その範囲は、「品川・板橋・千住・本所・深川・四ツ谷大木戸より内」と、されていた。そして明治二（一八六九）年に明治新政府が東京市の行政区画を定める時、「府内、朱引内外ヲ分ツ」として、その旧町奉行支配地域を基準として市街地と郷村地域を区分し、明治十一年に江戸時代の町奉行所支配地域、つまり一般にいう朱引内を旧十五区、つまり麴町・神田（いまの千代田区）、日本橋・京橋（同中央区）、小石川・本郷（同文京区）、赤坂・麻布・芝（同港区）、下谷・浅草（同台東区）、深川（同江東区のうち）、本所（同墨田区のうち）、牛込・四谷（同新宿区のうち）としたのである。そこで、明治に入っても昔の江戸ッ子たちはこの旧十五区を朱引内と呼び慣れており、綺堂もこの言葉を使ったのだろう。ところで、昔の江戸市中を指すのに「御府内」という言葉もあるが、これに就いては、明和二（一七六五）年に、「御曲輪内より四里以内の処、江戸内の心得」と定められ、この「御曲輪内」とは、「東は常盤橋御門、西は半蔵御門、南は外桜田御門、北は神田橋御門」と、いうことになっていた。そして、この「御曲輪内より四里以内」とは、寺社等が堂を建てたりするための勧化範囲として寺社奉行で認めた地域であり、これに就いては、「東、砂村・亀戸・木下川・須田村限り。西、代々木村・角筈村・戸塚村・上落合村限り。南、上大崎村より南品川宿迄。北、千住・尾久村・滝野川・板橋、川限り」としており、広義の江戸市中はこの範囲を指していた。なお、この寺社奉行の勧化認可地域、町奉行の支配地域に就いては、文政元（一八一八）年に目付に差出した図面では寺社奉行の認めた勧化地域は朱引で描き、町奉行所の支配地域は黒引で描いてあり、これで見ればさきの町奉行所支配地域は「黒引内」と呼ぶべきかもしれない。しかし、初めにも述べたように、一般には町奉行所支配地域は「朱引内」といっていたのである。

（2）地口行燈　「亀井・片岡・伊勢・駿河」という義経の四天王を「かれい片身は二朱するか」と言い替えるという風に、諺や俗語など、ありふれた成語に同音、または音の似通った別語で、違った意味を表わす洒落を「地口」といい、それを書いた行燈。

（3）素人茶番　茶番は茶番狂言の略で、ありふれたものを材料として、仕方、または手振りで、地口のような道化たことを演ずる滑稽狂言。素人がこれをする時は、素人茶番という。

（4）橋場の真崎稲荷　いまは荒川区南千住三丁目三八番の石浜神社境内にある。以前は同二八番の東京ガス千住工場内、東部隅田川寄りにあったのだが、やはり同工場北部にあった石浜神社と共に、工場建設に伴い現在地に移転したもの。

（5）吉原の九郎助稲荷　江戸時代には、いわゆる新吉原の南東隅、いまの台東区千束三丁目一番あたりにあったが、明治五年に吉原の他の各隅にあった榎本稲荷・明石稲荷・開運稲荷とともに合祠、新たに吉原神社として同二〇番に建立した。

（6）羽田の穴守稲荷　以前は大田区羽田空港二丁目の空港ビル前あたりにあったのだが、空港建設に伴い、同区羽田五丁目二番に移転した。

酉の祭

（1）貸座敷　遊女屋の別称。明治五年の娼妓解放令により自由意志による売春の名目で公娼制度が続けられた時、その女たちに座敷を貸すということで従来の遊女屋は営業を続け、表向きは貸座敷といったもの。

（2）引手茶屋　遊廓で客を妓楼に案内する茶屋。

（3）青楼　遊女屋のこと。昔、中国で建物の上に青漆を塗っていたことから。江戸では官許の吉原を私娼街と区別していう場合が多かった。

（4）お歯黒溝　遊女がお歯黒の汁を捨てたところからいい、遊女の逃亡を防ぐため吉原の三方にめぐらした溝を指す。

（5）小格子　吉原で下級の遊女屋、またそこに勤める遊女をいう。これに対し高級な遊女屋を大格子、あるいは大籬といった。

（6）物日　普通には節句祝いの日を指し、吉原では紋日ともいった。吉原ではこの日、各店では飾り付けをし、遊女は日頃馴染の客を必ず取らねばならず、揚代もこの日は特に高かった。

（7）積み夜具　遊女の馴染客が、そのしるしに纏頭（祝儀）として新調の夜具を贈り、店頭にこれを積み重ねたもの。全盛を誇る遊女の中にはいかにも客から贈られたように見せるため、無理して積み夜具をしてみせた者もあるという。

（8）自由廃業　娼妓取締規則や芸妓営業取締規則により、自ら警察署に届出て自由意志により廃業すること。

明治東京雑題

魚河岸の一年

（1）恵方参り　正月元日にその年の恵方に当たった神社に参詣、一年中の福徳を祈ること。恵方はその年の干支に基づいて定められた吉祥の方位をいう。

（2）板舟　昔の魚河岸で、市場の区域内西側に魚類売買のために並べた幅一尺、長さ五、六尺の平板をいう。ここでは古くからの慣習として、商人間に魚の売り場所、つまり見世を所有する権利、いわゆる「板舟権」という一種の営業上の特権が認められていた。

（3）繁骨の提灯　骨の数が多く、目の細かい提灯。

（4）藪入　正月と七月の盆の十六日前後に、奉公人が暇をもらって一日ほど親元等に帰ったり、休んで遊びに出たりする日。

（5）二十日正月　陰暦正月二十日で、正月の祝い納めとして雑煮を食べたりし、商家などでは仕事を休んだ。

（6）小物師　鮒、沙魚など小魚を専門に扱う業者。

（7）小舟町の天王祭　六月十日に神田明神の三の宮稲田姫が当時の日本橋区小舟町一丁目、いまの中央区日本橋小舟町五番の御旅所へ神幸するお祭。午頭天王の祭というが、最近ではめったに行なわれず、昭和五十三年に実施されて以来は行なわれていない。

(8) 八端　八端織の略で、杉綾細織の織物。縦糸や横糸に褐色や黄色の縞模様のある絹布で、蒲団地等に用いる。

(9) 猩々緋　猩々の毛色に似て、黒みを帯びた鮮やかな深紅色の毛織。

(10) 蝦夷錦　紺地・花色地・赤地などに金糸・銀糸と染糸とで雲竜の紋を織出した錦で、元は中国産。満州や樺太、蝦夷を経て日本に渡来したのでこう呼ぶが、今は京都の西陣等で作られる。

(11) 押送船　帆を使わないで艪だけで押送りする船。

(12) 恵比寿講　十月二十日、商家で商売繁昌を祈って恵比寿を祭り、親類、知人らを招いて祝宴をはった。

(13) べったら市　十月十九日の夜、中央区大伝馬町の通りに、明日二十日の恵比寿講を前にしてそれに使う品々を揃えて開く市。野菜や雑器、盆栽などのほか、浅漬大根を「べったらべったら」などと振廻して売るのでこの名で呼ぶ。くされ市ともいう。

(14) 煤払　江戸時代には、江戸城大奥で十二月十三日は煤払といって大掃除をするのが慣わしで、一般でもこの日を煤払の日としていた。しかし、明治に入ると、次第にこの習慣もすたれ、年末に大掃除する向きが増えてきた。

開華楼の思い出

(1) 坂本猿冠者　本名彦平。開華楼の経営に当たるとともに歌舞伎等の劇評も行ない、三宅孤軒、鳥居清忠らと素人文士劇団「演劇通話会」を組織、その責任者となった。戦後は文学座客員ともなり、昭和三十四年四月二日、七十三歳で死去。

(2) 開華楼　現在も神田明神東手、男坂の石段脇、千代田区外神田二丁目七番にある開花楼の前身。当時は現在地の西上にあったという。明治十一年頃、猿冠者の父が田辺左吉からこれを買取り、開華楼として経営し始めたのだが、文中のこのあとに出て来る「年増の女将」は、猿冠者の母わかさんで、昭和十二年一月一日に死去した。そして、やはり文中にあるように、翌十三年一月に一応は廃業したのだが、この時はその跡を他に貸したもので、一族は現在地に住んでいた。この廃業は当時から始まっていた物資不足も影響したためというが、戦後は以前の得意客からの要望も強く、昭和二十六年に猿冠者の妹清水いねさんが開花楼として営業を再開、現在はその子息の夫人、清水基子さんが経営者。

（3）月やあらぬ…… 在原業平の歌で、「月やあらぬ春や昔の春ならぬ 我が身一つは元の身にして」。『古今和歌六帖』に所載。

職業についた頃

（1）還暦記念祝賀会 昭和七年十月十五日、文壇・劇壇人の発企により東京会館（千代田区丸の内三丁目二番）で催された。

（2）しもた屋 「仕舞うた屋」の転で、もとは店仕舞いした商家のこと。それから転じて、商売をしないで暮らしている家、普通の住宅を指すようになった。

綺堂一夕話

（1）福地桜痴 天保十二（一八四一）年三月二十三日、長崎石灰町で医師福地源輔（苟庵）の子として生まれ、名は源一郎。漢学・蘭学にすぐれ、十七歳でオランダ通辞となり、安政五（一八五八）年十八歳で江戸に出て、幕府の通訳、翻訳の仕事に従事、文久一（一八六一）年には幕府の使節に伴いヨーロッパに赴く。大政奉還後、明治元（一八六八）年「江湖新聞」を発刊したが佐幕論を主張して発行停止。その後、伊藤博文に知られ、大蔵省御用となり、再三外遊するが、明治六年帰国後は官界を退き、「東京日日新聞」社長となる。同二十一年に引退、九代目市川團十郎と意気投合し、いわゆる活歴劇を創始した。同二十九年に輸入、歌舞伎座で初公開したヴァイタスコープに活動写真と名付けたのは彼という。同三十九年一月四日没。

（2）**千葉勝五郎**　天保五（一八三四）年上伊那郡中沢村（いまの長野県駒ヶ根市）に生まれ、十五、六歳頃、江戸に出て貸衣装屋千葉常五郎方に勤め、見込まれて養子となり、産をなす。そして明治二十（一八八七）年浅草公園裏（いまの台東区浅草三丁目）に吾妻座を建て座主となったが、さらに同二十二年福地桜痴の勧めで歌舞伎座を建築、完成後は桜痴と相座元となる。しかし、同二十九年、同座が株式会社に改組されると共に引退、同三十六年四月十三日没。

（3）**守田勘弥**　森田太郎兵衛の創立した森田座の座元兼俳優が代々襲った勘弥名を、十二代目に至って守田勘弥と姓を改めたもの。この十二代目が新富座を経営し、立作者としても活躍、演劇向上に多くの貢献をした。明治三十年没。

（4）**春木座**　当時の本郷区春木町一丁目九番、いまの文京区本郷三丁目一四番にあったが、後に本郷座と改名した。

（5）**黙阿弥**　河竹黙阿弥。本名吉村新七。五世鶴屋南北に師事、天保十四（一八四三）年二代目河竹新七を襲名、晩年古河黙阿弥と称した。初め四代市川小團次のためにすぐれた世話物を書き、明治に入ってからは九代市川團十郎、五代尾上菊五郎、初代市川左團次などのために新時代の傾向を表わすザンギリ物や活歴物を始めた。三百編余の作品を残し、「三人吉三郭初買」「青砥稿花紅彩画」（白浪五人男）などは有名。明治二十六年没。

（6）**護持院**　五代将軍綱吉の母桂昌院の寵を受けた隆光が綱吉の命で司った筑波山知足院を元禄元（一六八八）年に神田橋外（いまの千代田区神田錦町一～三丁目あたり）に移転、筑波山護持院元禄寺と改称したもの。しかし享保二（一七一七）年の火災に遭い、寺名だけ護国寺（文京区大塚五丁目四〇番）に移り、その跡地は火除地となり護持院ヶ原と呼ばれた。明治維新後は寺名も廃止され、護国寺に統一された。

（7）**川上音二郎**　文久四（一八六四）年福岡市に生まれ、福沢諭吉の学僕を振出しに新聞記者になり、自由民権運動に参加、明治二十（一八八七）年歌舞伎俳優となり、翌年大阪落語の桂文之助に入門、寄席で大阪俄に出演したりして、オッペケペー節を盛込んだりした壮士芝居で活躍した。妻は女優の川上貞奴（さだやっこ）で、明治四十四年没。

（8）中村座　江戸で初めて出来た歌舞伎小屋。初代猿若勘三郎は京都に住み、大蔵流の狂言を習い、猿若の芸を創始。寛永元（一六二四）年江戸に下り、中橋南地（いまの中央区京橋一丁目一番のあたり）に猿若座を設けて歌舞伎を上演したのが江戸歌舞伎の始まりといわれる。三世勘三郎（一説に二世）が本姓の中村勘三郎と改めてから猿若座、中村座を併称するようになった。その後、幕府の命で数回の移転をしたが、明治二十六年一月二十二日、西鳥越（いまの台東区鳥越二丁目四番あたり）で類焼して、以後復活しなかった。十七代歌舞伎俳優中村勘三郎は三代中村歌六の四男で、本名波野聖司。前芸名中村もしほで、昭和二十五年、十七代目勘三郎の名を復活継承したもの。昭和六三年没。

（9）ザンギリ物　散切物（ざんぎりもの）で、散切は髪を切って総髪にし、江戸時代の丁髷（ちょんまげ）に対していった言葉。歌舞伎狂言で、明治の新時代に入った時、その散切頭の時代風俗を取扱ったものをいう。

昔の東京の夏

（1）定斎屋（じょさいや）　暑さ当たりにきくという薬を売り歩いた行商人。一対の大きな黒塗り、または朱塗りの薬箱を前後に掛け、薬の鐶（かん）を鳴らしながら歩くのが特色。

（2）大津絵（おおつえ）　元禄（一六八八～一七〇四年）の頃、いまの滋賀県大津の追分や三井寺あたりから売出した絵で、初めは仏画、後には戯画となり、鬼念仏・槍持奴・藤娘・瓢箪鯰（ひょうたんなまず）などがよく描かれた。

（3）祭文語（さいもんがたり）　祭文は「さいぶん」ともいい、祭祀の時に神霊に告げる文を意味した。大体が山伏が錫杖（しゃくじょう）を振り、法螺貝（ほらがい）を吹きながら神仏の霊験を唱えたものだが、後にそれが変化し、世間の出来事を面白おかしく唄うようになり、それを職業として銭を乞うようになった。

（4）やりん坊　不詳。ただ植物に「雀の鉄砲」というのがあり、これを俗に「やりんぼう」ともいうので、これを指すと思われる。稲科の二年生草木で、水田等の湿地帯に多く、高さは約三〇センチ。線形の葉で、春に緑色の小花の密生した花穂をつける。雄蕊は大きく褐色。

号外売り事始

（1）南京花火　約三センチくらいの赤い軸に、火薬を詰めた紙包みをつなぎ、点火すれば爆音を生じるようにした花火。

（2）太功記十段目　『絵本太功記』の十段目「尼ヶ崎の場」の略で、「太十」とさらに略して呼ぶ。武智（明智）光秀の謀叛の後、それを悲しみ尼ヶ崎に閑居した光秀の母皐月のところに真柴久吉（羽柴秀吉）が旅僧に姿を変えて宿を求め、後を追って来た光秀が久吉と間違えて母を竹槍で刺してしまう。この時、竹藪から姿を見せた光秀を「現われいでたる武智光秀」と語る義太夫の文句は有名。

（3）三勝酒屋　『艶容女舞衣』のうちの「酒屋」の場を意味する。大坂上塩町の酒屋、茜屋半七は女房お園がありながら、お通という子までもうけた女芸人三勝との仲を断ち切れず、つい心ならずも人殺しまでし、ついには三勝と心中してしまう。この「酒屋」の場で、お園が「今頃は半七さん」と口説く場面はことに有名。

（4）爆弾三勇士　昭和六年に勃発した満州事変の最中、さらに同七年上海で第一次上海事変が起こり、同年二月二十二日払暁、廟行鎮で北川丞・江下武次・作江伊之助三人の一等兵が、火のついた破壊筒を持ったまま敵の鉄条網に突進、突破口を開いたというもの。国民精神作興という名のもとに、これが誇大に宣伝され、歌を初めとし、映画や芝居、文楽の人形浄瑠璃までが『爆弾三勇士』の名で演じるに至った。

昔の東京の歳晩

（1）十六むさし　十六武蔵。親石一個、子石十六個を使い、線を引いた盤の上に、真ん中に親石、外郭に子石を並べ、親石から動き始め、二つの子石の間に割込めばその左右の子石が死となり、子石から動いて親石を挟めば親石が負けとなる遊戯。

解説

今井金吾

I 『風俗江戸物語』

岡本綺堂といえば、芝居好きの人々からは『修禅寺物語』、あるいは『番町皿屋敷』などの歌舞伎作家として親しまれてきたものだが、現代ではむしろ一連の「半七捕物帳」の作家として知る人が多いだろう。

この「半七捕物帳」がその後に続出した他の作家による各種捕物帳を圧して、いまなお多くの読者を惹きつけている秘密としては、その筋立てもさることながら、当時を知る人でなければ描けないであろう江戸の風物、情景等がたっぷりと盛り込まれており、いつの間にか私たちをしてその内に誘い込ませているという魅力に溢れていることが挙げられよう。

だが、小説にはどうしてもその内容に限界があり、さらにこの江戸の実情を深く知りたい人にとっては物足りない思いを持たせるであろう。そこで、そのような人々のために、綺堂独特の軽妙な語り口で、江戸の風物、仕来等のみを細かく解説したのが本書の第一部、つまり『風俗江戸物語』であった。

この原本は、大正十一（一九二二）年二月、大阪市北区曾根崎にあった贅六堂という本屋から出版された縦一五・五センチ、横一〇・五センチというほぼ現在の文庫本大、二九五頁のものであったが、実は綺堂の著作目録にも載っていない幻の本である。

そこで、ちょっと脇道に逸れるが、初めに見た「半七捕物帳」の成立について眺めてみよう。綺堂自筆の年譜によると、「大正五（一九一六）年六月、初めて半七捕物帳を起稿、翌年三月までに前編七回成る」とあり、以来中断しながらも昭和十一年までに六十八編、外編として半七の養父吉五郎の扱った事件『白蝶怪』を加えて六十九編から成っているのだが、綺堂自身はその生前に出版された「半七捕物帳」の序文で、次のように語っていた。

「ここに収められている六十余種の物語に、何等かの特色があるとすれば、それは普通の探偵的興味以外に、これらの物語の背景をなしている江戸のおもかげの幾分をうかがい得られるという点にあらねばならない。したがって、わたしは半七老人の物語を紹介するに就て、江戸時代でなければ殆ど見出されまいかと思われるような特殊の事件のみを輯録することにした。そのつもりで読んで貰いたい」

つまり綺堂自身が、ここで江戸の面影の紹介を意識して「半七捕物帳」を著わしたことを明らかにしていたのである。

こうして「半七捕物帳」は、大正六年一月号の『文藝倶楽部』に連載され始めたのだが、これが極めて好評であり、綺堂のこの豊富な江戸の知識に目をつけたのが当時、東京市牛込区築地町一二番（現新宿区築地町）にあった木太刀社で発行していた俳誌『木太刀』である。同誌には巖谷小波等とともに綺堂も選者として名を連ねていたのだが、その縁にも依るのだろう、綺堂の談話を記者が筆記する形で、大正六年から八年にかけ、同誌に連載したのがこの『風俗江戸物語』であった。

そしてこれを全編まとめて同名の単行本として大正十一年に発行したのが大阪の贅六堂だが、綺堂の養嗣子岡本経一氏（前青蛙房社長）によると、「贅六堂ではこれを無断で出版したので、綺堂は怒ってその出版差止めを命じた」とのことである。

そのため、ごく少部数しか世間に出廻らず、そのため幻の本とも呼ばれるようになったのだが、綺堂がその出版を差止めたのは、それが無断出版というばかりではなく、その他にも原因があったようだ。

あまりに誤植の多過ぎた原本

実は、いまこの『風俗江戸物語』の原本を読む人があれば、そのあまりにも多い誤植に驚くことだろう。しかも単に誤植というに止まらず、所によっては意味の通らなくなっている箇所もあり、特に著作の出版に当たってはその校正を重視していた綺堂としては、ただに無断出版ということのみではなく、正確な江戸の風俗紹介を目的とした自分の談話を、世間に誤り伝えられる恐れがあるとして出版差止めを命じたのではあるまいか。

そこで本書では、あとで記すようにこれらの誤植を訂正したのだが、その幾つかの例を次に見てみよう。

まず、本書冒頭の「江戸の春」の項では、〝烏帽子(えぼし)〟を〝鳥帽子〟に、〝萩の餅(はぎのもち)〟を〝荻の餅〟に間違えるなどはざらのこと。また当時の本では漢字の脇にすべて振り仮名を施し、読み易くしていたものだが、これにしてもその振り仮名を〝妻恋稲荷(つまこいいなり)〟を〝さいれんいなり〟に、〝恵方詣(えほうまいり)〟を〝えかたまいり〟にするなど、この類いも数限りなく出てくるから困る。

さらに「手習師匠」の項を見ると、習字の手本の庭訓往来(ていきんおうらい)の説明のあとに、芭蕉の句として、〝庭訓(ていくん)往来誰(たれ)が文庫より明(めい)の春〟と記しているが、これは〝庭訓(ていきん)の往来誰(た)が文庫より明(あけ)の春〟の誤りであり、またここに引用されている各種往来の文章がすべて誤りだらけ。これらについては、私の手許にある『東海道往来』などの原本に即して誤りを正しておいた。

もう一つ、大きな間違いだらけのものとしては、「同心と岡っ引」の項のうち、牢内で牢役人が新入りの囚人に牢内の仕来を教える「おしゃべり」など一連の文句が挙げられるが、これらは本書で見ても判るとおり、正確に記してもいたって判りにくい言葉から成っていた。そこで、これらについても、国立国会図書館蔵の写本『御牢内図』中の文章、さらに『日本近世行刑史稿』などにより、全文を正したものである。

このように見てくると、この大正十一年版の本書の内容には、著者としての綺堂が呆れ果てたであろうことは想像するに難くなく、綺堂自身の名誉にも関わる問題として発行差止めを命じたことは当然のことであった。

江戸の真実を描いた本書

ところで、このように誤植だらけであった本書ではあるが、岡本経一氏は、これを判読することによって「実際に役立つ本というので、作家仲間で調法がっているという噂を聞いている」と語っておられ、そのように珍重された理由としては、その内容がいかにも生き生きとした江戸事典とでもいえるものだったからのようだ。

例えば「芝居」の項を見てみよう。最近のテレビや映画などでは、狭いながらも小綺麗な芝居小屋を再現して見せているが、実はその構造については、「芝居小屋の構造といえば、現今の人の思い至らないまでに貧弱で、粗雑で、酷く汚いものであったのです。天井は丸太の梁に簀の子を張って、それに天幕を張り廻してありましたが、所々に丸太が見えたり、縄の結び目が現われたりしていました」

とし、さらに、

「小屋の周囲は筵を垂れていましたが、便所というものが甚だ不完全でして、ただ土の中に樽を埋めたきりなので、夏の芝居などになると、その臭気に堪えられなかったそうです」

と説明していた。だが、それにもかかわらず、人々が朝七つ（午前四時）起きで山の手から浅草くんだりまで歩いて芝居見物に出かけたのは、

「芝居を唯一のおもしろいものとして、一般的に喜ばれていたというのは、他に行楽の機関がなかったのにも因るでしょうが、一つは時代の風潮でもあったのです」

と記していることにより、初めて頷けることといえよう。

　また「山王祭」の項を見よう。江戸時代には日本三大祭の一つともいわれた祭だが、

「江戸を代表する山王祭が祇園祭、天満祭に劣るようなことがあっては江戸の面目にもかかわり、ひいては将軍家の威光にも関するというので、特に町奉行所などでは、各町の町役人を呼び出して、『本年は山王の本祭であるから盛んに執行するように』と命令的に言い渡していたのです」

と記していたのも、一般にはあまり知られなかった話である。

　そこで、いわゆる江戸っ子を自認する連中は、

「お上の申し渡しを楯に取って、いろいろの口実の下に中流以上の町人に向かって祭の費用を強請したのです」

とのことで、もし費用を出さずに乱暴されても、町奉行所の方では費用を出さない方が悪いとし、それ故に、

「当時の江戸の町人なども、決して今日の人達が想像するように、祭礼というものに趣味を持っていた訳ではありませんが、上と下とからの圧迫を受けて、いやいやながらもお祭騒ぎで多分の金を支出していたのです」

と、その実情を明らかにしていた。

それ故に、近代文明の明治に入って、お祭が江戸時代ほどに盛んでなくなった理由として、電車や電線のできたことを挙げる人達に対しては、

「それはほんの枝葉の問題であって、実際は金持に対する上下の圧迫のなくなったのに起因するのです。江戸時代の町人は、祭の費用などを一種の租税とあきらめて、その負担に甘んじていたのです」

と説明していたのだが、これなどはある意味での江戸の祭の在り方研究に、一石を投じた解説といえよう。

ここには、ほんの数例を挙げたに過ぎないが、このように含蓄に富んだ内容を持っているとはいえ、この一冊は僅か十六項目に分類された江戸に過ぎず、江戸のすべてを語り尽

しているとはいえない。だが、その僅か十六項目に描かれた江戸の各種風俗にしても、忘れ去られようとしている江戸の面影を伝えて、私たちに飽きさせるところがない。誠に、当時の作家が実際に役立つ本として調法がったというのも、もっともなことであった。

ところで、ここに注目したい一文がある。実は綺堂は昭和十四年三月一日に六十八歳で亡くなったのだが、その綺堂が主宰していた演劇脚本指導雑誌『舞台』は同年五月号を綺堂の追悼号としており、その中に収められた多くの思い出話の一つ、劇作家木村錦花（きんか）氏の「綺堂先生の親しみ」がそれである。

錦花氏がたまたま綺堂の許を訪れた時、綺堂は以前に大病で寝込んでいた折、『江戸名所図会（ずえ）』に読み耽っていたことを語り、

「そのうちに不図（ふと）頭へ浮かんだ事は、この名所図会が昔から大抵の家には備えつけられていて、それから沢山の小説や戯曲も出たろうし、講談や人情話も生まれた訳で、どのくらい人の為になっていたか解らない。自分も文筆に携わる以上は、小説も可（よ）し、脚本も可いが、一生に一つ、こう言ったような後世、人の為になる書物を遺したい。そうしたら明日が日、死んでも悔む処がないと、病中そんな考えを起こし、或るものを見付けて、それへ魂を打ち込んでみようと、病気が癒るとすぐに取り掛かってみたが、そのうちに小説を頼まれたり、脚本を書かねばならぬ事になったりして、遂にその目的を果たす事ができなかった。いまだにそれを残念に思っている」

と、悔しそうであったとのことである。

錦花氏は、この綺堂の談話に引続き、

「その時、纏めようとした或るものとは、何んであるか聞き損なってしまった」

と述べているが、あるいはこの『風俗江戸物語』が、その「或るもの」の序論とでもいうべきものだったのではあるまいか。

そうとすれば、綺堂が当時の『風俗江戸物語』の内容にあまりにも誤植が多く、「後世人の為になる書物を遺したい」とした意図を甚だしく傷つけるものとして、これを出版停止させた気持も判ろうし、さらにはその結果、文中にもあったように小説や脚本の執筆など、その忙しさにも追われて、この続編、あるいは本論とでもいうべき江戸風俗紹介書の発刊を諦めてしまったのではあるまいか。誠に惜しまれることである。

江戸っ子〝綺堂〟という人

では、このように江戸に通じていた綺堂とは、どういう人だったのだろうか。

綺堂自身で記した年譜によると、明治五（一八七二）年十月十五日（この年の十二月三日を以て、陽暦の明治六年一月一日と改めたので、陽暦でいえば同年十一月十五日ということになる）、幕府の御家人岡本敬之助（維新後、純(きよし)と改名）の長男敬二として、高輪泉岳寺畔に生まれたという生粋の江戸っ子であった。

そして幼くして父からは漢学を、叔父には英語を習い、明治十七年三月、東京府中学校（いまの都立日比谷高校）に入学したのだが、その頃は藩閥政府全盛の時代でもあり、官途に望みなしとして、この頃から文学者を志したとしている。そこで中学卒業後は東京日日新聞社（いまの毎日新聞社の前身）に入社、記者として勤める傍ら劇作の勉強に励み、同二十九年には歌舞伎新報に初めて史劇『紫宸殿』一幕を発表、ここに劇作家としての道を歩み始めた。

それからは、いまも上演される機会の多い『修禅寺物語』や『鳥辺山心中』などの名作を続々と発表しながら大正五年に至ったのだが、その年の六月に起稿し始めたのが一連の「半七捕物帳」であったことは、初めにも見たとおりである。

そして大正六年一月号の『文藝倶楽部』に連載し始めたこれは、ただにその筋のおもしろさというばかりではなく、既に失われつつあった江戸の面影、また江戸っ子の気っ風等をたっぷりと描いており、その点からも多くの読者の絶賛の声を浴びたのだが、これもその文才というのみではなく、徳川直参の御家人を父として生まれ、江戸の面影をまだ充分に残していた明治のごく初期の東京に育ったという綺堂自身の経験が大きく影響していたであろう。

またその一方で、東京日日新聞社に入社後、同社に在籍、歴史物作家としても知られていた塚原渋柿園翁に教えを受け、暇を見ては市井に出て江戸生残りの故老からいろいろと昔語りを聞くなどしていたのも、江戸の情趣を知るに役立ったに違いあるまい。

こういう環境下に得た知識を中心として書き進められたのが「半七捕物帳」であり、また『風俗江戸物語』でもあった訳だが、いま改めて『風俗江戸物語』を読み返してみた時、この時代の綺堂の言葉の端々には、現代にはいかにもそぐわしからぬ考えを示している点のあることに気がつく人もあろう。

幼い頃から英語に親しんだ綺堂は外国文学にも造詣が深く、これにより培われた教養をもととして二世市川左団次とのコンビで生み出した戯曲『修禅寺物語』や『番町皿屋敷』、あるいは『鳥辺山心中』などは、それまでの歌舞伎には見られなかった西欧的な自我主義を強調したものとして、その進歩性が評判になったものである。

しかし、こういう西欧的な教養の持主であったにもかかわらず、綺堂自身は封建的な江戸の名残りをまだそっくり残していた明治の初めに生まれ育った人であり、当時、自分としては意識していなかったにせよ、封建制思想の残滓を払拭しきることができなかったのではないだろうか。それ故、時にはその片鱗を文章の中に表わしてしまうこともあったようだ。

その一例が「山王祭」の項であり、さきに江戸っ子を自認する連中が、「お上の申し渡しを楯に取って、いろいろの口実の下に中流以上の町人に向かって祭の費用を強請したのです」との一節を引用したが、この強請した連中のことを、

「なにかにつけて遊ぶことのみを目論でいる下級の人達」とし、つまりは人間そのものを差別的に見ていたことを示していた。

こういう例は他の項でもたまたま見受けることがあり、本書ではそれが歴史的事実である限りは大正十一年版本書の原文をそのままにしておいたのだが、ただ本文庫にこれを収めるに当たっては、凡例でも「紹介するに適さない一項を除き」としておいたように、「乞食」と題した一項だけは、全文を削除することにしたことをお断りしておかなければならない。

これは江戸期の賤民について述べたもので、題名のように一応は一般にいわれるところの乞食を中心に解説をしているものの、エタ・非人と呼ばれた被差別民についてもかなりの頁を割き、それが封建制の中での支配政策に利用された点についてはまったく触れずに、いわゆる乞食などとともに一括して説明していたからである。

実はこの原本が初めて出版された大正十一年は、奇しくもその三月三日に全国水平社が結成されており、部落解放運動にとっては画期的な年でもあった。この本の内容が、たといその二、三年前に語られたものであったにせよ、既にその解放運動の問題が新聞などに登場していた頃でもあり、そうした動きの最中にもかかわらず彼等被差別民について差別を前提としていろいろな面から述べていたことなどは、これを綺堂の限界であったといわれても已むを得まい。

部落に対する差別は、明治四（一八七一）年に「部落解放令」が出され、あらゆる人がすべて平等になっていたはずではあるが、現代に至るまで根深いものがある。とくにこの頃は差別意識が強かったという時代の制約もあろう。しかし、そうはいっても問題のこの一項には、こうした被差別民に対する歴史的立場からの考察がなされておらず、その叙述が綺堂本人の意図（江戸の風俗の紹介）とは無関係に、読者を誤った認識に導き兼ねない点を考慮、本書を文庫化するに当たって、この一項を省くことにしたのである。

さて、以上のような問題はあったにせよ、前にも記したように『風俗江戸物語』を中心として、綺堂の江戸についての知識には並々ならぬものがあった。例えば本書とともに書き進められた「半七捕物帳」に表現された江戸を高く評価したのが、『元禄忠臣蔵』などの作品で知られた真山青果氏であった。

『舞台』の昭和十五年三月号では鈴木氏亨氏が真山氏宅を訪ねた時、

「私（鈴木氏）は岡本先生の半七捕物帳の江戸の地理の話をした。（青果氏は）あれは正確だ、と言下にいわれた」

としており、さらに青果氏はさきに見た木村錦花氏の談話を挙げ、「江戸名所図会」以外に、

「岡本さんはこの外に紫の一本、遊歴雑記、切絵図などを入念に見ている。捕物帳の中には一年や二年の思念になったものが少なくない。岡本さんは、あの中の一編で一ヶ月季節

を変えることは、少なくとも一、二ヶ月の準備期間を要した、といっているのである」

とも語っており、綺堂がいかに江戸研究に努力を払っていたかに敬服してもいた。

こうして見てくると、六十九編にも上る「半七捕物帳」の中の江戸を凝縮して示したのが、この『風俗江戸物語』とでもいえようし、本書を読むことによって、改めて忘れ去られようとしている江戸を、深く研究することの楽しさを知る人も多かろう。

II　『風俗明治東京物語』

明治の東京の生き証人

さて、第一部『風俗江戸物語』を読んだ方は、岡本綺堂がいまは失われてしまった江戸の風俗についての考証史家であったことを、充分に認識されたことであろう。

こういう綺堂が、現在ではその情緒がほとんど見られなくなってしまった明治の東京に生まれ育った人であったことを考えれば、同時にこの明治の東京風俗の生き証人であったことは当然であり、実は「半七捕物帳」などの諸作品にもその経験が生かされていたことに気のついた方もあろう。そこで、その一例として「半七捕物帳」のうちの『幽霊の観世（みせ）』

物(もの)』から冒頭の一節を見てみたい。

「七月七日、梅雨あがりの暑い宵であったと記憶している。そのころ私は銀座の新聞社に勤めていたので、社から帰る途中、銀座の地蔵の縁日をひやかして歩いた。電車のまだ開通しない時代であるから、尾張町の横町から三十間堀の河岸へかけて、いろいろの露店がならんでいた。河岸の方には観世物小屋と植木屋が多かった。

観世物は剣舞、大蛇(だいじゃ)、ろくろ首のたぐいである。私はおびただしい人出のなかを揉まれながら、今や河岸通りの観世物小屋の前へ出て、ろくろ首の娘の看板をうっとりと眺めていると、黙って私の肩をたたく人がある。振り返ると、半七老人がにやにや笑いながら立っていた」

ここにいう「銀座の地蔵」は、当時の京橋区三十間堀一丁目四番と同六番の間の横町(いまの中央区銀座四丁目七番の南西端あたり)にあった地蔵堂のことで、太平洋戦争後埋め立てられてしまった三十間堀川を、明治の初めに開鑿(かいさく)した際、土中から発見した地蔵像である。初めて世に出たというので出世地蔵とも呼んで参詣する人が跡を絶たず、毎月七・十八・二十九日を縁日としたのだが、当日にはいまの銀座三越デパート角から三十間堀川の三原橋に到る道路(いまの晴海通り)や、三原橋の西詰を中心にした西岸一帯には、綺堂のこの文章に見るような露店や観世物が並んで賑ったものという。

この地蔵は、昭和二十年五月二十日の大空襲でこのあたり一帯が焼失した際、行方不明になっていたのだが、戦後しばらくして地元の人がその跡を発掘したところ、その石像を発見、昭和四十年六月にいまの銀座三越デパートの屋上に遷座、再び世に出たというので昔の名そのままに出世地蔵と名づけられている。しかし、いまは当時の面影を偲ぶよすがとてない、この銀座界隈である。

実は、こういう貴重な明治の風俗は、綺堂の多くの随筆にも記されているのだが、そういう各種随筆のうちから、これまで雑誌や新聞等に掲載されたものの、その後、綺堂関係の単行本に再録されることのなかった、明治の東京風俗を伝える随筆を中心としてまとめたのが、この『風俗明治東京物語』である。

「東京風俗十題」

さきにみたように、綺堂の諸作品には明治の失われた面影をさりげなく示し、読者をしていつの間にか物語の渦中に引き込んでしまう魅力があったのだが、このような明治の東京の代表的な諸風俗をまとめたのが、本書の過半を占める冒頭の「東京風俗十題」である。

実はこれは、綺堂自身が主宰した演劇脚本指導雑誌『舞台』の昭和十五年十月号と十二月号に「東京明治風俗」と題して連載され始めたのだが、その初めに掲載順序として、①能楽、②劇場、③寄席、④相撲、⑤稽古所、⑥湯屋、⑦寒の内、⑧初午、⑨祭礼、⑩酉の祭を挙げ、『舞台』ではその両月号に①の「能楽」を二回に分けて連載したのであった。

ところが、この昭和十五年頃には支那事変の長期化、日独伊三国同盟締結等、時局の逼迫化に伴い不要不急の演劇関係の雑誌は統廃号されることになり、『舞台』もこの十二月を以て廃刊、他の演劇雑誌と統合して昭和十六年三月刊の『国民演劇』に衣替えしてしまった。そこで、さきの「東京明治風俗」はこの創刊号から「東京風俗十題」と改名して連載ということになり、創刊号にはさきの「能楽」を再録、以下「酉の祭」までの十回を同年十二月号まで連載したのである。もっとも、これを本書にまとめるに際しては、一般に興味を引きそうな話題から採り上げることとし、「湯屋」をまず第一に移すなど順序を入れ替えたことをお断りしておきたい。

さて、こうして改めて世に出た「東京風俗十題」だが、どれを読んでも、まだ江戸の面影を色濃く残した明治の東京にあって、それでも次第に変化を見せ始めた各種風俗を活写していることに興味が尽きない。

たとえば「湯屋」を眺めてみよう。

「江戸の人は一般に湯屋(ゆや)とか銭湯(せんとう)とか呼び慣わしていた」

というが、それが東京にも伝わり、明治の東京人も当時はこの名で呼び続け、

「たまに風呂屋などという者があれば、田舎者として笑われたのであるが、この七、八年来は風呂屋という人がなかなか多くなった」

という。それ故、

「やがては髪結床も床屋、湯屋を風呂屋と呼ぶのが普通になるであろう」

と記しているが、まさにその通り。いま時、湯屋など呼ぶ人はまったくなくなってしまった。

そして江戸時代には火の用心から自宅の風呂を禁止していたのだが、明治に入るとこの禁が解かれ、

「かつは地方の人が多くなったために、一時は自宅の風呂がすこぶる流行した」

ものの、明治三十年代には、

「またもやそれが廃れて、たいていの人は町の湯屋へ行くようになった」

という。そしてそれがどう変わるか知れないが、

「現在のところでは湯屋全盛、銭湯繁昌の時代である」

としていた。しかし、自宅に風呂を据付けの住宅全盛の現代では、町の銭湯激減が話題になるほど。綺堂が生きていたら驚くことだろう。

また「初午」の項でも同様である。江戸時代には「伊勢屋稲荷に犬の糞(くそ)」といわれたほどに多かったお稲荷さんについて、

「ましてや地価騰貴して、裏店の奥ですらも一坪十銭という当世に、地代も払わぬ稲荷様などに快く地所を貸しておく地主は甚だ少なく、いやしくも空地があれば社も華表(とりい)も容赦(ようしゃ)なく取り毀して、貸長屋を建てるというのが一般の流行であるから、以前に比べると社の

数も大いに減じた。」

としているが、現在の東京も狂乱の地価騰貴と、まさにこれ以上の異常現象を呈しており、文中の「貸長屋」を「マンション」と置き換えればそのまま通用しよう。

「明治東京雑題」

一方、その他の雑誌、新聞等に、折々に寄せた随筆や談話筆記をまとめたのが後半の「明治東京雑題」だが、これらもしみじみとした明治の面影を伝えてくれる。

たとえば、冒頭の「魚河岸の一年」は、大正の大震災後、築地に移されてしまった、日本橋時代の魚河岸の光景を生き生きと描き、いまでは想像もつかぬ当時の活況を伝えてくれる。

また「開華楼の思い出」は、当時の中学生と先生との結び付きの深さを偲ばせてくれる好随筆といえる。わざわざ転勤する先生の送別会を自発的に中学生だけで催すなど、近頃の中学、高校の先生たちに、ぜひ読んでもらいたいものである。こういう時代には、現代のような陰湿なイジメ問題など起こる余地はなかったのではあるまいか。また、子供に毛の生えたくらいの生意気な中学生を相手に、「客は客」として暖かい応対を見せてくれる開華楼の女将（おかみ）の姿も、いかにも明治のよき時代の気風を感じさせよう。

「昔の東京の夏」「昔の東京の歳晩」は、共に当時の市井の生活をしみじみと描き出している。

夏の夜の納涼台の賑いぶり、枝豆売りの若いおかみさんの姿、さらには暑い夕暮にいっせいに水撒きを始める商家の番頭や小僧の姿など、江戸の名残りはここにも生きていた。そして歳の暮ともなれば、ひきずり餅屋が家々を廻って餅を搗いて歩き、冬至の柚湯に浸りながら聞く獅子舞いの囃子の音など、まったく、「歳の暮のせわしいあいだになんとなく春らしい暢やかな気分を誘い出すものであった」というのも当然といえよう。

そして、その他の諸編にも、いかにも目の前に彷彿とさせる明治の各種風俗が描かれており、私たちをしていまでは忘れられた明治のよき時代を味わわせてくれるのは、さきに紹介してきた数例と同じである。

少年時代に決心した劇作家志望

さて、こうして眺めてきた明治の諸風俗について記述した岡本綺堂の本名が「敬二」であることは、先にふれた通りである。そしてこの敬二の「敬」の字が父敬之助の一字を取ったことは判るが、長男にもかかわらず「二」の字を付けたことについては、「君父を敬すの古語に拠りたるものにて、君父の二者を敬するの意なりという」と、その自筆年譜に記していた。

この年譜の記述のみでみると、いかにも厳格な家庭の子であったかのようにも考えられるが、実は父敬之助がいたって芝居好きであり、幼い時から母や姉たちとともに芝居に連れて行かれ、またそれに慣れ親しんだのも、後の劇作家となる素地が育つ原因の一つであったと見てもいいだろう。

また、父が勤めていた英国公使館に出入りして英語等を十歳頃から学び、明治十七年に東京府中学校（いまの日比谷高校）に入った頃には英国公使館にいた英国の留学生からシェークスピア物語等を聴き、初めて文学者になろうと志したとも、年譜にみえる。

しかもこの頃は、ちょうど藩閥政府全盛の時代であり、旧幕臣の子が官界に入っても立身の望みはないと感じ、次第に劇作家への途を志し始めたようだ。

やがて明治十九年。この頃には演劇改良論が盛んで、「脚本の著作は栄誉ある職業」というその論者の論議にも大きな刺激を得て、さらに強く劇作家志望の意を強くしたのだが、父もそれに賛成してくれたという。

そして翌二十年には父と新富座へ見物に行ったのだが、その際、河竹黙阿弥の高弟、竹柴其水に会って劇作家志望についての意見を聴いたところ、「劇作家志望は賛成なれど、楽屋内の人とならぬ方が将来のために宜しかるべし」（年譜）との答を得、同時に「いまにきっと素人が狂言を書くようになりますよ」とも激励されたとのことである。

これに力を得た綺堂が頼ったのが父の友人の東京日日新聞社の社長関直彦氏で、父の紹介で訪ねて来た綺堂に、関氏は「新聞社にいればどこの劇場でも自由に見物できる」と教えてくれ、早速に頼み込んで明治二十三年正月二十日に同社に入社、二月には早くも劇評の筆を執り始めたという。

この時、何かペンネームをつけなければならず、歴史小説の作家でもあり社の大先輩でもあった塚原渋柿園(じゅうしえん)の勧めで「狂言綺語」に因む「狂綺堂」を名乗り始めたのだが、この狂言綺語は道理に合わぬ言と巧みに修飾した語を意味し、小説などを指した言葉であった。

ところが、「劇評だけの署名なりしが、他に雅号もなきまま、総て狂綺堂の名を用ゆ。誤って狂気堂と書く奴があるので、癪(しゃく)に障(さわ)って〝狂〟の字を削る。もう少し面白そうな雅号もあったものをと思えど、今更改名の必要もなければそのままにして置く」(昭和六年五月二十六日付「讀賣新聞」文芸欄)

ということで、ついに「綺堂」が通り名になってしまったのである。

こうして、いよいよ演劇の道に入った綺堂が、渋柿園翁からの教えは勿論、暇を見ては市井に出て江戸生残りの故老からいろいろと昔語りを聴いて、江戸情緒の知識を深めたことは、すでに『風俗江戸物語』の解説でも述べた通りだが、同時に新時代の劇作家の眼で、その生まれ育った明治の風俗をじっくりと眺め、肌身に感じとっていたことは勿論であり、それがまた本誌に見る各種随筆に生かされていたことは当然といえよう。

以上、本誌の内容の解説とともに、綺堂の文筆生活に入った端緒について簡単に述べてきたが、ついでに明治時代の物価が現在のどのくらいに当たるかをみてみよう。平成十二年十月現在の指定標準米平均価格は一〇キログラム当たり三六二五円であり、これを量としての一石（約一五〇キログラム）に直すと五四三七五円ということになる。一方、時代により変化はあるが、一応明治三十年の内地白米（中米）小売価格をみると、一石当たり一五円九八銭、まあ大体一六円とみていいだろう。そうすると、当時の一円は、現在の約四七〇〇円に相当することになり、たとえばその頃の寄席の入場料が十銭というから、いまでいえば四七〇円くらい。現在では二五〇〇円くらいが相場の入場料だが、一体に物価の安かった当時からみれば、それでも庶民にとってはかなりの出費であったとみていいだろう。

＊

最後になったが、本書は河出文庫で以前刊行した『風俗江戸物語』と『風俗明治東京物語』を合本としたものである。

本書の成立は、綺堂の養嗣子でもあり、前青蛙房社長岡本経一氏の特別の御許可と御厚意によるところが大であり、ここに改めて御礼申し上げたい。特に第二部「東京風俗十題」の能楽につづく九項目につき、『国民演劇』に連載していたことを御教示いただいたことは、本書第二部を編む端緒ともなったものである点を記しておこう。

平成十三年九月

初出掲載誌（紙）

Ⅰ　風俗江戸物語

風俗江戸物語　『木太刀』大正六〜八年（全十七回）不定期掲載。大正十一年、贅六堂刊行。
昭和六十一年九月、河出文庫刊行。

2　風俗明治東京物語

風俗明治東京物語　昭和六十二年五月、河出文庫刊行。

東京風俗十題　「能楽」のみ『舞台』昭和十五年十、十二月号。同月号で『舞台』は廃刊。改めて『国民演劇』昭和十六年三月（創刊）号〜十二月号連載

魚河岸の一年　『文藝倶楽部』明治三十六年二月十五日号

少年時代の回礼　『随筆趣味』昭和十五年一月十五日号

開華楼の思い出　『食道楽』昭和十三年三月号

職業についた頃　『讀賣新聞』文芸欄　昭和七年十月十四〜十七日

明治時代の春芝居　『文藝春秋』昭和十年一月号

綺堂一夕話　『新潮』昭和九年一月号

明治時代の寄席　『日本及日本人』昭和十一年一月号

昔の東京の夏　『婦人公論』大正十一年八月号

号外売り事始　『オール讀物』昭和十二年十月号

昔の東京の歳晩　『女性』大正十三年十二月号

本書は、二〇〇一年に刊行された
『風俗　江戸東京物語』（河出文庫）
の新装版です。

風俗(ふうぞく) 江戸(えど) 東京(とうきょう) 物語(ものがたり)

二〇〇一年一二月二〇日　初版発行
二〇二三年一〇月一〇日　新装版初版印刷
二〇二三年一〇月二〇日　新装版初版発行

著　者　岡本綺堂(おかもときどう)

校　註　今井金吾(いまいきんご)

発行者　小野寺優

発行所　株式会社河出書房新社
〒一五一－〇〇五一
東京都渋谷区千駄ヶ谷二－三二－二
電話〇三－三四〇四－八六一一（編集）
〇三－三四〇四－一二〇一（営業）
https://www.kawade.co.jp/

ロゴ・表紙デザイン　粟津潔
本文フォーマット　佐々木暁
印刷・製本　中央精版印刷株式会社

Printed in Japan　ISBN978-4-309-41922-0

サンカの民を追って

岡本綺堂 他 41356-3

近代日本文学がテーマとした幻の漂泊民サンカをテーマとする小説のアンソロジー。田山花袋「帰国」、小栗風葉「世間師」、岡本綺堂「山の秘密」など珍しい珠玉の傑作十篇。

見た人の怪談集

岡本綺堂 他 41450-8

もっとも怖い話を収集。綺堂「停車場の少女」、八雲「日本海に沿うて」、橘外男「蒲団」、池田彌三郎「異説田中河内介」など全十五話。

江戸の都市伝説 怪談奇談集

志村有弘〔編〕 41015-9

あ、あのこわい話はこれだったのか、という発見に満ちた、江戸の不思議な都市伝説を収集した決定版。ハーンの題材になった「茶碗の中の顔」、各地に分布する飴買い女の幽霊、「池袋の女」など。

山峡奇談

志村有弘〔編訳〕 41729-5

古代から近代まで、諸国の山野に伝わる怪異譚、不思議な話、奇妙な話を多数蒐集し、現代語訳でお届けする。僧や、旅人、木こり、山人など、登場人物も多彩。知られざる話もまた多数収録。

吉原という異界

塩見鮮一郎 41410-2

不夜城「吉原」遊廓の成立・変遷・実態をつぶさに研究した、画期的な書。非人頭の屋敷の横、江戸の片隅に囲われたアジールの歴史と民俗。徳川幕府の裏面史。著者の代表傑作。

江戸の牢屋

中嶋繁雄 41720-2

江戸時代の牢屋敷の実態をつぶさに綴る。囚獄以下、牢の同心、老名主以下の囚人組織、刑罰、脱獄、流刑、解き放ち、かね次第のツル、甦生施設の人足寄場などなど、牢屋敷に関する情報満載。

完全版　名君　保科正之

中村彰彦　41443-0

未曾有の災害で焦土と化した江戸を復興させた保科正之。彼が発揮した有事のリーダーシップ、膝元会津藩に遺した無私の精神、知足を旨とした暮し、武士の信念を、東日本大震災から五年の節目に振り返る。

性・差別・民俗

赤松啓介　41527-7

夜這いなどの村落社会の性民俗、祭りなどの実際から部落差別の実際を描く。柳田民俗学が避けた非常民の民俗学の実践の金字塔。

被差別部落とは何か

喜田貞吉　41685-4

民俗学・被差別部落研究の泰斗がまとめた『民族と歴史』２巻１号の「特殊部落研究号」の、新字新仮名による完全復刻の文庫化。部落史研究に欠かせない記念碑的著作。

異形にされた人たち

塩見鮮一郎　40943-6

差別・被差別問題に関心を持つとき、避けて通れない考察をここにそろえる。サンカ、弾左衛門から、別所、俘囚、東光寺まで。近代の目はかつて差別された人々を「異形の人」として、「再発見」する。

差別の近現代史

塩見鮮一郎　41761-5

人が人を差別するのはなぜか。どうしてこの現代にもなくならないのか。近代以降、欧米列強の支配を強く受けた、幕末以降の日本を中心に、50余のＱ＆Ａ方式でわかりやすく考えなおす。

部落史入門

塩見鮮一郎　41430-0

被差別部落の誕生から歴史を解説した的確な入門書は以外に少ない。過去の歴史的な先駆文献も検証しながら、もっとも適任の著者がわかりやすくまとめる名著。

貧民の帝都

塩見鮮一郎　41818-6

明治維新の変革の中も、市中に溢れる貧民を前に、政府はなす術もなかった。首都東京は一大暗黒スラム街でもあった。そこに、渋沢栄一が中心になり、東京養育院が創設される。貧民たちと養育院のその後は…

天皇と賤民の国

沖浦和光　41667-0

日本列島にやってきた先住民族と、彼らを制圧したヤマト王朝の形成史の二つを軸に、日本単一民族論を批判しつつ、天皇制、賤民史、部落問題を考察。増補新版。

生きていく民俗　生業の推移

宮本常一　41163-7

人間と職業との関わりは、現代に到るまでどういうふうに移り変わってきたか。人が働き、暮らし、生きていく姿を徹底したフィールド調査の中で追った、民俗学決定版。

辺境を歩いた人々

宮本常一　41619-9

江戸後期から戦前まで、辺境を民俗調査した、民俗学の先駆者とも言える四人の先達の仕事と生涯。千島、蝦夷地から沖縄、先島諸島まで。近藤富蔵、菅江真澄、松浦武四郎、笹森儀助。

山に生きる人びと

宮本常一　41115-6

サンカやマタギや木地師など、かつて山に暮らした漂泊民の実態を探訪・調査した、宮本常一の代表作初文庫化。もう一つの「忘れられた日本人」とも。没後三十年記念。

海に生きる人びと

宮本常一　41383-9

宮本常一の傑作『山に生きる人びと』と対をなす、日本人の祖先・海人たちの移動と定着の歴史と民俗。海の民の漁撈、航海、村作り、信仰の記録。

民俗のふるさと

宮本常一　41138-5

日本人の魂を形成した、村と町。それらの関係、成り立ちと変貌を、ていねいなフィールド調査から克明に描く。失われた故郷を求めて結実する、宮本民俗学の最高傑作。

山窩奇談

三角寛　41278-8

箕作り、箕直しなどを生業とし、セブリと呼ばれる天幕生活を営み、移動暮らしを送ったサンカ。その生態を聞き取った元新聞記者、研究者のサンカ実録。三角寛作品の初めての文庫化。一級の事件小説。

山窩は生きている

三角寛　41306-8

独自な取材と警察を通じてサンカとの圧倒的な交渉をもっていた三角寛の、実体験と伝聞から構成された読み物。在りし日の彼ら彼女らの生態が名文でまざまざと甦る。失われた日本を求めて。

日本人のくらしと文化

宮本常一　41240-5

旅する民俗学者が語り遺した初めての講演集。失われた日本人の懐かしい生活と知恵を求めて。「生活の伝統」「民族と宗教」「離島の生活と文化」ほか計六篇。

日本人の死生観

吉野裕子　41358-7

古代日本人は木や山を蛇に見立てて神とした。生誕は蛇から人への変身であり、死は人から蛇への変身であった……神道の底流をなす蛇信仰の核心に迫り、日本の神イメージを一変させる吉野民俗学の代表作！

日本の聖と賤　中世篇

野間宏／沖浦和光　41420-1

古代から中世に到る賤民の歴史を跡づけ、日本文化の地下伏流をなす被差別民の実像と文化の意味を、聖なるイメージ、天皇制との関わりの中で語りあう、両先達ならではの書。

知れば恐ろしい　日本人の風習

千葉公慈　41453-9

日本人は何を恐れ、その恐怖といかに付き合ってきたのか?!　しきたりや年中行事、わらべ唄や昔話……風習に秘められたミステリーを解き明かしながら、日本人のメンタリティーを読み解く書。

日本書紀が抹殺した　古代史謎の真相

関裕二　41771-4

日本書紀は矛盾だらけといわれている。それは、ヤマト建国の真相を隠すために歴史を改竄したからだ。書記の不可解なポイントを30挙げ、その謎を解くことでヤマト建国の歴史と天皇の正体を解き明かす。

日本の偽書

藤原明　41684-7

超国家主義と関わる『上記』『竹内文献』、東北幻想が生んだ『東日流外三郡誌』『秀真伝』。いまだ古代史への妄想をかき立てて止まない偽書の、荒唐無稽に留まらない魅力と謎に迫る。

隠された神々

吉野裕子　41330-3

古代、太陽の運行に基き神を東西軸においた日本の信仰。だが白鳳期、星の信仰である中国の陰陽五行の影響により、日本の神々は突如、南北軸へ移行する……吉野民俗学の最良の入門書。

ニギハヤヒと『先代旧事本紀』

戸矢学　41739-4

初代天皇・神武に譲位した先代天皇・ニギハヤヒ。記紀はなぜ建国神話を完成させながら、わざわざこの存在を残したのか。再評価著しい『旧事記』に拠りながら物部氏の誕生を考察。単行本の文庫化。

ツクヨミ　秘された神

戸矢学　41317-4

アマテラス、スサノヲと並ぶ三貴神のひとり月読尊。だが記紀の記述は極端に少ない。その理由は何か。古代史上の謎の神の秘密に、三種の神器、天武、桓武、陰陽道の観点から初めて迫る。

三種の神器

戸矢学　41499-7

天皇とは何か、神器はなぜ天皇に祟ったのか。天皇を天皇たらしめる祭祀の基本・三種の神器の歴史と実際を掘り下げ、日本の国と民族の根源を解き明かす。

応神天皇の正体

関裕二　41507-9

古代史の謎を解き明かすには、応神天皇の秘密を解かねばならない。日本各地で八幡神として祀られる応神が、どういう存在であったかを解き明かす、渾身の本格論考。

陰陽師とはなにか

沖浦和光　41512-3

陰陽師は平安貴族の安倍晴明のような存在ばかりではなかった。各地に、差別され、占いや呪術、放浪芸に従事した賤民がいた。彼らの実態を明らかにする。

お稲荷さんと霊能者

内藤憲吾　41840-7

最後の本物の巫女でありイタコの一人だった「オダイ」を15年にわたり観察し、交流した貴重な記録。神と話し予言をするなど、次々と驚くべき現象が起こる、稲荷信仰の驚愕の報告。

禁忌習俗事典

柳田国男　41804-9

「忌む」とはどういう感情か。ここに死穢と差別の根原がある。日本各地からタブーに関する不気味な言葉、恐ろしい言葉、不思議な言葉、奇妙な言葉を集め、解説した読める民俗事典。全集未収録。

葬送習俗事典

柳田国男　41823-0

『禁忌習俗事典』の姉妹篇となる1冊。埋葬地から帰るときはあとを振り返ってはいけない、死家と飲食の火を共有してはいけないなど、全国各地に伝わる風習を克明に網羅。全集未収録。葬儀関係者に必携。

口語訳 遠野物語

柳田国男　佐藤誠輔〔訳〕　小田富英〔注釈〕 41305-1

発刊100年を経過し、いまなお語り継がれ読み続けられている不朽の名作『遠野物語』。柳田国男が言い伝えを採集し簡潔な文語でまとめた原文を、わかりやすく味わい深い現代口語文に。

明治維新　偽りの革命

森田健司 41833-9

本当に明治維新は「希望」だったのか？　開明的とされる新政府軍は、実際には無法な行いで庶民から嫌われていた。当時の「風刺錦絵」や旧幕府軍の視点を通して、「正史」から消された真実を明らかにする！

五代友厚

織田作之助 41433-1

ＮＨＫ朝の連ドラ「あさが来た」のヒロインの縁故者、薩摩藩の異色の開明派志士の生涯を描くオダサク異色の歴史小説。後年を描く「大阪の指導者」も収録する決定版。

維新風雲回顧録　最後の志士が語る

田中光顕 41031-9

吉田東洋暗殺犯のひとり那須信吾の甥。土佐勤皇党に加盟の後脱藩、長州に依り、中岡慎太郎の陸援隊を引き継ぐ。国事に奔走し、高野山義挙に参加、維新の舞台裏をつぶさに語った一級史料。

異聞浪人記

滝口康彦 41768-4

命をかけて忠誠を誓っても最後は組織の犠牲となってしまう武士たちの悲哀を描いた士道小説傑作集。二度映画化されどちらもカンヌ映画祭に出品された表題作や「拝領妻始末」など代表作収録。解説＝白石一文

新選組全隊士徹底ガイド　424人のプロフィール

前田政紀 40708-1

新選組にはどんな人がいたのか。大幹部、十人の組長、監察、勘定方、伍長、そして判明するすべての平隊士まで、動乱の時代、王城の都の治安維持につとめた彼らの素顔を追う。隊士たちの生き方・死に方。